跨境电子商务系列丛书

跨境电商 B2C 运营实战

◎ 主　编：白秀艳　汤叶灿
◎ 副主编：张紫慧　孙　丽　朱楚芝　柳伟男

电子工业出版社
Publishing House of Electronics Industry
北京·BEIJING

内 容 简 介

本书编写结构参照人力资源和社会保障部教材办公室的"办公文稿制作"格式，内容包括店铺注册、卖家中心设置、物流设置与管理、商品编辑与管理、订单管理、客户服务与评价、店铺运营、广告创建与管理、ERP 系统使用与管理九个学习任务。每个学习任务包含四个学习活动，分别是明确工作任务和知识技能准备、制订计划、实施作业、检查与验收。本书配有重难点二维码详解、题目演练及相应的知识链接，并对所有实操题目提供解析。教师在使用教材过程中可以组织学生边学、边做、边练，即使使用虚拟账号，也能完成大部分实际操作。

未经许可，不得以任何方式复制或抄袭本书之部分或全部内容。
版权所有，侵权必究。

图书在版编目（CIP）数据

跨境电商 B2C 运营实战 / 白秀艳，汤叶灿主编. —北京：电子工业出版社，2023.2
ISBN 978-7-121-45003-7

Ⅰ．①跨⋯ Ⅱ．①白⋯ ②汤⋯ Ⅲ．①电子商务－运营管理－职业教育－教材 Ⅳ．①F713.365.1

中国国家版本馆 CIP 数据核字（2023）第 018413 号

责任编辑：张云怡　　　　　　特约编辑：田学清
印　　　刷：中煤（北京）印务有限公司
装　　　订：中煤（北京）印务有限公司
出版发行：电子工业出版社
　　　　　北京市海淀区万寿路 173 信箱　　邮编：100036
开　　本：787×1 092　　1/16　　印张：15　　字数：393 千字
版　　次：2023 年 2 月第 1 版
印　　次：2023 年 2 月第 1 次印刷
定　　价：57.90 元

凡所购买电子工业出版社图书有缺损问题，请向购买书店调换。若书店售缺，请与本社发行部联系，联系及邮购电话：(010) 88254888，88258888。
质量投诉请发邮件至 zlts@phei.com.cn，盗版侵权举报请发邮件至 dbqq@phei.com.cn。
本书咨询联系方式：(010) 88254573，zyy@phei.com.cn。

前言
Forewords

  浙江省电子商务促进会 2022 年 1 月发布的《东南亚跨境电商发展研究报告》显示，在区域经济快速发展和新冠肺炎疫情情况下，线上购物需求旺盛，东南亚电商市场规模持续增长，东南亚成为过去 5 年全球电商增长最快的地区之一，2021 年电商规模超过 1200 亿美元，同比增长 62%。据预测，到 2025 年，东南亚电商市场规模将达到 2340 亿美元。2022 年 1 月 1 日，《区域全面经济伙伴关系协定》（RCEP）正式生效，部分商品享受大幅关税减让等优惠待遇，降低了跨境电商卖家出海成本，市场的需求拉动中国卖家的大幅增长。实际上，中国产品的性价比在东南亚市场具有非常大的优势，东南亚平台的很多本地卖家卖的产品都是从中国批发过去的。东南亚电商市场高速增长，已经成为吸引中国卖家的新兴市场，也为 Shopee、Lazada 等东南亚主流电商平台在中国的发展带来了一次新的契机。然而，与 Amazon、eBay 等平台相比，市场上还没有一本适合高职教师教学和学生学习东南亚跨境电商的教材。

  《跨境电商 B2C 运营实战》教材开发是在调研跨境电商专员相关岗位工作任务和职业能力的基础上，以工作过程为导向，体现工学结合、任务驱动、活页式的编写模式，以真实项目为载体，融合"教、学、做、创"为一体，强调对跨境电商专员各操作环节能力的训练。

  编写注重实战，实用性突出。本书基于跨境电商零售出口工作流程，系统地介绍了 Shopee 等主流平台的运营规则、流程、技巧，以及详细的实操指导，适合作为中职、高职、应用型本科的跨境电商、电子商务、国际贸易、国际商务等商务类专业教材，对大学生创业也有指导意义。在章节逻辑和体系结构上遵循高职学生学习循序渐进的思维，通过详细的操作讲解和深入的规则解读，使学生能够熟练参与平台的运营与管理。教材中涉及的企业注册、平台账号等信息皆为虚拟或测试使用。

  校企联合开发，易用性突出。由专任教师和企业专家、跨境电商平台讲师联合编写，涵盖电子商务、计算机、国际贸易等多个学科。教材内容设计以跨境电商平台全流程实践为主线，活页式装订，学生可以提交单页作业，教师可以收取单页并课后批改。同时，辅之以专题教学视频、教学 PPT、教学案例、课程重难点提示、习题等全方位立体化教学资源。

  本书编写结构参照人力资源和社会保障部教材办公室的"办公文稿制作"格式，内容包括店铺注册、卖家中心设置、物流设置与管理、商品编辑与管理、订单管理、客户服务与评价、店铺运营、广告创建与管理、ERP系统使用与管理九个学习任务，每个工作任务包含四个学习活动，分别是明确工作任务和知识技能准备、制订计划、实施作业、检查与验收，每个学习任务配有重难点二维码详解、题目演练及相应的知识链接，并对所有实操题目提供解析。教师在使用教材过程中可以组织学生边学、边做、边练，即使使用虚拟账号，也能完成大部分实际操作。

  本书由白秀艳、汤叶灿担任主编并统稿，张紫慧、孙丽、朱楚芝、柳伟男担任副主编，参加编写的人员还有叶家樱、郭叶枫、黄丹清、关颖昕、汪辉、毛吉杰、卢敏杰、姚飞霞、傅方琪。同时，本书编写获得了Shopee平台的大力支持。

  由于编写时间紧，书中难免存在疏漏之处，真诚欢迎各界人士批评指正。

编 者

2022 年 5 月

目录
Contents

学习任务一　店铺注册

学习活动一　明确工作任务和知识技能
　　　　　　准备 2
　　　一、明确工作任务 2
　　　二、知识技能准备 2
学习活动二　制订计划 12
　　　一、店铺注册前材料准备 13
　　　二、平台选择与对比 13
　　　三、制订工作计划 14
学习活动三　实施作业 14

　　　一、平台开店政策 15
　　　二、佣金及交易手续费 15
　　　三、Shopee 平台注册流程 ... 15
　　　四、记录问题及解决方法 15
　　　五、填写工作日志 16
学习活动四　检查与验收 16
　　　一、质量检查 16
　　　二、交接验收 17
　　　三、总结评价 18

学习任务二　卖家中心设置

学习活动一　明确工作任务和知识技能
　　　　　　准备 24
　　　一、明确工作任务 24
　　　二、知识技能准备 24
学习活动二　制订计划 48
　　　一、商品店铺设置信息的设
　　　　　置、收集与整理 48
　　　二、制订工作计划 50
学习活动三　实施作业 51
　　　一、登录并进入卖家中心 51

　　　二、查看订单物流状态、
　　　　　订单商品及订单金额等
　　　　　详细信息 51
　　　三、设置物流渠道、我的地址
　　　　　和商家设置 51
　　　四、任务记录 51
　　　五、记录问题及解决方法 52
　　　六、填写工作日志 52
学习活动四　检查与验收 53
　　　一、质量检查 53
　　　二、交接验收 53
　　　三、总结评价 54

学习任务三　物流设置与管理

学习活动一　明确工作任务和知识技能
　　　　　　准备 62
　　　一、明确工作任务 62
　　　二、知识技能准备 62

学习活动二　制订计划 71
　　　一、确定物流方式、时效及
　　　　　运费 71
　　　二、制订工作计划 72

学习活动三　实施作业 72
　　一、物流服务 72
　　二、物流时效和参考费率 73
　　三、关于发货 73
　　四、关于包裹 73
　　五、物流费用 74

　　六、记录问题及解决方法 75
学习活动四　检查与验收 75
　　一、质量检查 75
　　二、交接验收 76
　　三、总结评价 77

学习任务四　商品编辑与管理

学习活动一　明确工作任务和知识技能
　　　　　　准备 81
　　一、明确工作任务 81
　　二、知识技能准备 81
学习活动二　制订计划 97
　　一、根据学习活动一的要求，
　　　　讨论并完成商品上架前
　　　　商品信息的准备工作 98
　　二、制订工作计划 98

学习活动三　实施作业 99
　　一、进入卖家中心 99
　　二、商品上传 99
　　三、商品管理 99
　　四、记录问题及解决方法 ... 100
学习活动四　检查与验收 100
　　一、质量检查 100
　　二、交接验收 101
　　三、总结评价 102

学习任务五　订单管理

学习活动一　明确工作任务和知识技能
　　　　　　准备 109
　　一、明确工作任务 109
　　二、知识技能准备 110
学习活动二　制订计划 125
　　一、退货流程及退货/退款
　　　　费用计算 125
　　二、制订工作计划 125
学习活动三　实施作业 126
　　一、订单状态识别 126

　　二、订单发货 126
　　三、订单取消 126
　　四、退货/退款 127
　　五、评价 127
　　六、记录问题及解决方法 ... 127
学习活动四　检查与验收 127
　　一、质量检查 128
　　二、交接验收 128
　　三、总结评价 129

学习任务六　客户服务与评价

学习活动一　明确工作任务和知识技能
　　　　　　准备 135
　　一、明确工作任务 135
　　二、知识技能准备 135
学习活动二　制订计划 147
　　一、聊聊回复率及回应速度的
　　　　统计与分析 148
　　二、低分评价分析与建议 ... 148
　　三、制订工作计划 148

学习活动三　实施作业 149
　　一、网页版聊聊进入路径 ... 149
　　二、聊聊工具 149
　　三、记录问题及解决方法 ... 150
学习活动四　检查与验收 150
　　一、质量检查 150
　　二、交接验收 151
　　三、总结评价 151

学习任务七　店铺运营

学习活动一　明确工作任务和知识技能
　　　　　　准备 155
　　一、明确工作任务 155
　　二、知识技能准备 156
学习活动二　制订计划 176
　　一、根据客户需求，完成
　　　　选品过程，并记录选品
　　　　要点 177
　　二、设计促销方案 177
　　三、制订工作计划 177
学习活动三　实施作业 178
　　一、基础运营 178
　　二、营销工具 179
　　三、商店装修 180
　　四、记录问题及解决方法 180
学习活动四　检查与验收 180
　　一、质量检查 180
　　二、交接验收 181
　　三、总结评价 182

学习任务八　广告创建与管理

学习活动一　明确工作任务和知识技能
　　　　　　准备 186
　　一、明确工作任务 186
　　二、知识技能准备 186
学习活动二　制订计划 199
　　一、设计广告投放计划书 199
　　二、广告数据解读与评估 200
　　三、制订工作计划 200
学习活动三　实施作业 200
　　一、广告展示 201
　　二、广告创建 201
　　三、广告数据管理 202
　　四、记录问题及解决方法 202
学习活动四　检查与验收 202
　　一、质量检查 202
　　二、交接验收 203
　　三、总结评价 203

学习任务九　ERP 系统使用与管理

学习活动一　明确工作任务和知识技能
　　　　　　准备 207
　　一、明确工作任务 207
　　二、知识技能准备 207
学习活动二　制订计划 222
　　一、安装插件，完成商品
　　　　采集与刊登 222
　　二、制订工作计划 223
学习活动三　实施作业 224
　　一、店铺授权 224
　　二、商品刊登 224
　　三、物流设置 225
　　四、订单处理 225
　　五、子账号管理 225
　　六、记录问题及解决方法 226
学习活动四　检查与验收 226
　　一、质量检查 226
　　二、交接验收 227
　　三、总结评价 227

学习任务一

店铺注册

学习目标

知识目标：

- 熟知平台入驻要求与渠道。
- 熟知佣金及手续费计算方法。
- 灵活运用文案编辑方法对注册相关文本信息进行编辑操作。
- 合理制订工作计划。
- 参照相关标准、规范，对操作或相应题目进行审核、校对。
- 记录问题及解决方法，并完成质量检查及验收。

技能目标：

- 熟练掌握店铺注册流程。
- 熟练掌握申请表格下载路径。
- 熟练填写入驻申请表格。

培养目标：

- 培养学生自主学习和研究的能力。

工作情境

浙江星光婴童用品有限责任公司计划开发海外市场，选择 Shopee 作为东南亚市场的首个线上产品发布平台。电子商务部运营专员小张接到任务后，先了解平台入驻要求、入驻渠道、必备的资料和税费等情况，并着手注册店铺。

工作流程

学习活动一 明确工作任务和知识技能准备
学习活动二 制订计划
学习活动三 实施作业
学习活动四 质量检查与验收

学习活动一　明确工作任务和知识技能准备

学习目标

1. 与产品部和市场部相关人员进行专业沟通，明确工作任务，并准确概括、复述任务内容及要求。
2. 根据平台入驻要求和渠道准备注册材料。
3. 熟练对各个站点店铺进行注册操作。
4. 准确计算佣金和手续费。

学习过程

一、明确工作任务

1. 根据工作情境要求，收集和整理企业开店信息并完成申请表单的填写与提交，记录材料准备要点。
2. 调查东南亚地区主要跨境电商平台，收集并整理各个平台的入驻要求、需要提供的申请材料，以及佣金与手续费、热门类目。

二、知识技能准备

（一）Shopee 平台注册开店政策

1. 首站申请材料

（1）法人实名认证：提交法人身份证照片，按要求录制小视频进行人脸识别。
（2）中国香港或中国内地的有限公司营业执照或者个体户原件照片（副本即可），必须清晰完整。
（3）近三个月内店铺订单流水截图和链接。
（4）公司办公地址。
（5）店铺验证视频和其他视频（初审未通过才需补交）。
（6）卖家提供手机号，请提供正规电信运营商的手机号，如移动、联通、电信的手机号；不可使用小米、苏宁等虚拟运营商的电话号码。

2. 首站如何选择

1）企业

（1）跨境电商企业须递交亚马逊、Wish等跨境平台店铺链接及相应流水。

东南亚：首站可开通马来西亚、菲律宾站点。

拉丁美洲：首站可开通巴西站点。

（2）内贸电商企业须递交淘宝、拼多多等国内平台店铺链接及相应流水。

首站可开通中国台湾站点。

（3）传统外贸企业、传统内贸企业、无电商经验企业须递交公司基础信息，可不提供流水。

首站可开通中国台湾站点。

注意：企业执照类型包含个人独资企业和有限公司。

2）个体户

（1）内贸电商型个体户须递交淘宝、拼多多等国内平台店铺链接及相应流水。

首站可开通中国台湾站点。

（2）跨境电商型个体户须递交亚马逊、Wish等跨境平台店铺链接及相应流水。

首站可开通马来西亚、菲律宾或巴西站点。

注意：营业执照无名称，填写经营者姓名也可入驻。

小提示

填写入驻申请前，需要注意的是：

① 确保是新入驻卖家。要确保卖家在本次申请之前没有入驻过Shopee平台，否则系统会自动判定为重复开店。

② 确保材料全新且真实。应确保卖家在本次申请所用的所有材料都是全新且真实的（比如之前申请Shopee店铺时用过的信息便不可再用），如果作假（比如图片有PS痕迹），被审核人员判定为虚假材料，那么本次申请的所有材料信息将全部报废。

③ 确保营业执照有效。确保卖家的营业执照在有效期内，且同时在企信网内无经营异常记录。

④ 推荐QQ邮箱。需要填写的邮箱建议不要使用163邮箱，推荐使用QQ邮箱。

⑤ 确保手机真实可用。需要填写的手机号请务必使用实名制手机号，不可使用虚拟号，后续该手机号会用于注册企业微信，目前所有客户经理的对接都是通过企业微信进行的。

⑥ 微信号码填写注册手机号。微信号码务必填写注册微信时的手机号，否则招商经理无法添加卖家微信。

3. Shopee平台入驻渠道

（1）虾皮官方入驻。登录虾皮官网shopee.cn，点击"立即入驻"按钮，即可填写申请表，开始创建主账号，如图1-1所示。

（2）招商经理发送入驻申请二维码。其入驻申请页面如图1-2所示。

已经填过申请表的卖家可忽略此项操作。

招商经理需要填写的二维码的内容大同小异，需要认准正规入驻通道，仔细甄别，避免受骗。

图 1-1　入驻申请

（3）虾皮官方公众号申请入驻。可关注"Shopee 跨境电商"公众号，点击"点开入驻"按钮，填写"卖家极速入驻表单"，如图 1-3 所示。

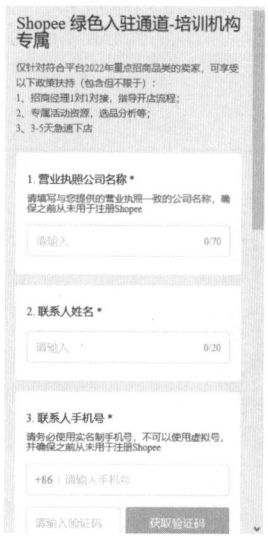

图 1-2　入驻申请页面

图 1-3　填写"卖家极速入驻表单"

✽1-1 想一想，做一做

在每道题后打√或打×。

1. 企业和个人都可以在 Shopee 平台开店。（　　　）

2. 在入驻条件中，跨境卖家和内贸卖家的产品数量要求基本一致。（　　　）

3. Shopee 平台要求卖家的产品可以不符合当地市场出口要求，但一定要符合当地进口要求。（　　　）

4. 在 Shopee 平台入驻需要提供营业执照、订单流水或资金流水截图。（　　　）

入驻平台的渠道

*1-2 想一想，做一做

扫描二维码，观看视频后做出判断，并在每道题后打√或打×。

1. Shopee 平台只针对完成的订单收取交易佣金，交易取消不收取佣金。（　　）

2. 卖家在 Shopee 平台首次开店后的前三个月所产生订单的佣金，不被扣取。（　　）

3. 假如卖家在新加坡站点开设店铺日期为 7 月 1 日，则该新加坡站点的店铺会于 10 月 1 日开始被收取佣金。（　　）

4. Shopee 平台会针对每一笔订单总付款（使用优惠券或 Shopee 币后，包含买家支付运费的金额）的 2%收取交易手续费。（　　）

佣金及交易手续费

（二）Shopee 平台开店流程

1. 提交审核材料

填写完入驻申请后，可通过以下两种方式注册或绑定主账号。

（1）点击页面下方链接注册或绑定主账号。

（2）邮箱会收到一封审核邮件，可以点击邮件专属绿色通道链接注册或绑定主账号。

各大跨境电商平台入驻要求与费用对比

需要注意的是，已通过绿色通道链接填写过入驻表单的卖家，无须再在官网上进行注册，否则会被系统查重，将无法提交审核资料。

此时，卖家需要注册或者绑定主账号并用主账号+密码登录，进行人脸识别，同时提交初审资料，初审通过后，卖家可注册首站。卖家可以熟悉后台、上新、装修店铺，但是店铺无销售权，买家在前端也看不到该店铺。同时，Shopee 平台会审核入驻申请，审核成功，店铺将拥有销售权，可以正常售卖；审核失败，店铺将被关闭。

2. 主账号注册

卖家入驻申请预留邮箱会收到主题为"【Shopee 审核通知】欢迎您申请入驻 Shopee 平台"的邮件，如图 1-4 所示。

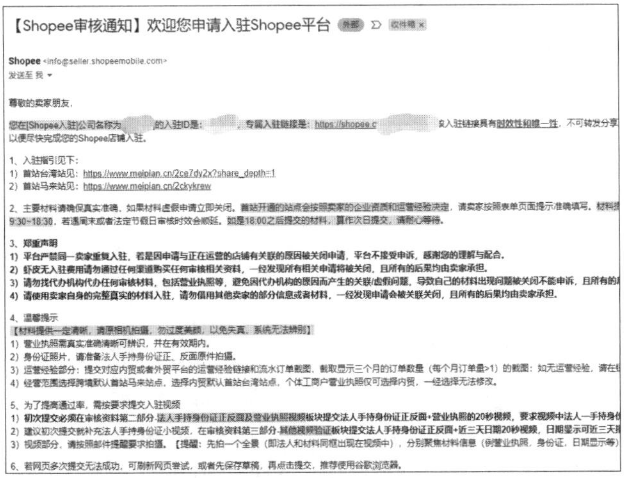

图 1-4　Shopee 审核通知邮件

这意味着卖家已经开始进入平台的审核流程，需要卖家注册主账号并配合提交审核材料。

在提交入驻申请前，卖家必须拥有主账号，主账号将用于提交申请信息、查看申请进度和在入驻成功后进行店铺管理。

（1）使用谷歌浏览器打开邮件中的专属入驻链接，会跳转到如图 1-5 和图 1-6 所示页面。

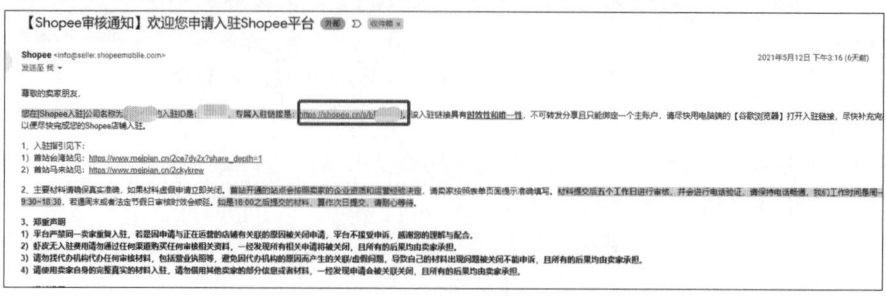

图 1-5　邮件页面

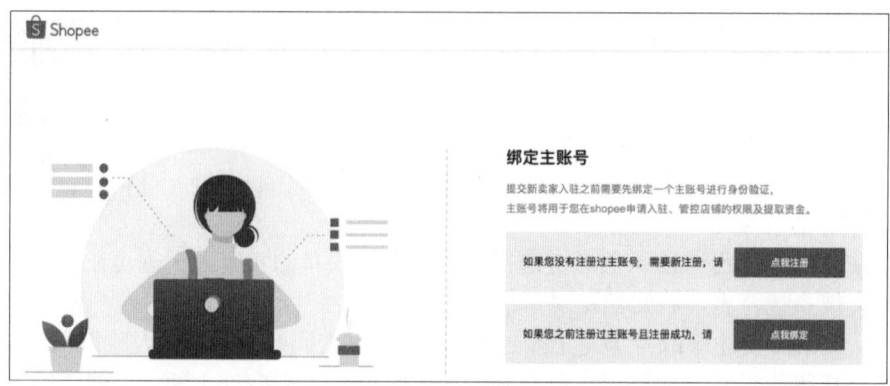

图 1-6　绑定主账号页面

分为以下两种情况。

① 如果没有注册过主账号，请点击"点我注册"按钮。

② 如果已经注册过主账号，则可以将入驻申请绑定到现有的主账号，请点击"点我绑定"按钮。

（2）注册主账号（建议当天完成）。

首先，确认主账号申请用户须知，填写基本信息，如图 1-7 所示。

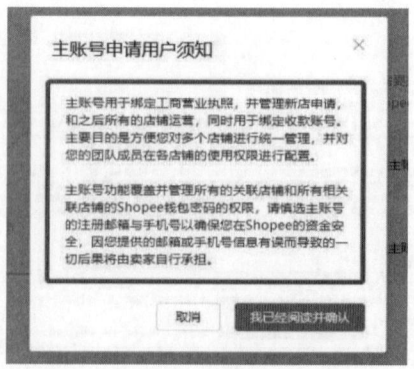

图 1-7　主账号申请用户须知

其次，设置主账户登录信息，如图 1-8 所示。

图 1-8　设置主账户登录信息

注：图中"帐户"的正确用法应为"账户"，下同。

小提示

① 设定登录名称需要全小写英文，否则无法验证。

② 主账户后面是带"main"且冒号是英文输入法状态下的，登录主账户需要输入完整的账号，如 newseller:main。

③ 注意主账户的字符数至少大于 5，中间不要使用空格。

④ 每个邮箱和手机号只能注册一个主账户。为了账户安全，在入驻时务必确保主账户绑定的是企业实际最高权限负责人的手机号和邮箱，此手机号和邮箱会用作绑定主账户下面卖家的手机号和邮箱，如果后续卖家的手机号和邮箱有修改，需要联系 Shopee 申请更新。

然后，输入手机验证码，验证信息，如图 1-9 所示。

图 1-9　输入手机验证码

图 1-10 登录界面

注册完成，会跳转到一个登录界面，输入刚刚注册的账号和密码，如图 1-10 所示。

输入手机验证码，即可登录审核资料填写页面。

最后，提交初审，并注册首站。

主账号注册或者绑定成功后，使用主账号+密码登录。可以看到卖家入驻申请记录的界面，如图 1-11 所示。

进入审核链接之后，需要填写 4 个部分的信息材料，分别是法人实名认证、基本信息、公司信息、店铺信息。为提高审核效率，4 个部分要全部填写完整。

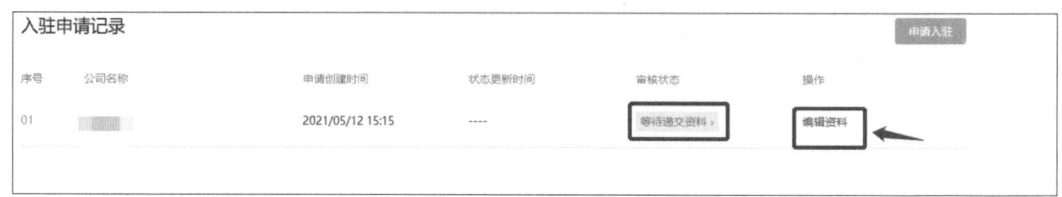

图 1-11 入驻申请记录

1）完成法人实名认证和填写基本信息

使用微信或者浏览器扫描二维码，在手机端进行实名认证。二维码的有效期为 10 分钟，如果二维码失效可刷新，但是法人实名认证 24 小时内不能超过 10 次，如果超过验证次数则需要 24 小时后再尝试。也可以选择跳过该步骤，先填写其他信息，然后随时返回顶部进行认证。但是要注意的是，实名认证未通过的，无法提交初审资料。

（1）法人实名认证步骤如下：①上传法人身份证照片；②检查扫描结果并进行人脸识别；③按照要求录制并上传视频；④查看实名认证结果。法人实名认证步骤如图 1-12 所示。

图 1-12 法人实名认证步骤

（2）身份证照片上传要求如下：①法人实名认证失败会提示原因并重新认证；②法人须满 16 周岁以上；③认证的法人须与营业执照的法人一致；④法人身份证日期须在有效期内；⑤提交法人身份证正反面原件照片，不接受复印扫描件。

(3)基本信息填写界面如图1-13所示。

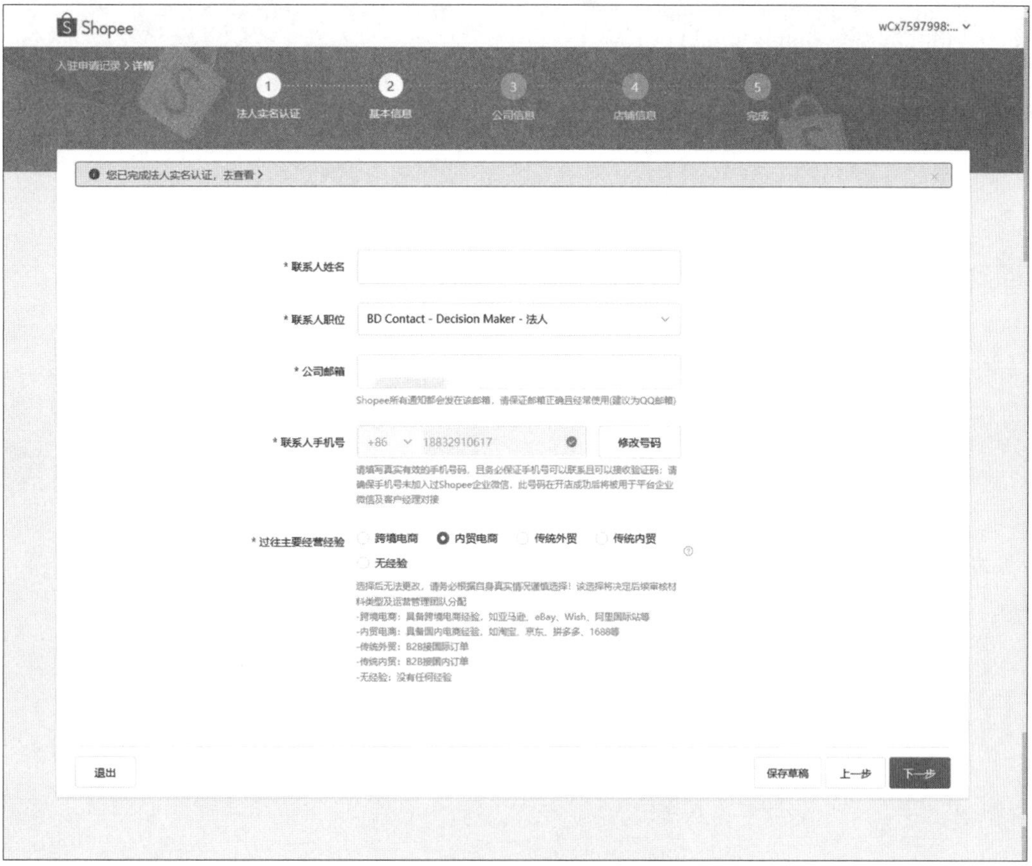

图1-13　基本信息填写界面

① 联系人姓名：可填写法人，也可填写运营人员。
② 联系人职位：可根据实际情况填写，可在邮件接收人、法人、运营人员之间进行选择。
③ 公司邮箱：建议填写QQ邮箱，能够正常收发邮件。
④ 联系人手机号：如需更换手机号码，可点击"修改号码"按钮进行更换。
⑤ 过往主要经营经验：根据实际对应经验和流水进行选择，选择后无法更改。

2）填写公司信息

（1）营业执照原件（正副本）照片：此处禁止使用PS图、电子复印件及扫描件。使用的营业执照原件（正副本）需要与"店铺信息"→"其他视频验证"中的手持营业执照一致。卖家上传照片，系统OCR功能可自动读取营业执照公司名称和营业执照统一企业信用代码，无须卖家填写，请卖家检查是否读取有误，如图1-14所示。

（2）主营店铺链接：此处需要提交最近满足三个月以上的运营经验的店铺首页链接，请勿提供产品链接。

（3）近三个月流水：此处需要提供销售订单截图，截图中需要展示店铺名称；必须提交对应店铺的最近三个月的流水数据，订单数量>1即可。不要提交别人的流水资料，否则店铺会被关闭，并且无法申诉。如果选择跨境电商，请提供跨境平台店铺链接及流水；如果选择内贸电商，请提供内贸平台店铺链接及流水。

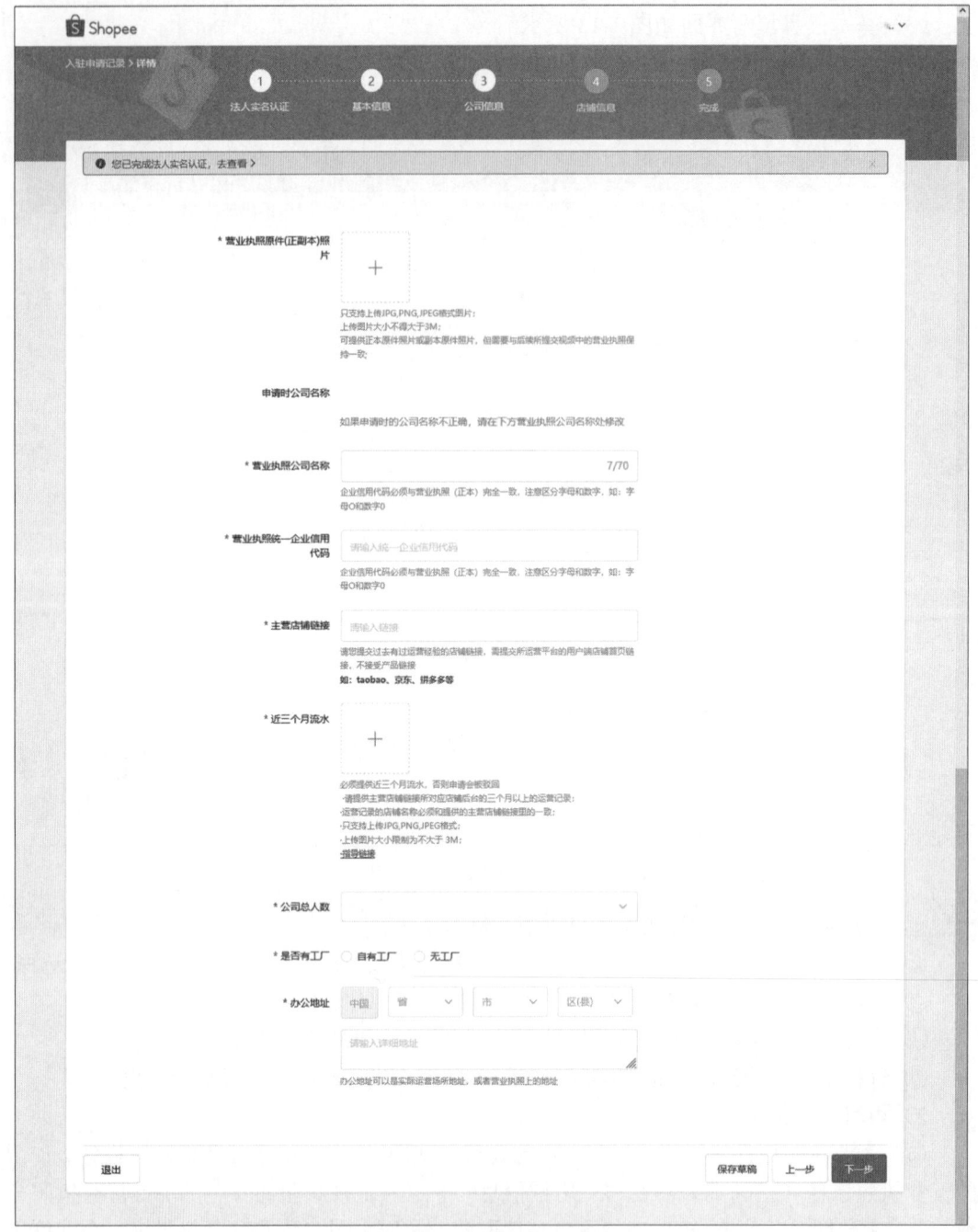

图 1-14　公司信息填写界面

（4）"公司总人数"、"是否有工厂"和"办公地址"：根据实际情况填写。

3）填写店铺信息

（1）"主要品类"和"平均商品单价"：这里的信息需要按照页面提示填写，如图 1-15 所示，需要同流水一致。

（2）"平均商品单价"和"其他平台日单量"：这里必须填写大于 0 的整数，不要出现小数，否则会导致无法成功提交材料。

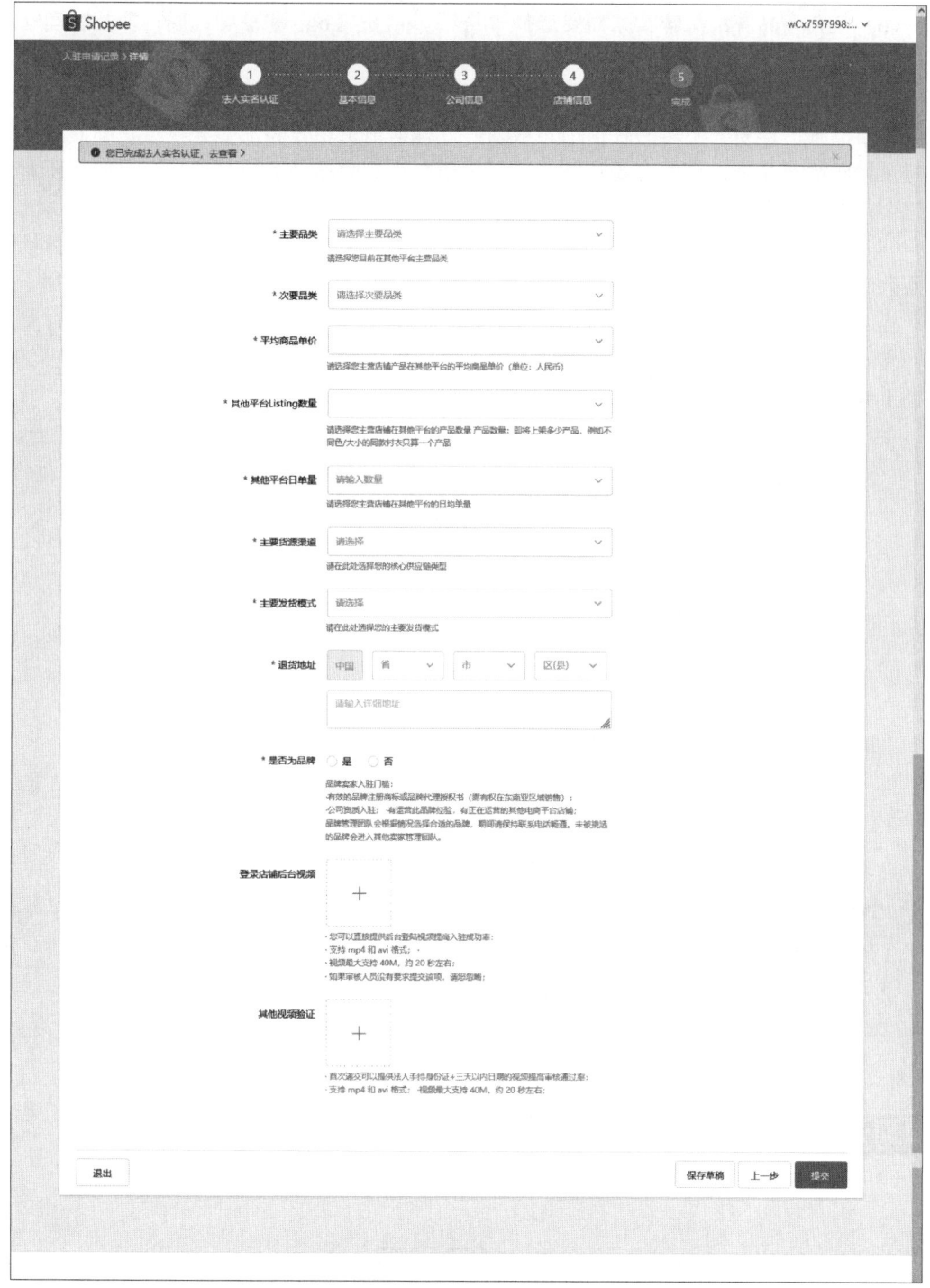

图1-15　店铺信息填写界面

（3）主要货源渠道：分为线上货源网站拿货和工厂发货。

（4）主要发货模式：分为收到订单后进行采购和生产备货。

（5）退货地址：此处的"省""市"要做准确选择，必须填写详细地址（可以和营业执照不一致）。

（6）是否为品牌：品牌卖家需要选择"是"，并上传 Logo 和品牌证明；非品牌卖家需要选择"否"。

（7）登录店铺后台视频：此处提交的视频必须与主营店铺链接和流水截图的内容一致，视频需要清晰、连贯，不可做任何剪辑或暂停，任何剪辑和暂停都会导致审核不通过。店铺登录视频需要从登录界面开始录制，并且需要在视频中显示店铺名称、流水截图所对应的三个月的流水数据、个人或企业的认证信息等。

（8）其他视频验证：此处可提交法人手持北京时间和营业执照的视频，要求是背景清晰不杂乱、不戴口罩、拍摄上半身、不剪辑视频。

提交成功后会进入初审阶段，一般初审 5 个工作日会反馈结果。用户可随时登录 www.shopee.cn，点击"立即入驻"按钮，再点击"查看入驻记录"按钮，可查看入驻记录，如图 1-16 所示。

图 1-16　查看入驻记录

小提示

① 带星号的是必填项，漏填会导致无法成功提交材料。
② 所有照片必须清晰明了，模糊不清的照片会被退回。
③ 填写的时候请认真阅读下面的小字提醒，未按要求填写也会导致无法成功提交材料。

学习活动二　制订计划

学习目标

1. 熟悉平台的开店要求。
2. 熟悉平台佣金和交易手续费的计算方法。
3. 下载和填写店铺申请表格。
4. 熟练掌握店铺注册流程。
5. 制订店铺注册的工作计划。

学习过程

一、店铺注册前材料准备

店铺注册所需资料信息如下（以浙江星光婴童用品有限责任公司为例）。

浙江星光婴童用品有限责任公司（自然人独资），公司人数为 20 人，经营主品类为童装、次品类为童鞋。在国内的淘宝、拼多多等平台上架产品共 277 款。淘宝店铺每日成交订单 28 单，成交均价为 75 元人民币；拼多多店铺每日成交订单 20 单，成交均价为 65 元人民币。企业营业执照编号：91140100AAOM1BE126。地址：义乌市贝村路 58 号。法定代表人：李明。注册资本：500 万元。经营期限：2018 年 04 月 20 日至 2038 年 04 月 19 日。经营范围包括一般项目：母婴用品销售，珠宝首饰零售，珠宝首饰批发，互联网销售（除销售需要许可的商品），服装服饰零售，化妆品批发，技术服务、技术开发、技术咨询、技术交流、技术转让、技术推广，服装辅料销售，服装服饰批发（除了依法须经批准的项目，其他的凭营业执照依法自主开展经营活动）。请按照所需信息完成店铺申请表格填写，如表 1-1 所示。

表 1-1 请按照所需信息完成店铺申请表格填写

企业名称	营业执照编号	公司人数	是否有工厂	其他平台链接
所有平台 Listing 数量	卖家线上所有店铺总日单量	主品类 （只填一个品类）	次品类 （只填一个品类）	平均商品单价 （美元）
联系人	手机	电子邮箱		QQ
办公地址					
国家	省份	城市	街道详细地址		
退货地址					
国家	省份	城市	街道详细地址		

注：公司人数是指直接支持电商业务的员工数量，含运营、客服、编辑、美工、仓管发货、采购等。

所有平台 Listing 数量：如一款连衣裙无论多少颜色和尺码，算 1 个 Listing。

卖家线上所有店铺总日单量：所有平台日单量总和。

二、平台选择与对比

调查东南亚地区主要跨境电商平台，收集并整理各个平台的入驻要求、需要提供的申请材料、佣金及手续费、热门类目，填写表 1-2。

表1-2　平台选择与对比

平台名称 （或网址）	所属国家 （地区）	1. 入驻要求 2. 需要提供的申请材料	佣金及手续费	热门类目 （列三个）

三、制订工作计划（见表1-3）

表1-3　工作计划

小组人员分工		职责
组长		人员工作安排及行动指挥
组员		
		成果展示及验收
		其他

💡 **小提示**

小组人员分工可根据进度由组长安排一人或多人完成，应保证每人在每个时间段都有任务，既要锻炼团队能力，又要让小组每位成员都能独立完成相应任务。

学习活动三　实施作业

学习目标

1. 根据平台入驻要求准备注册材料。

2．根据任务要求对操作和相应题目进行审核、校对。

3．根据任务实施过程记录问题及解决方法。

学习过程

一、平台开店政策

1．某卖家一直在运营阿里巴巴国际站平台，打算注册 Shopee 店铺，该卖家需要符合的资质要求有：
_____
_____
_____
_____
_____

2．某拼多多卖家想要注册 Shopee 店铺，该卖家需要符合的资质要求有：
_____
_____
_____
_____
_____

二、佣金及交易手续费

1．卖家在 Shopee 平台首次开店后的前三个月所产生订单的佣金，将会以_____ _____的形式返还给卖家。

2．Shopee 平台针对_____（包括买家支付运费）对卖家收取 6%的交易手续费。

三、Shopee 平台注册流程

1．Shopee 本地店铺买家和卖家采用的是_____后台和注册方式，以马来西亚店铺注册为例，该本地账号_____直接转化为跨境店铺。

2．卖家入驻 Shopee 平台的流程是_____、_____、_____。

四、记录问题及解决方法

在以上操作过程中是否遇到了问题？是如何解决的？记录在表 1-4 中。

表 1-4　所遇问题与解决方法

所遇问题	解决方法

五、填写工作日志（见表 1-5）

表 1-5　工作日志

序号	日期	时间	工作内容	指导教师意见
1				
2				
3				

学习活动四　检查与验收

学习目标

1. 检查相关题目和操作的正确性。
2. 根据修改意见对文稿进行修改。
3. 按照工作流程交付主管并确认签收。

学习过程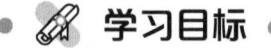

一、质量检查

根据工作任务完成情况进行检查、校对，并将信息填入表 1-6。

表 1-6　质量检查表

检查序号	检查项	根据完成情况或完成项目在相应选项位置标记"√"	改进措施
1	平台注册条件	□入驻要求 □入驻提交材料 □入驻渠道	
2	佣金及手续费	□佣金收取政策 □收取佣金的订单要求 □新卖家佣金收取原则 □交易手续费	
3	注册流程	□本地店铺注册步骤 □跨境店铺注册步骤	

二、交接验收

根据任务要求以角色扮演形式两组交叉进行解说，展示、逐项核对、完成交接验收，并填写验收表，如表 1-7 所示。

表 1-7　验收表

验收项目	验收要求	第一次验收	第二次验收
平台注册条件	符合平台政策要求	□通过 □未通过 整改措施：	□通过 □未通过
佣金及手续费	符合平台佣金收取政策	□通过 □未通过 整改措施：	□通过 □未通过
注册流程	符合平台注册流程	□通过 □未通过 整改措施：	□通过 □未通过
检查情况	□合格 □不合格 □较好，但有待改进	检查人签字：	检查人签字：

💡 小提示

交接验收是综合评定店铺注册过程质量检验的最后环节。要严格按照平台要求进行设置，在作业完成过程中进行合理的分工能够高效地完成工作任务。对于不同意见和建议要虚心听取，结合评价及时记录并商议改进措施，圆满完成工作任务。

三、总结评价

按照"客观、公正、公平"原则，在教师的指导下以自我评价、小组评价和教师评价三种方式对自己和他人在本学习任务中的表现进行综合评价，填写考核评价表，如表 1-8 所示。

表 1-8 考核评价表

姓名		班级		学号			
评价项目	评价标准	评价方式			权重	得分小计	总分
		自我评价	小组评价	教师评价			
职业素养与关键能力	1. 按规范执行安全操作规程 2. 参与小组讨论，相互交流 3. 积极主动、勤学好问 4. 清晰、准确表达 5. 外语表达能力熟练				40%		
专业能力	1. 熟练掌握平台入驻政策 2. 掌握佣金及手续费收取政策 3. 熟练计算佣金和手续费 4. 熟练掌握店铺注册流程并进行设置操作				60%		
综合等级		指导教师签名			日期		

填写说明：

（1）各项评价采用 10 分制，根据符合评价标准的程度打分。

（2）得分小计按以下公式计算：

得分小计=（自我评价×20%+小组评价×30%+教师评价×50%）×权重

（3）综合等级按 A（9≤总分≤10）、B（7.5≤总分<9）、C（6≤总分<7.5）、D（总分<6）四个级别填写。

知识链接

一、东南亚国家市场分析

（一）东南亚国家电商市场潜力分析

东南亚国家主要包括文莱、柬埔寨、印度尼西亚（简称"印尼"）、老挝、马来西亚、缅甸、菲律宾、新加坡、泰国、越南。东南亚地区总面积约 449 万平方千米，人口约 6.42 亿（截至 2017 年）。

在区域经济快速发展和新冠肺炎疫情对线上购物的影响下，东南亚市场规模持续增长。2020 年，东南亚日均电商订单数超过 500 万，电商活跃用户增长至 1.5 亿人，电商规模达 740 亿美元；2021 年，电商规模超过 1200 亿美元，同比增长 62%。据 Bain 咨询预测，2025 年东南亚地区电商市场规模将达到 2340 亿美元，如图 1-17 所示。

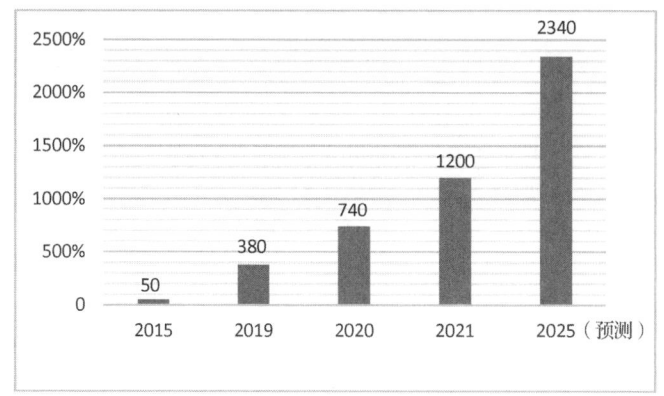

图 1-17　2015-2025东南亚电商市场规模及预测

新冠肺炎疫对东南亚各国居民的消费行为产生了影响，一方面，线下购物受限，线上购物需求加速替代线下购物需求，一些防疫用品、医药物资及生活必需品的需求带来增量市场；另一方面，疫情之下居民线上娱乐、上网时间变长，网购需求增长，各国营商环境获得改善。

2022年1月1日，《区域全面经济伙伴关系协定》（RCEP）正式生效，相关产品将会享受大幅关税减让等优惠待遇，降低跨境电商卖家出海成本，电子商务指定行框架建立，加强成员之间电子商务的使用与合作，帮助中小企业克服使用电子商务的障碍。除此之外，市场的需求也会带动东南亚地区包括物流及仓储在内的电商基础设施建设，促进中国卖家的大幅增长。

东南亚互联网人口增长与电商增长齐头并进，截至2021年12月，东南亚互联网用户数量已超过4.4亿，并且有90%的用户表示他们将继续通过线上渠道进行购物。同时，东南亚青年人口（低于40岁）比重达到70%（中国为57%），青年人口将逐步"接管"东南亚市场。凭借人口优势，东南亚电商市场发展势头迅猛。专家预测，到2025年，东南亚电商市场极有可能超过英国，成为全球营收三大市场之一。

（二）东南亚国家消费者的购物行为分析

（1）从购物时间来看，东南亚消费者普遍热衷于在每周三，以及每天上午10时到下午5时，晚上9时到11时进行购物，这些时间同时也是品牌广告定向投放、活动定向促销的最佳时间。

（2）从人均客单价来看（人均客单价与国家或地区的发达程度密切相关），新加坡位居榜首，高达91美元；其次为菲律宾，为56美元；再次为马来西亚，为54美元；泰国、印尼和越南的人均客单价则相对比较低。由此反映出产品的单价、品类策略应与国家的国情成正比。

（3）从电商转化率来看，越南领跑东南亚，转化率高出平均线1.3倍；印尼和新加坡紧随其后，转化率均超出平均线1.1倍；其余国家的转化率均跌破平均线。

（4）从移动端、PC端的成交转化数据看，PC端转化率超出移动端1.7倍，而与之形成鲜明对比的又是东南亚与日俱增的移动普及率，2020年东南亚网站移动流量已高达网站总流量的72%。

（5）从价格敏感度来看，东南亚消费者对价格有强烈敏感性。折扣与高性价比的产品是驱动当地消费热情的主要因素。此外，售前、售中、售后服务，以及物流服务等因素也会对消费决策产生不同程度的影响。

（6）从购物信任度来看，品牌与产品信任是亘古不变的跨境命题。在东南亚，来自熟人的推荐会在很大程度上潜移默化地影响当地人的消费决策（这一点和中国异曲同工）。值得注意的是，东南亚拥有海量的Facebook用户，如何通过主流社交媒体建立品牌信任与传递品牌价值，是东南亚电商市场必须思考的问题。

（三）东南亚各国产品喜好

（1）泰国：服装是最受欢迎的品类，其次为个人护理、化妆品、电子技术产品。

（2）新加坡：排名前三为旅游、服饰、娱乐用品。以下依次为美容产品、电子产品、书籍。

（3）马来西亚：时装、美妆、玩具等品类格外抢手。

（4）越南：最为热销的品类是婴童类产品，如奶粉、纸尿裤、婴儿车等。越南人比较喜欢囤货，首都河内春节前后，人们的购物积极性较高；越南人也比较喜欢品牌产品，购物前会了解品牌及产品质量。河内地处热带季风气候区，四季分明，开衫等保暖衣物的销售状况较好；在胡志明市，摩托车配件是广受欢迎的热门单品。

（5）印尼：作为东南亚市场潜力与规模最大的跨境电商市场，母婴、时尚饰品、手表、家居、女士包具、手机配件等很受欢迎。母婴方面最为畅销的产品是儿童服装、玩具、婴儿用品；时尚饰品则以耳环、项链、戒指等低价位产品为主；手表是印尼热销商品，男士手表往往可以定个高价；家居方面则以装饰、厨房用品、厕所用品、起居和收纳用品为主。

（四）东南亚各国主要物流方式

越来越多的东南亚用户要求实现更快、更稳定、更安全的物流交付。但是，东南亚国家多数是发展中国家，后端物流和供应链并不总是能够满足这种需求。这些国家缺乏强大的运输和物流基础设施，特别是"最后一公里"交付能力较弱，这严重影响了产品交付过程的速度和效率。

当然，整个东南亚市场正处于物流红利上升期，伴随着资本的不断涌入，物流市场竞争愈发激烈，最直接的体现就是"低价"价格战。在技术和服务差不多的情况下，压低物流费用似乎为企业降低了成本，但是伴随着物流公司的不断倒闭，也为企业带来了潜在风险。

比如，作为东南亚最成熟的电商市场，新加坡拥有较为完善的物流基础。以较为知名的新加坡邮政（SingPost）为例，2020年其电商运送相关业务已达到其总收入的26%。并且，其在多个国家建立了24小时的仓储网络，整体实力较强。

印尼地理环境复杂，"最后一公里"的配送难度大。快递公司JNE在印尼最为知名，虽然JNE的服务网店遍布印尼，但是实际上无论是时效性还是物流跟踪情况，它都不尽如人意，不过其仍是印尼物流的主流选择。

菲律宾的物流公司普遍缺乏电商小包裹运送经验（更多的是从事大批量货运服务），加之菲律宾岛屿丛生，无论是物流成本还是配送难度都很高。

马来西亚欠缺主要的物流基础设施，这对于物流交付来说产生了不小的困扰，尤其是"最后一公里"的交付。在马来西亚，传统的物流公司受到了新兴的云物流NinjaVan的挑战。

（五）东南亚主流支付方式

（1）信用卡支付：这是东南亚的主要支付方式之一，印尼、菲律宾、泰国、马来西亚、新加坡五国均实现了高达90%~100%的普及率，但是越南的普及率却跌至60%之外。

（2）银行转账：这也是东南亚的主要支付方式之一，印尼、越南和泰国均实现了高达

75%以上的普及率。但是新加坡的普及率却低至40%以下。

（3）货到付款：该支付方式最符合越南人和菲律宾人的消费喜好，两国超过80%的商家提供该项服务。

（4）线下POS支付：该支付方式在泰国和越南很受欢迎，两国近50%的商家提供该项服务。

（5）分期付款：该支付方式更贴近越南和印尼的经济特色，是唤起消费者购物欲的有效手段，且这一趋势逐年加强。

为何东南亚各国普遍偏好线下支付？据调查，约58%的东南亚公民对网上分享的财务信息表示担忧（全球平均水平为49%）。印尼、菲律宾和马来西亚的比较突出的网络欺诈和网络攻击问题，导致消费者对线上交易持谨慎态度。因此，为了提升消费者对线上交易的信任，企业应将数据隐私措施置于其核心位置，并确保消费者购物安心。

（六）东南亚各国社交媒体偏爱与市场营销

（1）Facebook崛起：超过2.4亿的东南亚地区用户使用Facebook作为第一手生活资讯获取App。WeAreSocial的2018官方数据显示，印尼Facebook的使用人数高达1.4亿，菲律宾的Facebook使用人数为0.69亿，越南的Facebook使用人数为0.58亿，泰国的Facebook使用人数为0.52亿，分别位列世界第3、6、7、8名，如图1-18所示。

图1-18 2018年世界各国Facebook用户数量排名

（2）印尼还是亚太地区Instagram（INS）用户最活跃的国家，2017年活跃用户数高达4500万（2016年仅2200万）。印尼Facebook用户32.5%的在线时间花在了社交媒体上，且使用智能手机访问社交媒体的比例是使用笔记本电脑的3倍，是使用台式电脑和平板电脑的4倍。不难发现，移动社交媒体的火热将为品牌的移动商城引流及移动广告投放带来可观的潜在商机。

（3）越南：越南的Facebook使用率高达99%，几乎所有社交网络用户都在使用Facebook。越南本土企业VNG旗下的Zing Me也有着坚实的用户基础，使用率高达29.8%（Twitter仅

19.2%）。来自中国的 Weibo 闯入前十，使用率为 4.7%。排名第 2 位的 INS（48.6%）的用户性别比例差距最大，女性比重比男性比重高约 10 个百分点。尼尔森调查显示，2017 年越南 Facebook 用户中，约 2350 万为城市用户（占比约 51.08%），约 2250 万为农村用户（占比约 48.92%）。

（4）泰国：Facebook 是泰国的主要社交 App，其次为 Line、INS 和 Twitter。泰国是 Line 的最大海外市场。93%的泰国互联网用户使用智能手机访问社交网络，而且很频繁，且主要集中在 40 岁以下的群体：6～19 岁的用户数约 690 万，20～29 岁的用户数约 750 万，30～39 的用户数约 630 万，整体分布比较均匀。

（5）新加坡：Facebook、INS、Twitter 为新加坡最受欢迎的 3 款社交 App。此外，微信位列第 6 位，用户数占比约 38%。70%以上的中高等收入人群通过智能手机访问社交媒体，90%以上的用户会使用社交媒体，70%以上的用户每天会使用社交媒体。无独有偶，新加坡还是人均客单价最高的电商购物国家。因此，新加坡的整体产品策略可以定位为中高端。

摘自 TMO Group，有更新。

Shopee 跨境电商店铺注册常见问题

学习任务二

卖家中心设置

学习目标

知识目标：

- 描述 Shopee 卖家中心各模块的功能和操作界面各部分的作用。
- 设置卖家中心基本信息。
- 灵活运用文案编辑方法对文本信息进行编辑操作。
- 合理制订工作计划。
- 参照相关规则、操作规范，对操作或相应题目进行审核、校对。
- 记录问题及解决方法，并完成质量检查与验收。

技能目标：

- 熟练掌握卖家中心各个模块的功能和作用。

培养目标：

- 培养学生自主学习和研究的能力，以及外语应用能力。

工作情境

卖家中心（Seller Center）是为了服务 Shopee 卖家而提供的卖家服务平台，每位卖家都应知道卖家中心的位置、卖家中心的功能和如何使用卖家中心。新店注册后，卖家必须完成语言、市场汇率、全球商品调价比例、商品同步信息四项基本设置，才能正常使用。小张完成店铺注册后，进入卖家中心，了解店铺各个模块的功能和作用，进行各个模块的基本信息的设置。

工作流程

学习活动一　明确工作任务和知识技能准备
学习活动二　制订计划
学习活动三　实施作业
学习活动四　质量检查与验收

学习活动一　明确工作任务和知识技能准备

学习目标

1．与客户和运营主管等相关人员进行业务沟通，明确工作任务，并准确概括、复述任务内容及要求。
2．描述卖家中心各个模块的功能和作用。
3．通过各个模块进行店铺信息及相关活动的设置。

学习过程

一、明确工作任务

1．根据工作情境，掌握语言设置、市场汇率设置、全球商品调价比例设置、商品同步信息设置。
2．简要阐述各模块在日常运营中的主要功能和作用。

二、知识技能准备

（一）认识卖家中心

卖家中心是为了服务 Shopee 卖家而提供的卖家服务平台，卖家可以通过卖家中心单个或批量上传及管理商品，查看商品支付情况，查看物流信息和退换货信息，报名平台活动，参加多种推广促销活动，查看商品浏览量、销售额与订单量等信息。

> **✱2-1 想一想，做一做**
>
> 使用新申请的账号和密码登录 Shopee 卖家中心，并在横线处记录操作步骤。
> _____
> _____
> _____
> _____

Shopee 平台目前有 12 个站点，分别是中国台湾站、马来西亚站、巴西站、波兰站、菲律宾站、哥伦比亚站、墨西哥站、泰国站、西班牙站、新加坡站、越南站和智利站。

店铺注册完成后，在浏览器中打开 Shopee 网站首页，在页面底部找到对应站点登录入口，输入账号和密码，并点击"登入"按钮，如图 2-1 和图 2-2 所示。

Shopee 平台各个站点现状分析

图 2-1　Shopee 首页

图 2-2　登录账户

同时也可以通过 Shopee App 登录卖家中心，如图 2-3 所示。

登录成功之后，进入 Shopee 中国卖家中心（以下简称"卖家中心"），如图 2-4 所示。

图 2-3　Shopee App 登录

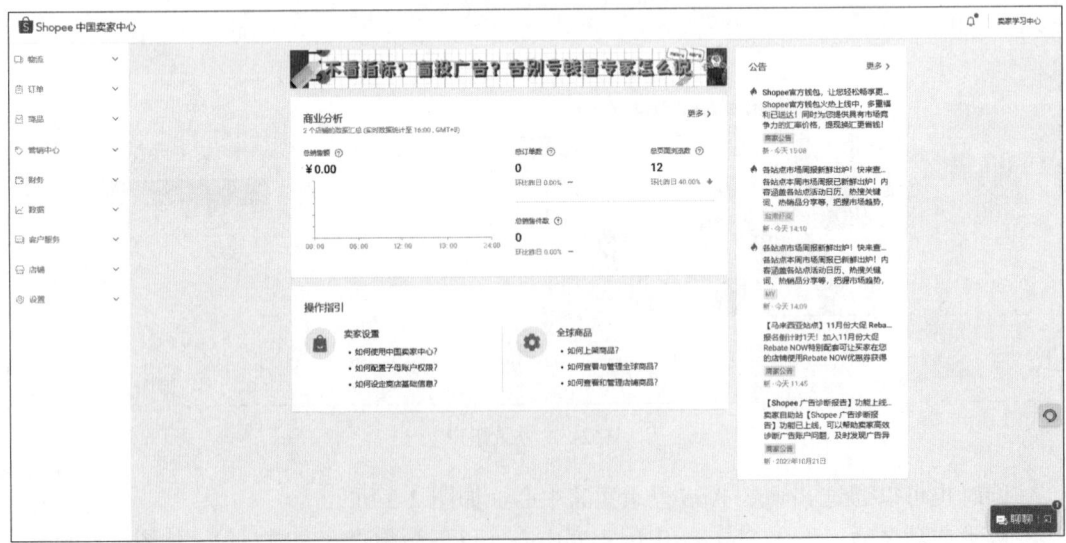

图 2-4　Shopee 中国卖家中心首页

学习任务二　卖家中心设置

＊2-2 想一想，做一做

在 Shopee 中国卖家中心首页可以直观地看到各个板块的内容。请将各个板块的代表功能填写在横线处。

_____

_____

（二）设置物流

卖家需要在"物流"项目中设置默认的转运仓和寄送方式，否则无法安排装运或预报。"物流"项目中包含了"我的物流"、"批次出货"和"物流设置"选项。

卖家中心首页介绍

1. 我的物流

在"我的物流"界面，卖家可以处理待出货的订单，如图 2-5 所示。

图 2-5　处理待出货的订单

2. 批次出货

为了更有效率地处理订单，卖家可以批次出货和批次下载，以及一次安排多笔订单发货并下载多份物流文件，这样可以节省时间，减少不必要的麻烦，提高效率并优化出货流程。在销售旺季需要处理大量订单时，"批次出货"就是非常好用的工具。

（1）选择"批次出货"选项并选择需要安排出货的订单，如图 2-6 所示。

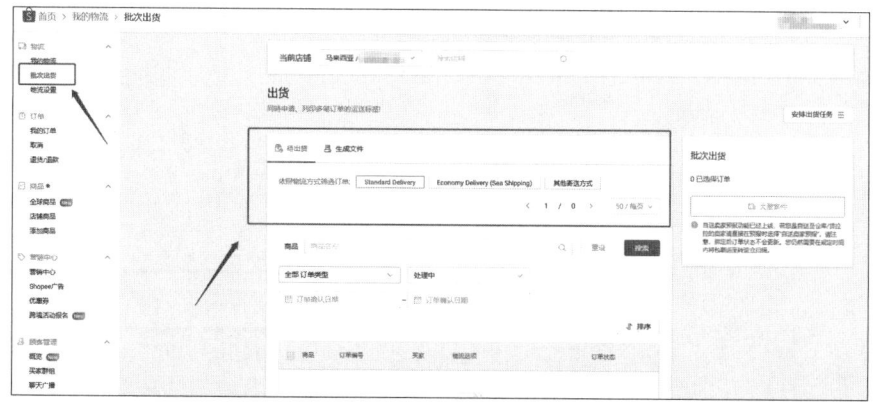

图 2-6　选择需要安排出货的订单

27

（2）根据 Shopee 支持的物流选项筛选需要安排出货的订单，然后选择商品，并安排出货任务，如图 2-7 所示。

图 2-7　安排出货任务

（3）点击"确认"按钮完成批次出货。

3．物流设置

卖家在上传商品前需要完成物流设置、首公里设定和出货天数的设置，否则无法安排发货和首公里预报，如图 2-8 所示。

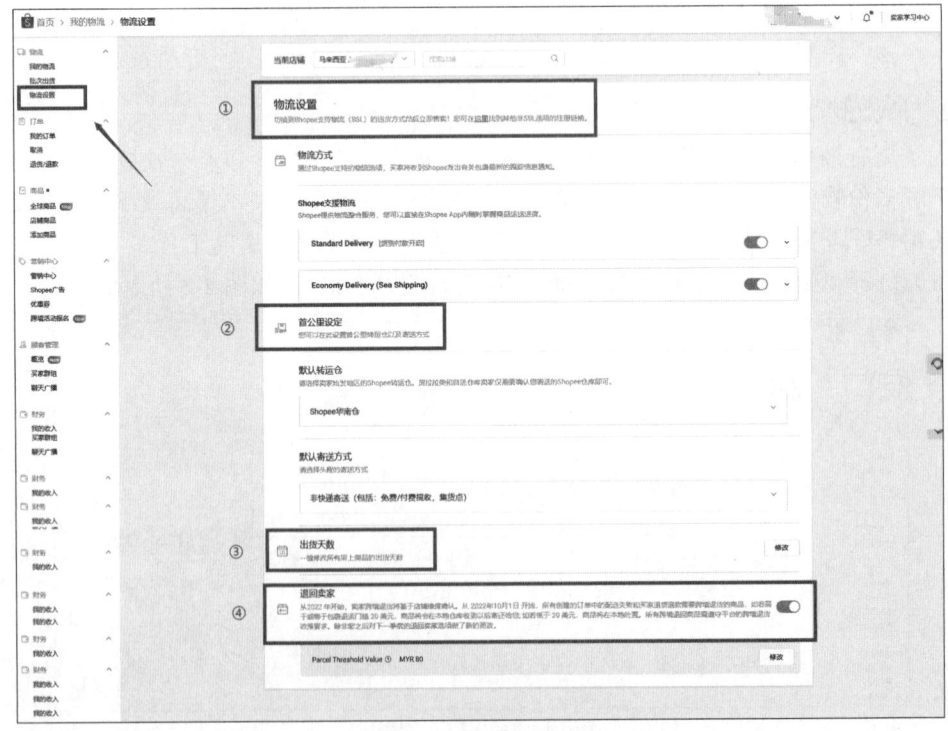

图 2-8　"物流设置"界面

（1）首先进行物流设置。

通过 Shopee 支持的物流选项，买家将收到 Shopee 发出有关包裹最新的跟踪信息通知。每个站点的"Shopee 支援物流"选项并不一样，建议全都开启，这样卖家可以通过实际需要选择物流方式，以马来西亚站点为例，如图 2-9 所示。

图 2-9　全部开启"Shopee 支援物流"选项

（2）其次进行首公里设定。卖家可以在此设置首公里转运仓和寄送方式。

① 在"默认转运仓"选区，可以选择卖家始发地区的 Shopee 转运仓。货拉拉类和自送仓库卖家仅需要确认卖家寄送的 Shopee 仓库即可。注意：只能选择一个转运仓，若转运仓因其他原因无法寄送，可以进行更换，如图 2-10 所示。

图 2-10　选择默认转运仓

② 在"默认寄送方式"选区，卖家可以选择头程的寄送方式，如图 2-11 所示。

非快递寄送：包括免费/付费揽收，集货点。

快递寄送：使用第三方快递公司提供寄送服务到转运仓。包括付费揽收中的极兔速递，不包括货拉拉类卖家和自送仓库。

自送卖家：自行运送至 Shopee 转运仓或使用货拉拉等物流公司运送至 Shopee 转运仓的卖家。

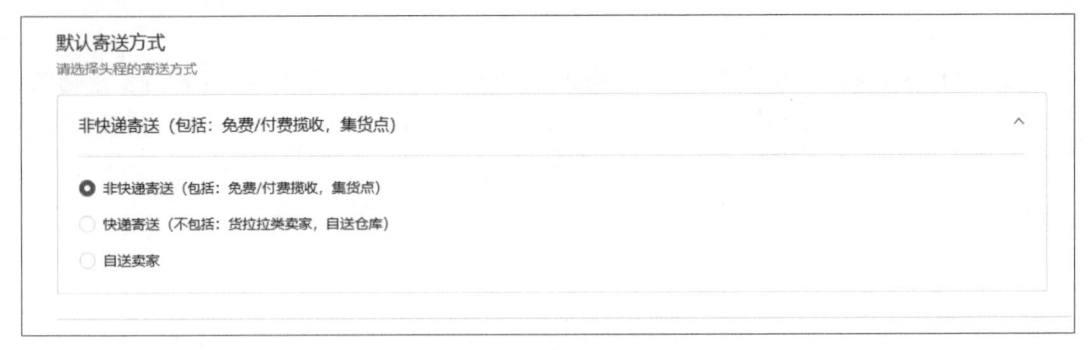

图 2-11　选择默认寄送方式

（3）然后进行出货天数的设置。

出货天数（Days To Ship，DTS）是指一笔订单从确认到出货需要的时间，又称备货时长或备货天数，只计算工作日。现货商品的出货天数一般设置为 3 个工作日。预售商品的出货天数一般设置为 5~10 个工作日。对于库存不足商品或者定制化商品，卖家拥有较长的备货时间来解决延迟发货的问题，如图 2-12 所示。

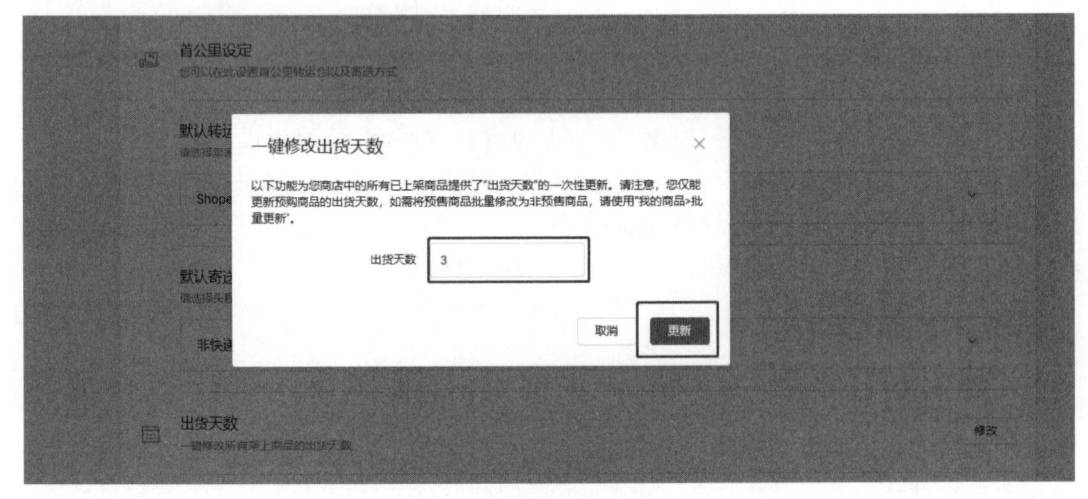

图 2-12　设置出货天数

（4）选择开启此处的按钮，开启退回卖家功能，如图 2-13 所示。

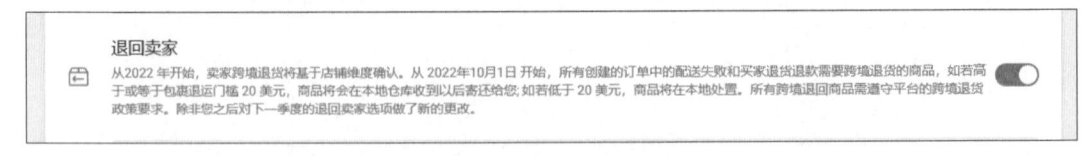

图 2-13　开启退回卖家功能

从 2022 年开始，卖家跨境退货将基于店铺维度确认。从 2022 年 10 月 1 日开始，所有创建的订单中的配送失败和买家退货/退款需要跨境退货的商品，如果高于或等于包裹退运门槛 20 美元，商品将会在本地仓库收到之后寄还给卖家；如果低于 20 美元，商品将在本地处置。所有跨境退回商品需要遵守平台的跨境退货政策要求，除非卖家之后对下一季度的"退回卖家"选项做了新的更改。

（三）订单管理

订单管理是卖家管理订单相关信息的工具，是卖家中心的核心内容之一，平台运营几乎所有行为都是围绕订单管理进行的。通过订单管理，卖家可以查看店铺订单情况、管理取消的订单和退货/退款订单。

1. 查看店铺订单情况

前往"我的订单"→"全部"界面查看有关店铺订单支付、物流及退货/退款信息，如图 2-14 所示。

图 2-14　查看店铺订单情况

2. 管理取消的订单

前往"我的订单"→"取消"界面，管理取消的订单，如图 2-15 所示。

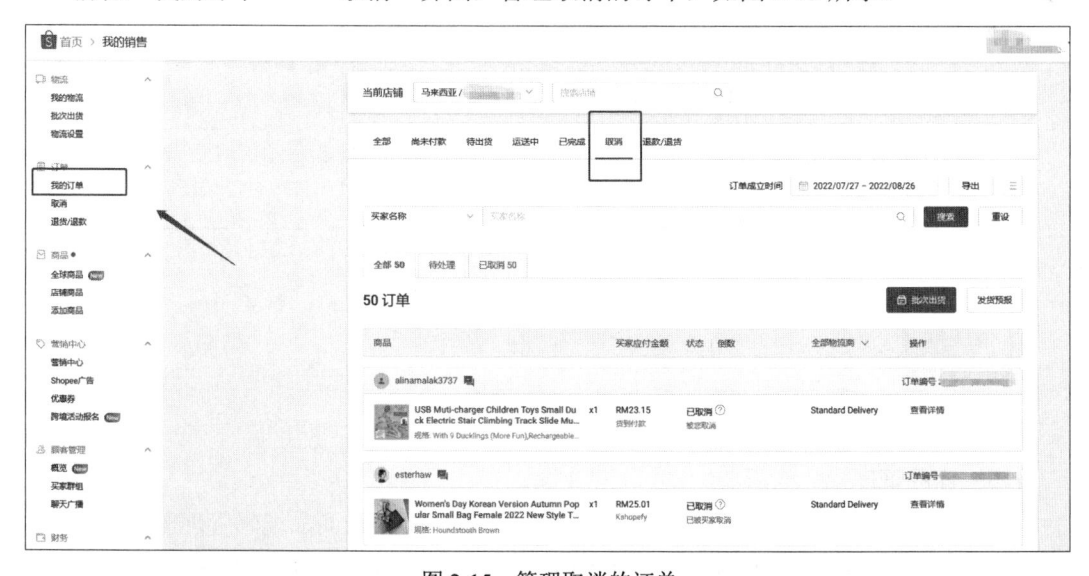

图 2-15　管理取消的订单

3. 管理退货/退款订单

前往"我的订单"→"退货/退款"界面，管理退货/退款订单，如图 2-16 所示。

图 2-16　管理退货/退款订单

Standard Express 为 Shopee 官方物流，提供 Shopee 物流服务（Shopee Logistics Service，SLS），可以点击"生成已选文件"按钮打印待发货运单，如图 2-17 所示。

发货时间设定

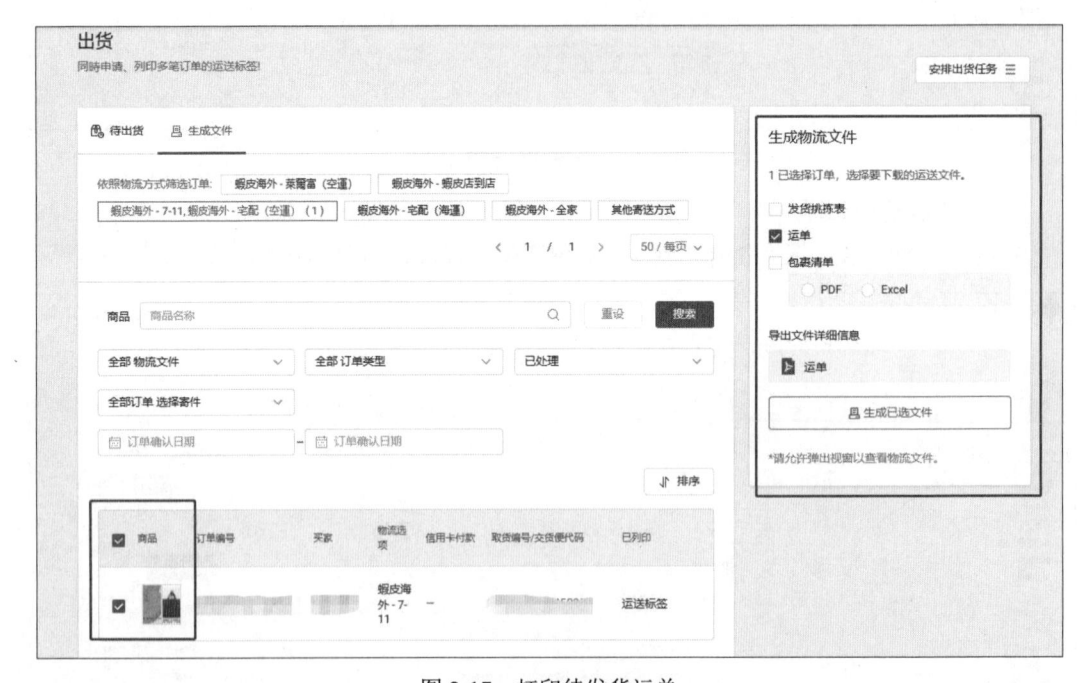

图 2-17　打印待发货运单

（四）商品管理

在"商品"项目中，Shopee 用户可以执行商品上、下架及商品编辑管理等操作。

前往"商品"→"店铺商品"界面查看商品状态或上传商品，如图 2-18 所示。

图 2-18　查看商品状态或上传商品

*2-3 想一想，做一做

查看"店铺商品"界面的各个选项/板块，并在横线处写出这些选项/板块代表的功能，如图 2-18 所示。

_____

_____

（五）营销中心

在营销中心，卖家可以查看并报名参加平台最新的活动，同时，平台也为卖家提供了更多营销工具，包括关注礼、优惠券、广告等，促进卖家与买家互动，提升店铺流量和销量，如图 2-19 所示。

My Products 界面功能介绍

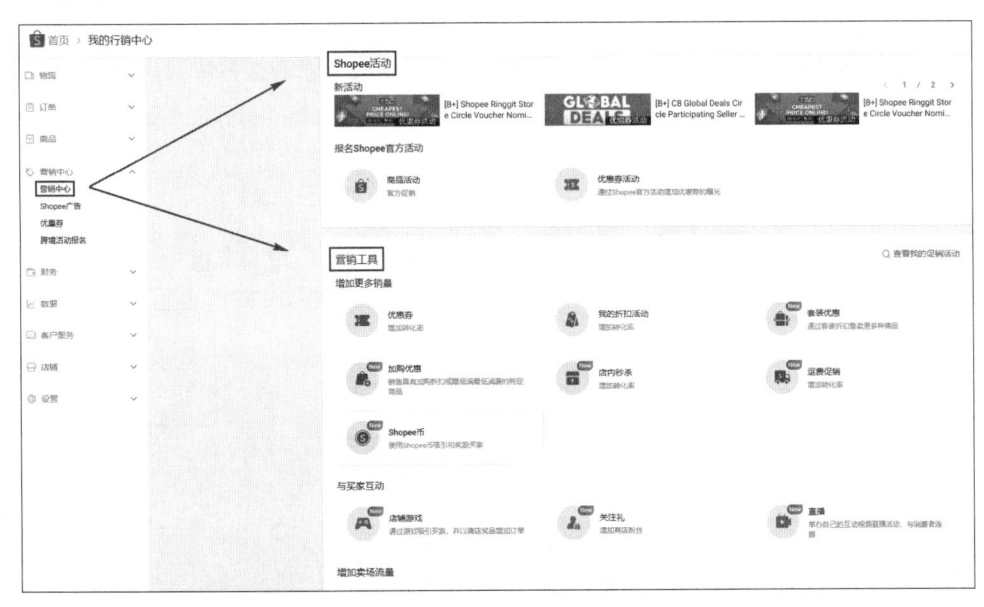

图 2-19　"营销中心"界面

33

（六）财务管理

选择"我的收入"选项，进入"我的收入"界面，如图 2-20 所示，卖家可以在此进行财务管理。

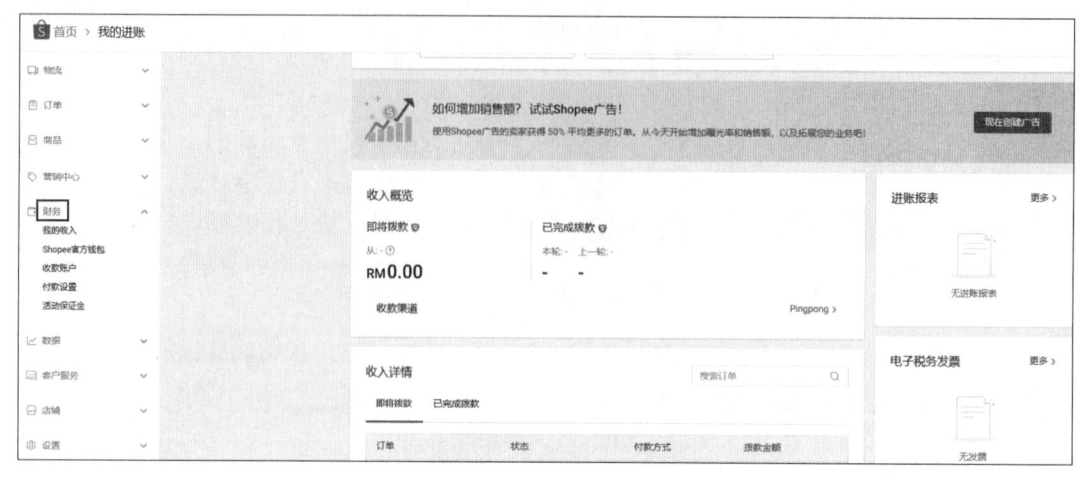

图 2-20 "我的收入"界面

1. 我的收入

进入"我的收入"界面前需要再次输入登录密码以完成身份验证，如图 2-21 所示。

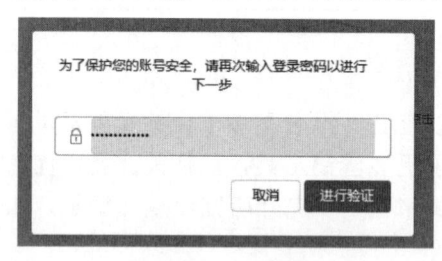

图 2-21 身份验证

卖家可在该界面中查看 Shopee 平台在每个打款周期给卖家的拨款情况，如图 2-22 所示。

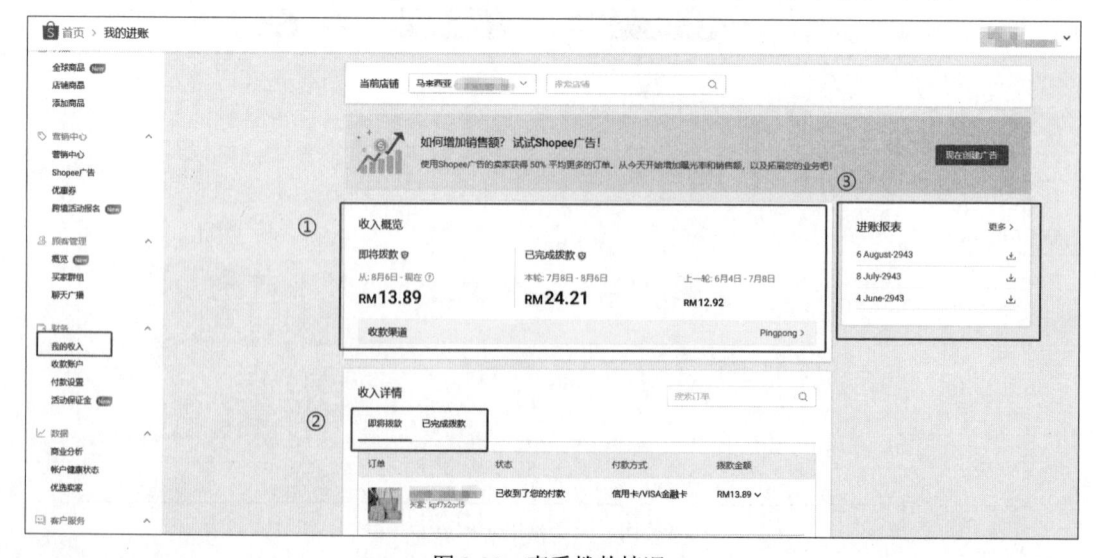

图 2-22 查看拨款情况

（1）"收入概览"板块包括"即将拨款"和"已完成拨款"两个标签。即将拨款是指买家已付款但还未拨款的金额。已完成拨款会展示最近两个周期的拨款日期和对应拨款金额。

（2）"收入详情"板块包括"即将拨款"和"已完成拨款"两个标签，卖家可查看相应站点的订单和对应的拨款金额等信息，点击需要查看订单的任意位置即可进入订单详情页面，可查看详细的订单信息。

（3）"进账报表"板块展示每轮拨款的拨款摘要、拨款总金额和拨款汇率，但是仅适用于使用美元拨款的马来西亚、泰国、菲律宾、巴西和中国台湾五个站点，印度尼西亚、越南、新加坡站点均使用当地货币拨款，无此信息。

> **小提示**
>
> Shopee 每月拨款两次。

---

*2-4 想一想，做一做

请将"进账报表"板块中列出的时间段的含义填写在横线处。

1. 6 August-2943

   _____

2. 8 July-2943

   _____

3. 4 June-2943

   _____

---

2. 收款账户

卖家可在"收款账户"界面中绑定卖家用于接收 Shopee 拨款的第三方收款账户，目前 Shopee 平台支持卖家绑定 Payoneer、pingpong、LianLian Pay 连连跨境支付等的账户，如图 2-23 所示。

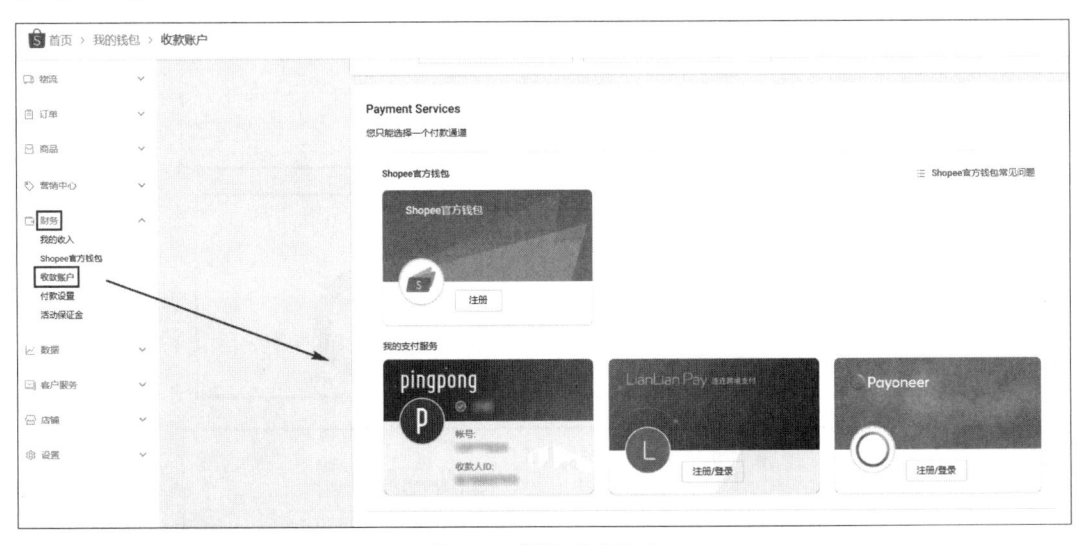

图 2-23　添加收款账户

（1）跨境卖家需要在该界面中绑定银行卡，进行实名认证。

（2）已有Payoneer、pingpong、LianLian Pay连连跨境支付账户的卖家，选择需要绑定的账户类型，点击"注册/登录"按钮之后，关联已有账户即可。

（3）尚未开通Payoneer、pingpong、LianLian Pay连连跨境支付账户的卖家，点击"注册/登录"按钮之后，按照页面提示填写相关信息，注册相应账户即可。

（4）若账户成功绑定，则会显示"已激活"（Active）。未能成功绑定或者未进行绑定的账户会显示"未激活"（Not Active）。

小提示

为了强化卖家的账户安全，进入"收款账户"界面需要输入独立的钱包密码。完成钱包密码的设置之后，卖家才能绑定收款账户，从而顺利收到回款。

（七）数据

1. 商业分析

商业分析是卖家中心和Shopee App的管理工具，可以帮助卖家全面了解商店的表现和销售趋势，以及需要改善的潜在领域，还可以帮助卖家从历史数据中了解发展趋势，深入了解商品表现数据并制定经营策略，分析销售指标的同时提高销售额，随时掌握当前的表现。卖家可以在"商业分析"界面查看仪表板、商品、销售与服务、流量、行销（营销）和销售辅导等指标数据。

卖家进入"商业分析"界面时，顶部的菜单栏默认打开了"所有店铺"选项卡，如图2-24所示。此时打开"当前店铺"选项卡，可以查看当前店铺的数据，如图2-25所示。

图2-24 默认打开"所有店铺"选项卡

图 2-25　查看当前店铺的数据

（1）"统计时间"为当日实时的关键指标：总销售额、总订单数、总销售件数、总页面浏览数等。

（2）"统计时间"为非今日实时的关键指标：总销售额、总订单数、总销售件数、总页面浏览数、已取消的订单、已取消的销售、已退货/退款的订单、已退货/退款的销售。

（3）"指标分析"是指不同指标下各店铺/市场指标在总体中的占比。

（4）"详情"板块包括店铺名称、市场、销售额、订单数、售出件数、页面浏览数、操作。

2. 账户健康状态

"账户健康状态"可以长时间监测和观察商店的运营表现，帮助卖家发现需要改善的地方，以获得更好的商店及商品评价、更高的订单完成率和销售额，同时为买家提供更优质的客户服务。卖家可以通过"账户健康状态"页面查看"我的计分""待改进项""违反上架规范""订单完成率""客服""买家满意度"等板块，可点击"更多"和"查看详情"按钮了解更多信息，如图 2-26 和图 2-27 所示。

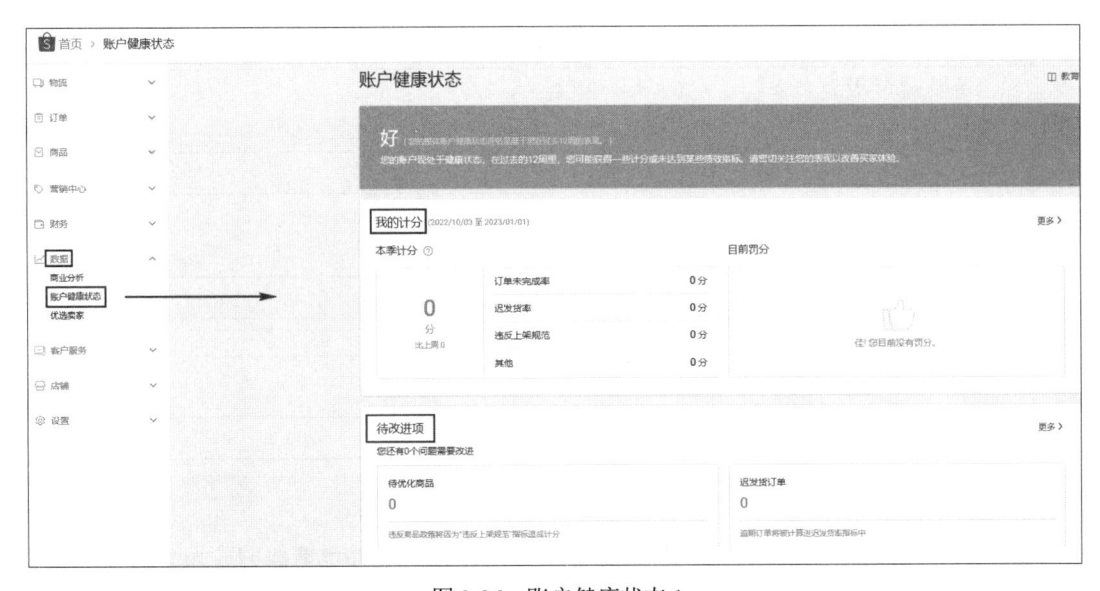

图 2-26　账户健康状态 1

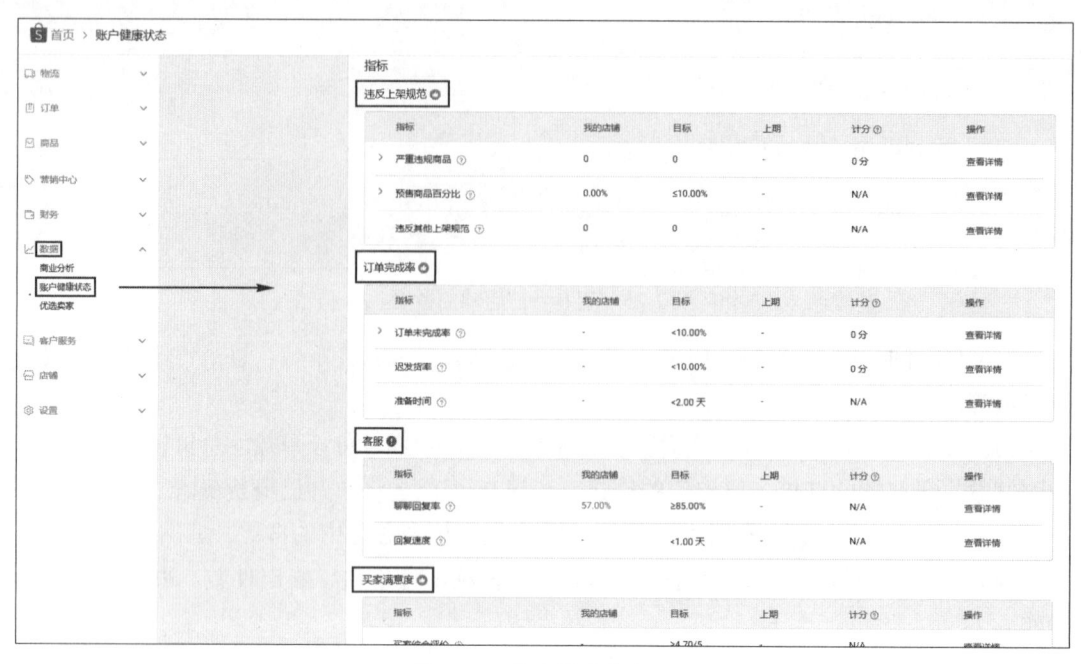

图2-27　账户健康状态2

📖 **2-5 想一想，做一做**

1. 名词解释。
（1）订单完成率是指：
_____
_____

（2）物流时效是指：
_____
_____

（3）买家满意度包括：
_____
_____

（4）列出三条"违反上架规范"的行为：
_____
_____

---

3. 优选卖家

Shopee 对在销售和运营方面表现出色的卖家给予认可，并邀请他们成为 Shopee 的优选卖家。Shopee 的优选卖家拥有专属的销售福利，同时优选卖家的商店和商品页面也会展示优选徽章。卖家可以在"卖家中心"→"数据"→"优选卖家"界面查看卖家是否具有成为优选卖家的资格，并查看每项指标的达标情况，如图2-28所示。优选卖家评选标准详见"知识链接"。

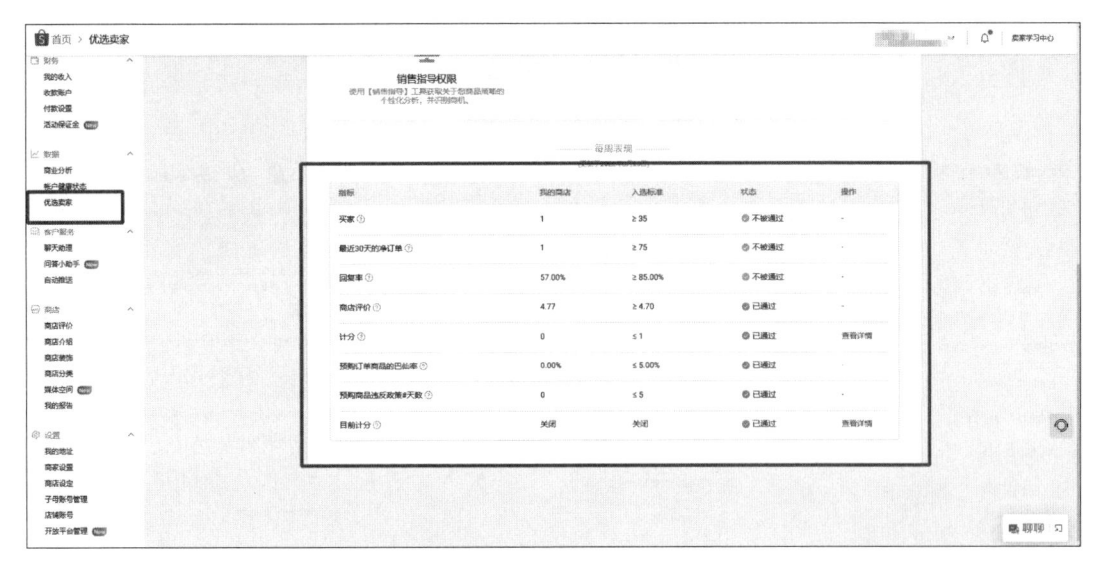

图2-28 "优选卖家"界面

（八）客户服务

1. 聊天助理

在"客户服务"→"聊天助理"界面，卖家可以轻松进行聊天设置。"聊天助理"具有两个功能，分别是"自动回复"和"快捷回复"，卖家可以为买家提供更好的客户服务，如图2-29所示。

图2-29 "聊天助理"界面

2. 问答小助手

问答小助手也就是常见问题助理，买家发起聊天时，问答小助手可以帮助卖家迅速问候买家，并且通过问题分类快速解答买家的问题，如图2-30所示。

3. 自动推送

卖家可以通过卖家中心的自动推送功能向买家发送订单状态变化的提醒，以提供更贴心的客户服务。卖家可以设定不同的订单条件，当订单状态符合订单条件时，卖家中心将会自动发送消息给买家。目前可提供"物流状态提醒"和"订单取消提醒"两种自动推送服务，卖家可以依据需求设定自动推送的触发条件，如图2-31所示。

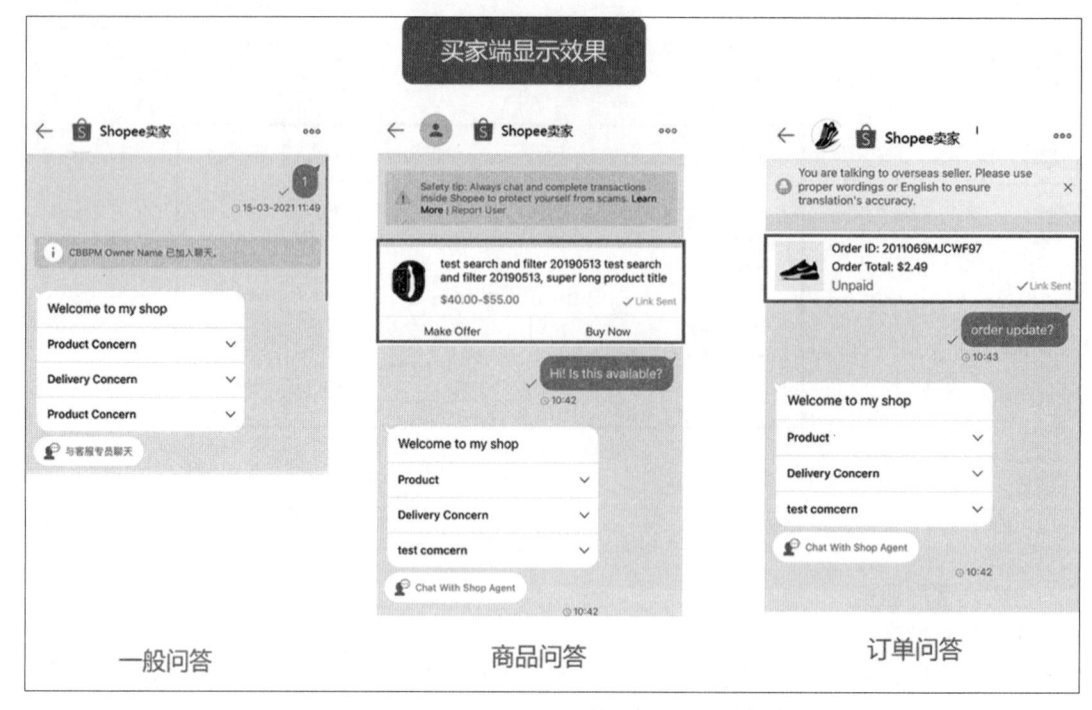

图 2-30 "问答小助手"买家端显示效果

图 2-31 "自动推送"界面

💡 **小提示**

① 如果要添加优惠券，请务必注意优惠券状态。若优惠券过期或不适用，平台将无法成功发送自动推送消息。

② 如果卖家与买家最后聊天的时间在最近 30 分钟以内，则自动推送消息无法发送成功。

（九）商店

"商店"项目包括"商店评价""商店介绍""商店装饰""商店分类""媒体空间""我

的报告"等板块，如图2-32所示，卖家可以在"商店"界面中对商店进行详细管理。

图2-32 "商店"界面

（十）设置

1. 我的地址

卖家可以在"我的地址"界面设置取货地址、买家退货地址和卖家退货地址，买家可以在此设置预设地址，如图2-33所示。

图2-33 设置地址

（1）预设地址。该地址是需要买家填写的收件地址，卖家无须填写。若卖家不小心填写了，也不会对前台展示和退货流程产生影响。

（2）取货地址。如果卖家填入的是中国大陆地址，买家端不会进行额外的展示。如果卖家填入的是非中国大陆地址，买家端会展示为：商品 ship from XX。对于中国大陆的卖家，请将取货地址设置为中国大陆的地址，以保障买家购物体验。

（3）买家退货地址。该地址是买家市场当地指定退货点的地址，建议卖家将其设置为 Shopee 在当地的退货集运点地址。

（4）卖家退货地址。该地址是仓库退货给卖家的地址。这是卖家必须填写的退货地址，在出现买家退货或仓库异常件的情况时，如果没有正确的卖家退货地址或联系方式就无法成功退回。

2. 商家设置

"商家设置"界面包含"语言设置"、"商品信息同步设置"、"商品价格换算设置"、"市场汇率设置"和"SIP 调价比例设置"等内容，如图 2-34 所示。

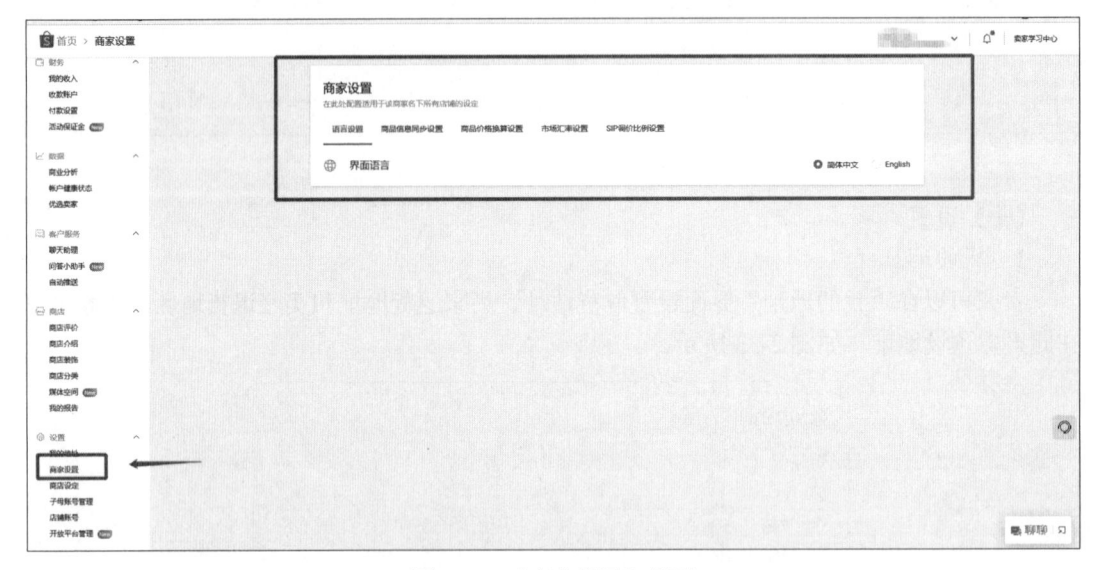

图 2-34 "商家设置"界面

（1）语言设置。选择"语言设置"选项，选择"简体中文"或"English"单选按钮，可将界面语言在中英文之间进行切换，如图 2-35 所示。

图 2-35 设置界面语言

（2）商品信息同步设置。默认情况下，全球商品的每次更新都会自动同步到关联站点的店铺商品中。比如，卖家修改了全球商品的名称，则店铺商品的名称也会自动翻译并更新，其他没有修改的信息不会被更新，如图 2-36 所示。如果卖家不希望全球商品的信息同步更新到某一店铺，可以选择“自定义”单选按钮，取消勾选相应的复选框。

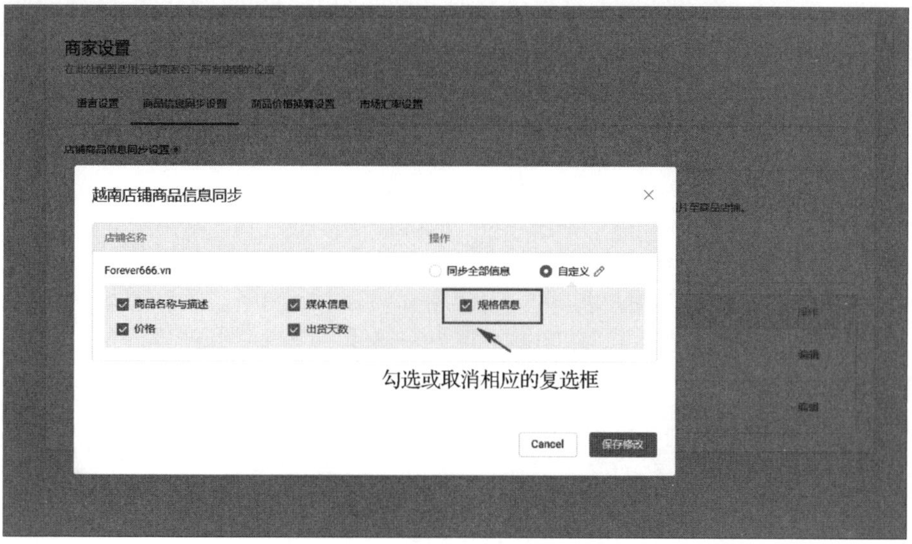

图 2-36　商品信息同步设置

（3）商品价格换算设置。为帮助卖家更准确地计算店铺商品的价格，系统可以通过全球商品价格设置商品成本价，并通过站点调价比例设置不同站点的利润率。卖家需要设置市场汇率、站点调价比例和活动服务费率来换算店铺商品价格，系统将应用实际佣金费率、固定的交易手续费率（2%）和自动计算的跨境物流成本（藏价）来计算店铺商品的价格。价格因子变更不会影响已发布的店铺商品的价格。可点击“编辑”按钮进行设置，如图 2-37 所示。

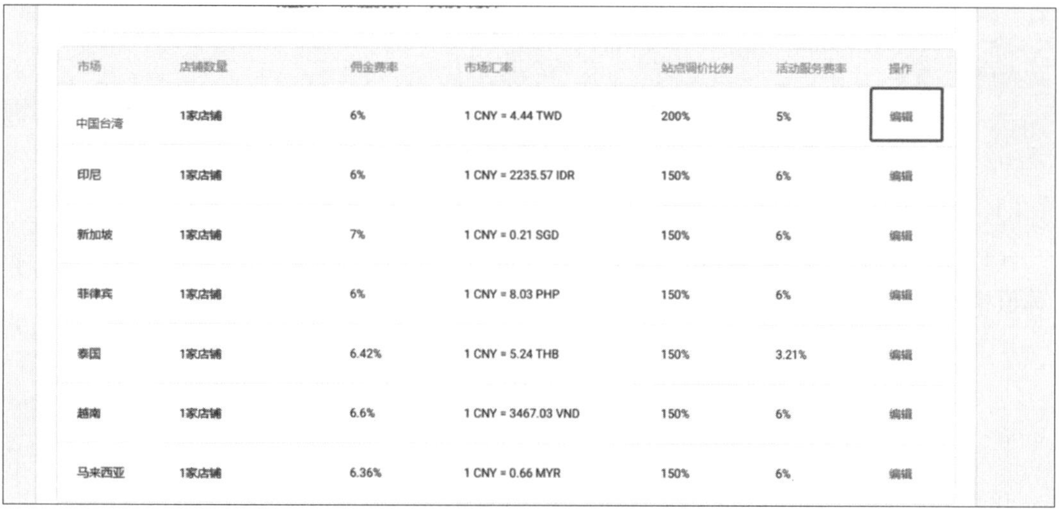

市场	店铺数量	佣金费率	市场汇率	站点调价比例	活动服务费率	操作
中国台湾	1家店铺	6%	1 CNY = 4.44 TWD	200%	5%	编辑
印尼	1家店铺	6%	1 CNY = 2235.57 IDR	150%	6%	编辑
新加坡	1家店铺	7%	1 CNY = 0.21 SGD	150%	6%	编辑
菲律宾	1家店铺	6%	1 CNY = 8.03 PHP	150%	6%	编辑
泰国	1家店铺	6.42%	1 CNY = 5.24 THB	150%	3.21%	编辑
越南	1家店铺	6.6%	1 CNY = 3467.03 VND	150%	6%	编辑
马来西亚	1家店铺	6.36%	1 CNY = 0.66 MYR	150%	6%	编辑

图 2-37　商品价格换算设置

（4）市场汇率设置。人民币对各个市场的货币的汇率，可基于系统区间自行设定，如图 2-38 所示。

（5）SIP 调价比例设置。SIP 调价比例是指基于全球商品价格，卖家对 SIP 附属店铺设置的利润率，如图 2-39 所示。

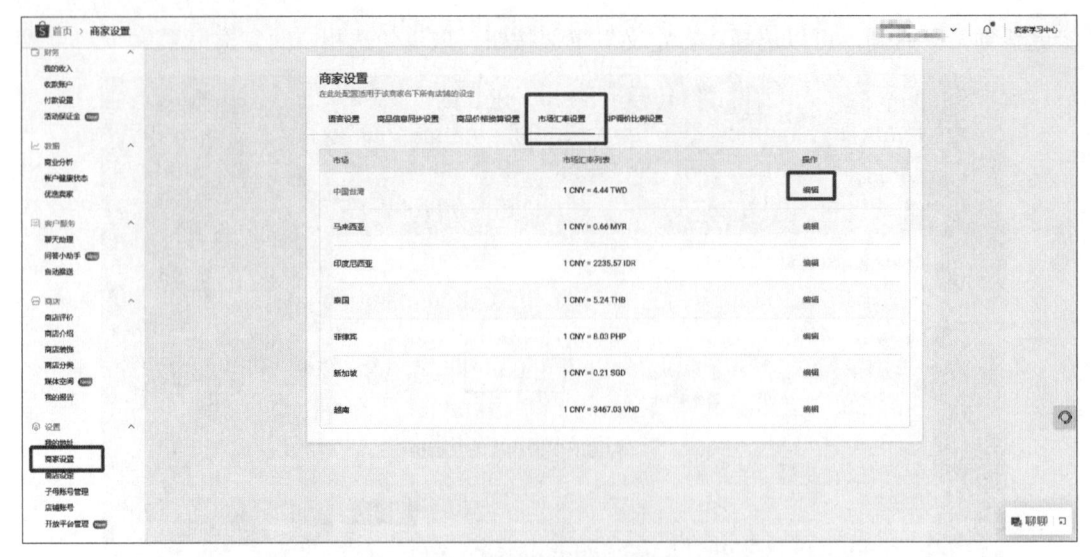

图 2-38 市场汇率设置

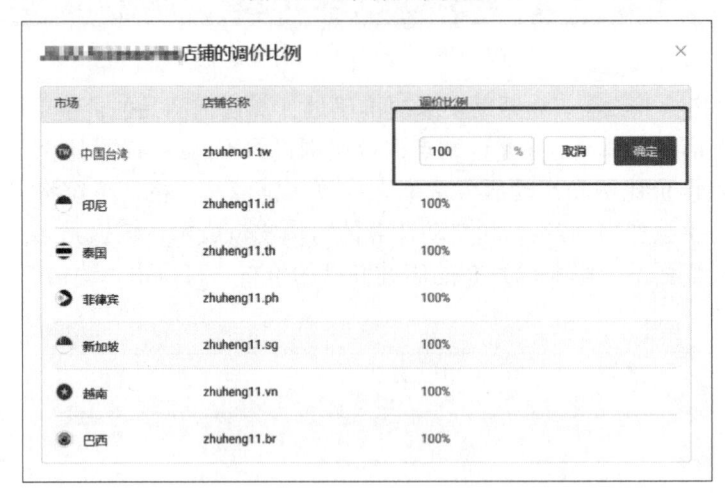

图 2-39 SIP 调价比例设置

3. 商店设定

（1）基本设置。卖家可以在"基本设置"选区中开启或关闭"自动更新仓库货量"和"休假模式"功能，还可以设置目前聊天的自动回复内容，如图 2-40 所示。

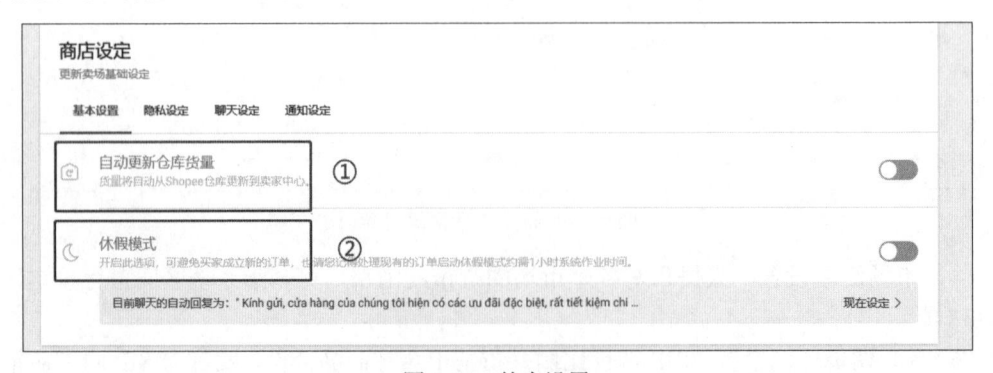

图 2-40 基本设置

（2）隐私设定。卖家可以在"隐私设定"选区开启或关闭"隐藏按赞的好物"和"隐藏按赞"功能，如图2-41所示。

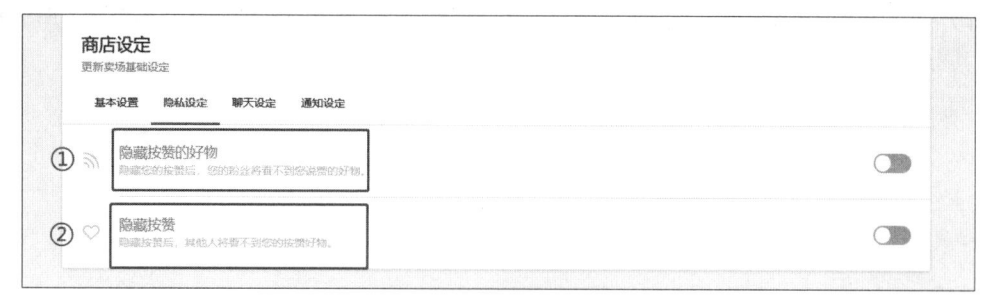

图2-41　隐私设定

（3）聊天设定。卖家可以在"聊天设定"选区开启或关闭"接受出价"功能，即决定买家是否可以通过聊天进行议价，也可以开启或关闭"在商店档案页面中接受聊天"（建议开启）和"已封锁的用户"功能，如图2-42所示。

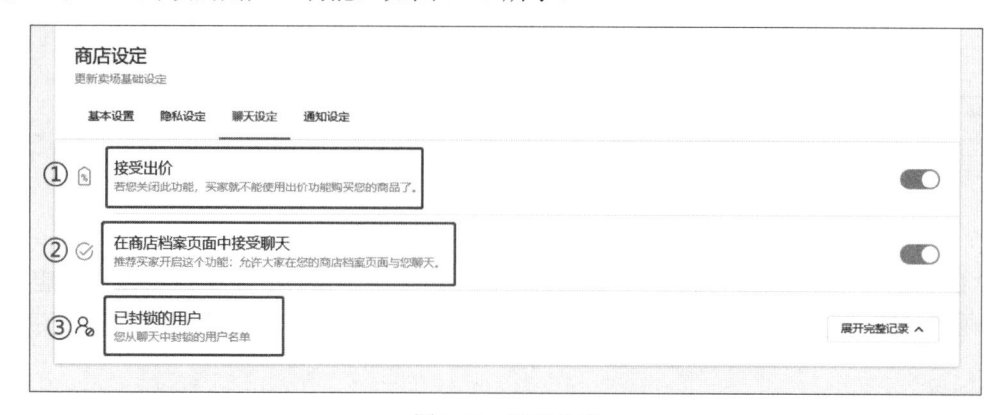

图2-42　聊天设定

（4）通知设定。卖家可以在"通知设定"选区开启或关闭"电邮通知"功能，如图2-43所示。

图2-43　通知设定

4. 子母账号管理

卖家可以在"子母账号管理"界面中更新基本信息，如填写联系人姓名（名称）/邮箱（电邮）/手机号码（电话号码），也可以点击右上角的"子账户平台"按钮创建子账户成员，并为其分配权限。在创建子账户成员时，需要填写电话号码/电邮，如图2-44所示。

图2-44 "子母账号管理"界面

5. 店铺账号

"店铺账号"即主账户名下的所有商店跨越不同站点的账户。主账户可以将商店分配给不同的子账户。卖家可以在此编辑"我的档案""电邮""登入密码"等信息，如图2-45所示。

图2-45 "店铺账号"界面

6. 开放平台管理

对于使用ERP系统的卖家，在绑定ERP系统之后，可以通过卖家中心查看绑定的ERP

合作伙伴的状态，或者与其解绑合作伙伴关系，如图 2-46 所示。

App	开发者名称	授权中	操作
MangoERP	MangoERP	3	授权管理

开放平台管理
以下是您授权过的合作伙伴

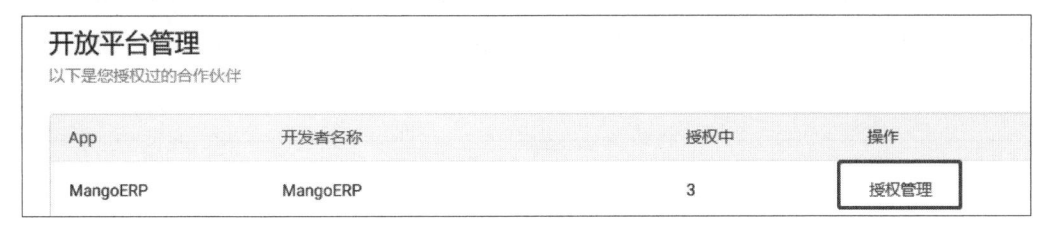

图 2-46 "开放平台管理"界面

> **小提示**
> ① ERP 系统已默认开启 Shopee 官方支援物流 Standard Express。
> ② 卖家若有第三方物流 LWE 或 China Post 账号，也可以在 ERP 系统中开启对应物流。

✱2-6 想一想，做一做

1. 查阅资料，了解 LWE、China Post、Standard Express 三种物流渠道的主要区别，完善表 2-1。

表 2-1 三种物流渠道的主要区别

物流渠道	价格（美元）	收货时长	覆盖区域	物流跟踪	优势	劣势
LWE						
China Post						
Standard Express						

2. 英译汉。

（1）The feature below provides a onetime update of "Days To Ship" for all live products in your shop. Please note that you can only update to 2 days for ready-stock products, or more than 7 days for pre-order products.

_____
_____
_____

（2）Your request is being processed, and there will have some products changed failed, because they are in flash sale.

_____
_____
_____

（3）Please allow 1-3 minutes for all live products to be updated. Please note that your product will be marked as "Pre-Order" if you need more than 7 days to ship out, otherwise please ship out within 2 days.

_____
_____
_____

3. 物流渠道是指物资的物质实体由供应者到需求者的流动，包括物资空间位置的变动、时间位置的变动和形状的变动。"现代"物流是根据客户的需求，以最经济的费用将物品从供给地向需求地转移的过程，它主要包括运输、储存、加工、包装、装卸、配送和信息处理等活动。Shopee 平台官方提供的物流渠道是_____。

"我的表现"（My Performance）界面含义（英文界面）

4. 备货期指的是从买家下单到发货所需要的时间，如果设置了备货期，就需要在填写的备货期内发货。跨境电商商店内商品备货天数以_____天为宜。

> 💡 **小提示**
>
> 休假模式的生效需要一个小时，一旦开启休假模式，则需要在 24 小时之后才能关闭休假模式。

学习活动二 制订计划

学习目标

1. 明确卖家中心设置的内容和要求。
2. 制订卖家中心设置的工作计划。

学习过程

一、商品店铺设置信息的设置、收集与整理

1. 登录 www.shopee.com，选择马来西亚站点，任选两家经营同种商品的店铺，收集查看店铺及商品信息，对比两家上架商品数量、商品分类情况、店铺行销活动情况、商店设定信息（商店名称、头像、宣传图、简介、宣传视频等）、物流渠道、备货天数、店铺评分、卖家表现等信息，总结并向全班展示各自的查询结果，写出卖家中心设置的内容和要求。

_____
_____

2．结合收集到的店铺实例和要求，根据任务描述，对应中英文，因人而异，设计本任务卖家中心设置内容（最后一列"实现情况"待下一学习活动完成后填写），如表 2-2 所示。

表 2-2　卖家中心设置内容

序号	组成部分	设置要求与功能要点	实现情况
1	My Products	商品上架数量限制：	
2	My Shop Categories	商品分类命名要求： 商品分类要点：	
3	My Sales	View Shipping Details： Arrange Shipment：	
4	Marketing Center	My Ads： My Discount Promotions： My Campaigns： My Vouchers： Top Picks from shop：	
5	My Income	即将拨款及已完成拨款金额： 拨款状态： 导出打款明细：	
6	My Wallet	绑定第三方收款账户： 已有账户： 未开通账户： 钱包密码：	

续表

序号	组成部分	设置要求与功能要点	实现情况
7	Shop Settings	Shop Profile: My Shipping: My Addresses: Shop Rating: My Performance: Seller Penalty Points: My Report: Bank Accounts/Cards: Shop Settings: Privacy Settings: Chat Settings: Notification Settings: My Account: Chang Password:	

二、制订工作计划（见表 2-3）

表 2-3　制订工作计划

小组人员分工		职责
组长		人员工作安排及行动指挥
组员		
		成果展示及验收
		其他

> 💡 **小提示**
>
> 小组人员分工可根据进度由组长安排一人或多人完成，应保证每人在每个时间段都有任务，既要锻炼团队能力，又要让小组每位成员都能独立完成相应任务。

学习活动三　实施作业

学习目标

1. 完成卖家信息及同类卖家信息的设置、收集及对比。
2. 根据任务要求对操作和相应题目进行审核、校对。
3. 根据任务实施过程记录问题及解决方法，完成页面语言的设置。

学习过程

一、登录并进入卖家中心

进入 Shopee 网站，登录并进入卖家中心。

二、查看订单物流状态、订单商品及订单金额等详细信息

前往"Shopee 中国卖家中心"，在"我的物流"或"我的订单"界面中可以查看订单物流状态、订单商品及订单金额等详细信息，订单物流状态包括：_____。

三、设置物流渠道、我的地址和商家设置

1. 前往"Shopee 中国卖家中心"→"物流"→"物流设置"界面开启物流渠道，完成物流设置。
2. 前往"Shopee 中国卖家中心"→"设置"→"我的地址"界面，完成卖家退货地址设置。
3. 前往"Shopee 中国卖家中心"→"设置"→"商家设置"界面，完成语言设置、商品信息同步设置、商品价格换算设置、市场汇率设置和 SIP 调价比例设置。

四、任务记录

根据任务要求和工作计划完成卖家中心的设置。将实现情况记录在上一学习活动的表格（表 2-2）中。若顺利完成，则记录"完成"；若对原计划进行了调整，则将调整情况记录在表格中。

五、记录问题及解决方法

在以上操作过程中是否遇到了问题？是如何解决的？记录在表2-4中。

表2-4 所遇问题及解决方法

所遇问题	解决方法

六、填写工作日志（见表2-5）

表2-5 工作日志

序号	日期	时间	工作内容	指导教师意见
1				
2				
3				
4				
5				
6				
7				
8				
9				

学习活动四 检查与验收

学习目标

1. 检验卖家中心设置的正确性。
2. 根据修改意见对设置进行修改。
3. 按工作流程交付主管并确认验收。

学习过程

一、质量检查

1. 根据工作任务完成情况进行检查、校对，并将信息填入表 2-6。

表 2-6　质量检查表

检查序号	检查项	根据完成情况或完成项目在相应位置标记"√"	改进措施
1	卖家中心登录	○顺利登录　　○其他原因无法登录	
2	订单查看	□订单物流状态信息 □买家订单信息	
3	商店设定	□商店介绍信息 □物流渠道、备货天数设置	

2. 设置内容修改。根据上述检查情况，对发现的问题及提出的改进措施进行独立修改，修改后再次检查直至完全正确。

二、交接验收

根据任务要求以角色扮演形式两组交叉进行解说，展示、逐项核对、完成交接验收，并填写验收表，如表 2-7 所示。

表 2-7　验收表

验收项目	验收要求	第一次验收	第二次验收
卖家中心登录	登录路径准确	□通过 □未通过 整改措施： 整改措施： 整改措施：	□通过 □未通过

续表

验收项目	验收要求	第一次验收	第二次验收
订单查看	设置路径准确，填写完整	□通过 □未通过 整改措施： 整改措施：	□通过 □未通过
商店设定	符合平台规则要求	□通过 □未通过 整改措施：	□通过 □未通过
检查情况	□合格 □不合格 □较好，但有待改进	检查人签字：	检查人签字：

> 💡 **小提示**
>
> 交接验收是综合评定卖家中心设置过程质量检验的最后环节。要严格按照平台要求进行设置，在卖家中心设置过程中进行合理的分工能够高效地完成工作任务。对于不同意见和建议要虚心听取，结合评价及时记录并商议改进措施，圆满完成工作任务。

三、总结评价

按照"客观、公正、公平"原则，在教师的指导下以自我评价、小组评价和教师评价三种方式对自己和他人在本学习任务中的表现进行综合评价，填写考核评价表，如表2-8所示。

表2-8 考核评价表

姓名			班级		学号			
评价项目	评价标准	评价方式			权重	得分小计	总分
		自我评价	小组评价	教师评价			
职业素养与关键能力	1. 按规范执行安全操作规程 2. 参与小组讨论，相互交流 3. 积极主动、勤学好问 4. 清晰、准确表达				40%		
专业能力	1. 熟练登录卖家中心 2. 熟练找到物流渠道设置路径，对店铺物流渠道进行设置操作 3. 熟练进行商店基础设置操作				60%		
综合等级		指导教师签名			日期		

填写说明：
（1）各项评价采用 10 分制，根据符合评价标准的程度打分。
（2）得分小计按以下公式计算：
　　　　得分小计=（自我评价×20%+小组评价×30%+教师评价×50%）×权重
（3）综合等级按 A（9≤总分≤10）、B（7.5≤总分<9）、C（6≤总分<7.5）、D（总分<6）四个级别填写。

知识链接

一、禁止和限制售卖的商品

（一）违反平台的服务条款

卖方如违反"禁止和限制商品政策"，则可能遭受不同程度的处罚，包括但不限于：
- 删除刊登商品
- 限制账户权限
- 中止及终止账户
- 冻结账户资金
- 法律行动

（二）禁止和限制商品清单

该清单将不时更新，更多信息请见 Shopee 平台上公布的禁运清单、物流指引手册等。

（1）仿真枪、军警用品、危险武器类：

① 枪支、弹药、军火及仿制品；

② 可致使他人暂时失去反抗能力，对他人身体造成重大伤害的管制器具；

③ 枪支、弹药、军火的相关器材、配件、附属产品，以及仿制品的衍生工艺品等；

④ 管制类刀具、弓弩配件及甩棍、飞镖、斧头、吹箭、有放血槽的刀具等可能用于危害他人人身安全的管制器具，用于人身防卫的电击器；

⑤ 可能对人体造成伤害的喷雾器、喷液器等防身设备、器材、设施；

⑥ 警用、军用制服、标志、设备及制品；

⑦ 带有宗教、种族歧视、反宗教信仰的相关商品或信息。

（2）易燃易爆品、有毒化学品、毒品类：

① 易燃、易爆物品；

② 剧毒化学品；

③ 毒品、制毒原料、制毒化学品及致瘾性药物；

④ 烟花爆竹；

⑤ 国家名录中禁止出售的危险化学品；

⑥ 毒品吸食工具及配件；

⑦ 介绍制作易燃易爆品方法的相关教程、书籍。

（3）反动等破坏性信息类：

① 含有反动、破坏国家统一、破坏主权及领土完整、破坏社会稳定，涉及国家机密、扰乱社会秩序，宣扬邪教迷信，宣扬宗教、种族歧视等信息，或法律法规禁止出版发行的

书籍、音像制品、视频、文件资料；

② 不适宜在国内发行的涉政书刊及收藏性的涉密书籍、音像制品、视频、文件资料；

③ 国家禁止的集邮票品及未经邮政行业管理部门批准制作的集邮品，以及一九四九年之后发行的包含"中华民国"字样的邮品。

（4）色情低俗、催情用品类：

① 黄色、淫秽商品，色情广告和性服务；

② 含有色情淫秽内容的音像制品及视频，色情陪聊服务，成人网站论坛的账号及邀请码；

③ 可致使他人暂时失去反抗能力、意识模糊的口服或外用的催情类商品及人造处女膜，情趣用品中的"三唑仑""苍蝇粉""苍蝇水"等；

④ 用于传播色情信息的软件及图片，含有情色、暴力、低俗内容的音像制品，原味内衣及相关产品；

⑤ 含有情色、暴力、低俗内容的动漫、读物、游戏和图片；

⑥ 网络低俗产物。

（5）涉及人身安全、隐私类：

① 用于监听、窃取隐私或机密的软件及设备；

② 用于非法摄像、录音、取证等用途的设备；

③ 身份证及身份证验证、阅读设备；

④ 盗取或破解账号密码的软件、工具、教程及产物；

⑤ 个人隐私信息及企业内部数据，提供个人手机定位、电话清单查询、银行账户查询等服务；

⑥ 出售、转让、回收包括已作废或者作为收藏用途的银行卡；

⑦ 汽车安全带扣等具有交通安全隐患的汽车配件类商品。

（6）药品、医疗器械类：

① 精神类、麻醉类、有毒类、放射类、兴奋剂类、计生类药品，非药品添加药品成分，国家公示已查处、药品监督管理部门认定禁止生产、使用的药品（本项第二目除外）；

② 用于预防、治疗人体疾病的药物、血液制品或医疗器械，未经药品监督管理部门批准生产、进口，或未经检验即销售的药品；

③ 注射类美白针剂、溶脂针剂、填充针剂、瘦身针剂等用于人体注射的美容针剂类商品。

（7）非法服务、票证类：

① 伪造变造国家机关或特定机构颁发的文件、证书、公章、防伪标签等，仅限国家机关或特定机构方可提供的服务；

② 尚可使用或用于报销的票据（及服务），尚可使用的外贸单证及代理报关、清单、商检、单证手续的服务；

③ 未公开发行的国家级正式考试答案；

④ 算命、超度、风水、做法事等封建迷信类服务；

⑤ 汽车类违规代办服务；

⑥ 代写论文、代考试类相关服务；

⑦ 炒作博客人气、炒作网站人气、代投票类商品或信息；

⑧ 法律咨询、心理咨询、金融咨询、医生在线咨询及相关服务；
⑨ 股票、债券和其他公开发行的证券；
⑩ 福利彩票、体育彩票和各类彩票，不具有流通性或作为收藏目的的转让行为可以除外。

（8）动植物、动植物器官及动物捕杀工具类：
① 人体器官、遗体；
② 国家重点保护类动物、濒危动物的活体、内脏、任何肢体、皮毛、标本或其他制成品，已灭绝动物与现有国家二级以上保护动物的化石；
③ 国家保护类植物活体；
④ 国家保护的有益的或者有重要经济、科学研究价值的陆生野生动物的活体、内脏、任何肢体、皮毛、标本或其他制成品；
⑤ 电力捕鱼器相关设备及配件；
⑥ 猫狗肉、猫狗皮毛、鱼翅、熊胆及其制品。

（9）涉及盗取等非法所得及非法用途软件、工具或设备类：
① 走私、盗窃、抢劫等非法所得；
② 赌博用具、考试作弊工具、汽车跑表器材等非法用途工具；
③ 卫星信号收发装置及软件，用于无线电信号屏蔽的仪器或设备；
④ 撬锁工具、开锁服务及其相关教程、书籍；
⑤ 一卡多号，有蹭网功能的无线网卡，以及描述信息中有告知会员能用于蹭网的设备；
⑥ 涉嫌欺诈等非法用途的软件；
⑦ 可能用于逃避交通管理的商品；
⑧ 利用电话线路上的直流馈电发光的灯；
⑨ 各类短信、邮件、旺旺群发设备、软件及服务；
⑩ 盗版及仿制品；
⑪ 侵犯他人知识产权和其他合法权益的；
⑫ 用户不具有处分权的商品；
⑬ 非法传销类商品。

（10）未经允许违反国家行政法规或不适合交易的商品：
① 伪造变造的货币及印制设备；
② 正在流通的人民币及仿制人民币；
③ 涉嫌违反《中华人民共和国文物保护法》相关规定的文物；
④ 烟草专卖品及烟草专用机械；
⑤ 未经许可的募捐类商品；
⑥ 未经许可发布的奥林匹克运动会、世界博览会、亚洲运动会等特许商品；
⑦ 烟标、烟壳、烟卡、烟盒类商品；
⑧ 大量流通中的外币及外币兑换服务；
⑨ 邮局包裹、EMS 专递、快递等物流单据凭证及单号；
⑩ 国家补助或无偿发放的不得私自转让的商品；
⑪ 军需、国家机关专供、特供等商品；

⑫ 无线电台（站）。

（11）虚拟类：

① 未经国家备案的网络游戏、游戏点卡、货币等相关服务类商品；

② 外挂、私服相关的网游类商品；

③ 官方已停止经营的游戏点卡或平台卡商品；

④ 虚拟抽奖类商品；

⑤ 时间不可查询的虚拟服务类商品；

⑥ 网络账户死保账号及其他类型账号；

⑦ iTunes 账号及用户充值类商品；

⑧ 自动发货形式的一卡通系列商品及任何充值方式下以面值原价形式出售的一卡通系列商品；

⑨ 虚拟代刷服务类商品；

⑩ 不可查询的分期返还话费类商品；

⑪ 不限时间与流量的、时间不可查询的，以及被称为漏洞卡、集团卡、内部卡、测试卡的上网资费卡或资费套餐及 SIM 卡；

⑫ 慢充卡等实际无法在七十二小时内到账的虚拟商品；

⑬ SP 业务自消费类商品；

⑭ 买卖域名、E-mail 地址等；

⑮ 计算机软件等相关商品，如科研用软件、某银行的操作系统、某网络公司的数据库程序、某导弹发射程序、无注册号的磁带或光盘等、共享软件、Beta 级或未公布的软件、未同设备捆绑出售的 OEM 软件、解密软件（为破解正版软件密码）、带有序列号的，带有"破解""盗版"等字眼的软件、六合彩、算命软件、跑马等可以抽取号码的软件、闪存存储的升级版及压缩版载体；

⑯ 虚拟服务，如保险服务、契约等；

⑰ 破网、翻墙软件及 VPN 代理服务。

（12）其他类：

① 由不具备生产资质的生产商生产的或不符合国家、地方、行业、企业强制性标准的商品；

② 经权威质检部门或生产商认定、公布或召回的商品，国家明令淘汰或停止销售的商品，过期、失效、变质的商品，以及含有罂粟籽的食品、调味品、护肤品等制成品；

③ 秒杀器及用于提高秒杀成功概率的相关软件等干扰平台正常秩序的软件或服务；

④ 商品本身或外包装上所注明的产品标准、认证标志、成分及含量不符合国家规定的商品；

⑤ 手机直拨卡与直拨业务，电话回拨卡与回拨业务；

⑥ 带有破解功能的手机卡贴；

⑦ 禁止出口的商品；

⑧ 需有国家或政府有关部门授权的（产品），如有线电视、碟形人造卫星天线等；

⑨ 未经有关部门批准或属于禁止生产、销售及持有的报警器；

⑩ 终身免服务费（信息费）的寻呼机（含股票机、数字机、中文机）；

⑪ 其他法律法规严禁交易的商品及本公司认为不适宜在本公司网站进行交易的商品。

除了上述所列的禁止和限制商品，在买方或卖方所属管辖地内为禁止出入境的其他商品、非法或受到限制的任何其他商品，或是会被用于鼓励非法或受到限制之活动的商品，均属于禁止和限制商品。须特殊经营许可证的商品，卖方应提前向平台方提供相关证明文件，同时对买家购买资质的审核由卖方承担，平台对此不负任何责任和义务。

二、优选卖家标准

Shopee 各市场优选卖家评选标准如表 2-9 所示。

表 2-9 优选卖家评选标准

	中国台湾	巴西	波兰	泰国	新加坡	马来西亚	越南	菲律宾
订单数（过去 30 天）	≥50	≥30	≥30	≥100 或 30000 泰铢	≥30	≥75	≥100	≥50
不重复买家数（过去 30 天）	≥25	≥10	≥10	≥15	≥10	≥35	≥50	≥30
聊聊回复率	≥70%	≥60%	≥75%	≥70%	≥75%	≥85%	≥75%	≥70%
商店评分（实时）	≥4.9	≥4.5	≥4.7	≥4.5	≥4.6	≥4.7	≥4	≥4.5
惩罚记分	0	≤1	≤2	0	0	≤1	0	0
订单未完成率（过去 7 天）	≤3%	≤2%	≤3%	≤10%	<4.99%	/	≤8%	<9.9%
迟发货率（过去 7 天）	≤3%	/	≤3%	≤10%	<4.99%	/	≤8%	<9.9%
预售商品占比	<10%	/	/	<20%	<10%	<5%	≤30%	<20%
超过预售商品占比持续天数（过去 30 天）	≤5	/	/	≤5	0	≤5	≤2	0
净成交总额（当地货币）	≥30000NT	/	/	/	/	/	/	/
达到优选+表现门槛后的持续时间（周）	≥12	/	/	/	/	/	/	/
开店时长（天）	/	≥90	/	/	/	/	/	/
是否参与 FSS 免运活动	/	是	/	/	/	/	/	/
平均备货时长（过去 30 天）	/	/	≤2	/	/	/	/	/

中国台湾 Shopee 优选卖家附加条件如下。

（1）商店已开通信用卡付款。

（2）商店无任何侵权违规商品（如大牌卡牌侵权）。

（3）商店提供 7 天鉴赏期。7 天指从收到商品的次日起的七天内，若鉴赏期最后一天是节假日，将顺延至下一个工作日。节假日包括星期日与台湾 Shopee 当地法定假日。例如，鉴赏期的第七天是星期日，将顺延至下个星期一。

各市场优选卖家移除标准如表 2-10 所示。

表 2-10　优选卖家移除标准

	巴西	波兰	泰国	新加坡	马来西亚	越南	菲律宾
不重复买家数（过去 30 天）	≤4	<10	<15	≤7	<35	<45	<29
订单数（过去 30 天）	≤14	<30	<85 或<25001 泰铢	≤24	<75	<90	<49
聊聊回复率	≤50%	<65%	<70%	≤64.9%	<85%	<60%	<65%
商店评分（实时）	≤3.5	<4.7	<4.5	≤4.2	<4.7	<3.5	<4
惩罚记分	≥3	>3	≥2	≥3	>1	≥3	>3
订单未完成率（过去 7 天）	>3%	>5%	>10%	≥5%	/	>10%	>9.9%
订单迟发货率（过去 7 天）	/	>5%	>10%	≥5%	/	>10%	>9.9%
预售商品占比（过去 30 天）	/	/	≥20%	≥10%	≥5%	>30%	>20%
超过预售商品占比持续天数（过去 30 天）	/	/	≥6	≥6	>5	>5	>6
是否参与 FSS 免运活动	否	/	/	/	/	/	/
平均备货时长（过去 30 天）	/	>2	/	/	/	/	/

此外，优选卖家还需要保证做到以下几点。

（1）商店没有欺诈行为。

（2）不销售假冒伪劣商品。

（3）不违反公序良俗，不使用粗俗或让人反感的语言。

学习任务三

物流设置与管理

学习目标

知识目标：

- 掌握常见跨境电商物流的时效。
- 掌握运费计算方法。
- 合理制订工作计划。
- 参照相关标准、规范，对操作或相应题目进行审核、校对。
- 记录问题及解决方法，并完成质量检查与验收。

技能目标：

- 熟练掌握物流管理处理的操作方法。
- 熟练按照规范打印面单。
- 熟练按照规范包装商品。

培养目标：

- 培养学生自主学习和研究的能力，以及外语应用能力

工作情境

店铺运营之初，小张发现商品出口物流运输的优质表现能极大优化和提升跨境电子商务运营效率。在跨境电子商务实际交易中，既凸显了跨境电子商务在市场中的优越性和消费潜力，也显露出跨境电子商务在配送时间长、包裹追踪难、清关难和货物破损等方面的问题，制约卖家跨境电子商务运营整体效率。在这样的环境背景下，卖家要熟悉平台的物流规则，明确物流处理中的相关流程及规范，解决在运营中遇到的难题。

工作流程

　　学习活动一　明确工作任务和知识技能准备
　　学习活动二　制订计划
　　学习活动三　实施作业
　　学习活动四　质量检查与验收

学习活动一　明确工作任务和知识技能准备

学习目标

1. 通过与运营主管、仓储主管、客服主管沟通，明确工作任务，并准确概况工作内容和要求。
2. 根据不同区域买家选择适当的物流模式。
3. 根据平台规范处理面单和包裹包装。
4. 准确计算物流费用。
5. 根据平台物流规则完成物流选择与管理。

学习过程

一、明确工作任务

　　根据下面的背景资料，选择物流方式制作订单标识卡，并能准确计算物流成本和需要支付的运费。

　　一位广州卖家小张在 Shopee 平台开设了一家马来西亚跨境店铺，名称为 ZUZU 饰品店，店铺生意状况良好，整体预售商品比例为 7%，日均销售近 70 单，上个月整体平均出货到仓时效约 2 天。昨日一位买家在小张的店铺针对同一款头绳连续下单 78 件，单品质量为 50 克，单价为 5 林吉特（MYR），目的地为 Zone A-NON KV。

二、知识技能准备

（一）物流服务

　　跨境物流是指以海关关境两侧为端点的实物与信息有效流动和存储的计划的实施及控制管理过程。

　　结合跨境电商及物流的概念与特点，跨境电商物流定义为：在电子商务环境下，依靠互联网、大数据、信息化与计算机等先进技术，物品从跨境卖家流向跨境买家的跨越不同国家或地区的物流活动。跨境电商物流的类型有：邮政小包、商业快递、专线物流、海外仓和电商平台自营物流等。

Shopee 作为东南亚最大的跨境电子商务交易平台之一，旨在为买家提供愉快的购物体验和为卖家搭建高效的交易平台。对于中国大陆地区卖家而言，Shopee 的跨境物流主要使用 Shopee 支援物流（Shopee Logistics Service，SLS）。

物流设置

主要物流渠道介绍

（二）物流时效与参考费率

马来西亚 SLS 标准渠道卖家费率与参考时效如表 3-1 所示。

表 3-1　马来西亚 SLS 标准渠道卖家费率与参考时效

目的地	首重(kg)	首重价格(MYR)	费率 续重单位 (kg)	每续重单位价格(MYR)	超过 800g 部分，每 0.25kg 附加费(MYR)	时效
Zone A-KV	0.01	5.05	0.01	0.15	2.2	5～15 天
Zone A-NON KV		5.05		0.15	2.2	
Zone B		8.15		0.15	2.2	
Zone C		8.15		0.15	2.2	

马来西亚 SLS 分区表如表 3-2 所示。

表 3-2　马来西亚 SLS 分区表

行政区划	分区（Zone）	备注
SABAH	C	State in East MY
SARAWAK	B	State in East MY
LABUAN	C	State in East MY
KUALA LUMPUR	KV	State in West MY
SELANGOR	KV	State in West MY
PUTRAJAYA	KV	State in West MY
NEGERI SEMBILAN	NON KV	State in West MY
MELAKA	NON KV	State in West MY
JOHOR	NON KV	State in West MY
PAHANG	NON KV	State in West MY
TERENGGANU	NON KV	State in West MY
KELANTAN	NON KV	State in West MY
PERLIS	NON KV	State in West MY
PENANG	NON KV	State in West MY
KEDAH	NON KV	State in West MY
PERAK	NON KV	State in West MY

同时，为了支持跨境卖家开拓品类，如家居生活、时尚鞋包、母婴玩具、汽配摩配、

小家电、户外运动等具有高质量段的品类，Shopee 为卖家推出了 SLS 重物渠道，如表 3-3 所示。

表 3-3　马来西亚 SLS 重物渠道卖家费率及参考时效

目的地	费率					时效
^	首重（kg）	首重价格（MYR）	续重单位（kg）	每续重单位价格（MYR）	超过 800g 部分，每 0.25kg 附加费（MYR）	^
Zone A-KV	0.1	7.0	0.1	1.1	2.2	5～15 天
Zone A-NON KV	^	7.0	^	1.1	2.2	^
Zone B	^	10.1	^	1.1	2.2	^
Zone C	^	10.1	^	1.1	2.2	^

（三）发货处理

1. SLS 发货

卖家使用 SLS，需要将包裹寄送到 Shopee 指定的 SLS 转运仓库来完成发货，如表 3-4 所示。

SLS 物流渠道商品售价计算

表 3-4　转运仓库寄送地址和联系方式

物流渠道	仓库位置	收件地址	联系方式	备注
SLS	东莞	广东省东莞市常平镇****	400****/（021）605****/Shopee/李*	顺丰件务必填写收件号码：021-****
^	义乌	金华市义乌市****	400****张**	^
^	上海	上海市宝山区****	400****/021-****-8048/8070/万色速递	顺丰件务必填写收件号码：400****
^	泉州	泉州市晋江市磁灶镇****（万色速递）	191****/138****马*客服QQ：288****（请卖家备注发货地）	^

> 💡 **小提示**
>
> 针对卖家自送件或使用货拉拉、快递到仓件：
> ① SLS 义乌仓收货时间：9:00—20:00。
> ② SLS 上海仓收货时间：（日常非大促）周一至周日 9:00—12:00，13:00—21:00。
> ③ SLS 泉州仓收货时间：（日常非大促）周一至周日 9:00—21:00。

2. SPS 标准

如果卖家满足以下条件，Shopee 平台可以提供免费上门收件服务（SPS）。

（1）SLS 已完成订单的日均单量在 80 单及以上的华南（深圳、东莞、广州等地区）卖家和 SLS 已完成订单的日均单量在 50 单及以上的华东卖家。

（2）卖家需要全部订单都使用首公里追踪功能，卖家上个月整体平均出货到仓时效（APT）需≤2 天，其中，平均出货到仓时效计算标准更新为：订单生成至首公里揽收，司机扫描。

(3)卖家整体预售商品比例(Pre-order%)需≤10%。

(4)卖家上月罚分≥4分的店铺/卖家总店铺数的比例需达到以下标准,如表3-5所示。

表3-5 比例标准

月份	1/4/7/10	2/5/8/11	3/6/9/12
比例	≤10%	≤15%	≤20%

(5)卖家的发货地址在以下区域,如表3-6所示。

表3-6 SLS上门收货覆盖地区

分区	城市	覆盖区县	揽收时间
深莞地区	深圳	深圳全境(除货车限行区域,具体区域以交委通知为准)	周一至周日
	东莞	东莞全境(除货车限行区域,具体区域以交委通知为准)	周一至周日
广州地区	广州	广州全境(除货车限行区域,具体区域以交委通知为准)	周一至周日
佛山地区	佛山	佛山全境(除货车限行区域,具体区域以交委通知为准)	周一至周日
潮汕地区	汕头市	汕头全境(除货车限行区域,具体区域以交委通知为准)	周一至周日
	揭阳市	揭阳全境(除货车限行区域,具体区域以交委通知为准)	周一至周日
上海及义乌地区	上海及周边	上海、宁波、苏州、昆山,市区外偏远地区需核实地址	周一至周日
	义乌	义乌市、金华市、浦江县	
杭州地区	杭州	主城区绕城高速以内、富阳区、临安区、绍兴柯桥区、绍兴越城区	周一至周六
温州地区	温州	温州市区(龙湾区/瓯海区)、苍南县(龙港市龙江片区)、乐清市(柳市镇)	周一至周六
台州地区	台州	台州市区、温岭市(泽国镇)	周一至周六
福建地区	泉州	丰泽区东海大街、晋江市池店镇、陈埭镇、凤池路、鞋都路、刺桐大桥	周一至周六
	福州	闽侯县上街镇、仓山区金山大道、鼓楼区西湖花园、台江区君临天华、国货西路、南国大厦、龙津园、上三路、淮安新村、农林大学	
	莆田	城厢区、荔城区	
	厦门	集美区部分、湖里区部分、思明区部分	

> **小提示**
>
> SPS仅针对使用SLS渠道寄送的货物。

※3-1 想一想,做一做

(多选)对于华南(深圳、广州、东莞等地区)卖家,以下条件中不符合平台免费上门收件服务要求的是( )。

A. 日均已完成订单量80单及以上
B. 日均已完成订单量50单及以上
C. 卖家整体平均出货到仓时效需小于2.5天
D. 卖家整体预售商品比率小于10%

（四）包裹处理

1. 面单打印

按照"Shopee China Seller Center"（Shopee 中国卖家中心）→ "Shipment"（物流）→ "My Shipment"（我的物流）→ "To Ship"（待出货）→ "Print Waybill"（列印出货单）的路径操作，打印面单，如图 3-1 所示。

图 3-1　打印面单

2. 面单打印规范

面单如图 3-2 所示。

图 3-2　面单

面单打印规范如下。

（1）标签大小：10cm×10cm，材质：热敏纸。

（2）SLS 单号和条码清晰且唯一。

（3）条码清晰、不能太小。

（4）条码不能断针。

（5）条码部分不能折叠或覆盖。

（6）包含目的地国家/地区代码。

（7）SLS 渠道准确且唯一。
（8）P/T 货标识准确。

*3-2 想一想，做一做

Shopee 普货和特货代码分别是什么？（　　）
A. S 和 T　　B. T 和 P　　C. P 和 S　　D. P 和 T

3. 包装

（1）跨境电子商务包裹面向国际运输，包裹的包装有一定的规范，包裹如图 3-3 所示。

包装规范如下。

① 包裹包装完好，不能有破损。

② 包裹长边应大于 150mm，短边应大于 100mm，面单条码必须在同一个水平面上。

③ 不能使用透明袋包装和商品本身的销售包装。

④ 包装胶带不能盖住 SLS 标签。

⑤ 尖锐、易碎、带磁物品等需要使用坚固纸箱包装并使用气泡填充，将物品放置在中间。

⑥ 每个包裹必须有且仅有一个 SLS 面单，不能将多个贴有 SLS 面单的包裹缠绕在一起，多个包裹不能共用一个面单。

⑦ 不能直接在货物上贴标签。

⑧ 快递单不能覆盖 SLS 面单。

⑨ 请将面单贴在包裹中面积最大的一面，避免面单折叠。

（2）第一层包装。第一层包装是指最里面的一层包装，这里是买家最终收到的包裹，包裹上粘贴 SLS 面单，如图 3-4 所示。

面单打印

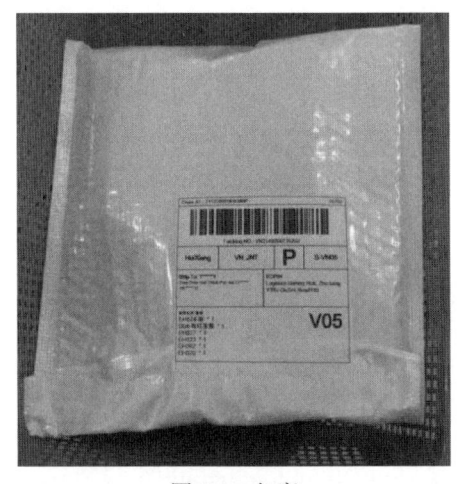

图 3-3　包裹

图 3-4　第一层包装

（3）第二层打包。同一个站点的包裹装进一个运输袋（邮包袋/编织袋/纸箱等），在袋口系/贴上标识卡，仓库拆开外面一层运输袋，会发现里面是同一个站点的包裹，如图 3-5 所示。

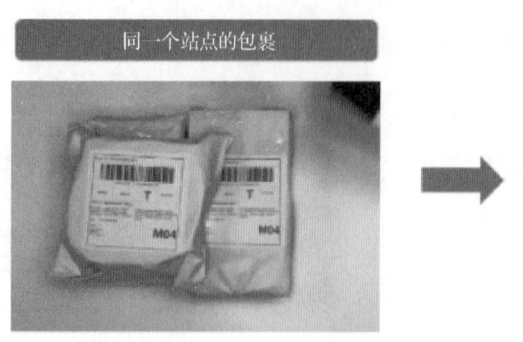

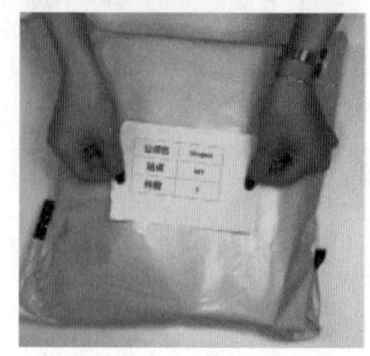

图 3-5　第二层打包

小知识

标识卡制作

袋口标识卡规格：10cm×10cm。

袋口标识卡内容：卖家企业名称/公司全名、发货站点英文缩写、包裹内件数。

发往华东仓（上海/泉州/义乌）的卖家还需要标注商户 ID：万色后台注册账号、商品重量。

示例如下：

深圳仓标识卡	
公司全名	
发货站点英文缩写	
包裹内件数	

华东仓（上海/泉州/义乌）标识卡	
商户ID	万色后台注册账号
公司全名	
发货站点英文缩写	
包裹内件数	
商品重量	

小提示

禁止使用废弃或正常 SLS 面单当标签使用，这样容易导致整包当一票发出。

3-3 想一想，做一做

发往华东仓的标识卡需要哪些信息？（　　　）

A．万色后台注册账号、公司全名、发货站点英文缩写

B. 公司全名、发货站点英文缩写、包裹内件数
C. 万色后台注册账号、公司全名、发货站点英文缩写、包裹内件数、商品重量
D. 公司全名、发货站点英文缩写、包裹内件数、商品重量

（4）最外层粘贴物流快递单。最外层运输袋上粘贴寄往境内中转仓的物流快递单，写好寄件地址寄往 Shopee 转运仓。

*3-4 想一想，做一做

打包的时候，以下哪个操作是正确的？（　　）
A. 为了面单不被淋湿，在上面贴上一层透明胶
B. 为了看清楚里面的东西，可以使用透明袋装货
C. 多个不同 SLS 包裹缠绕在一起
D. 带磁的商品用三层气泡棉包装，再用纸盒包装

打包规范

SLS 物流渠道运费计算

（五）物流费用

1. 跨境物流成本

跨境物流成本（又称藏价），是指卖家在订单里支付的 SLS 运费中，扣除买家承担（或平台补贴）的一部分物流费用后，卖家实际承担的物流成本，即卖家应该藏入商品价格的费用。

卖家支付运费=跨境物流成本（藏价）+买家支付运费，如图 3-6 所示。

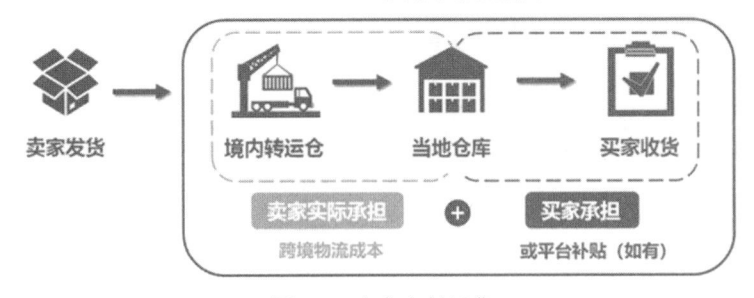

图 3-6　卖家支付运费

马来西亚 Standard Delivery（标准渠道）收费标准如表 3-7 所示。

表 3-7　马来西亚 Standard Delivery（标准渠道）收费

地区	跨境物流成本（藏价）（MYR）		买家支付运费（MYR）		卖家支付运费（MYR）	
	起重价格	续重价格	起重价格	续重价格	起重价格	续重价格
Zone KV	0.15/10g		≤800g：4	>800g：2.2/250g	≤10g：4.15	10～800g：0.15/10g >800g：0.15/10g 和 2.2/250g
Zone NON-KV			≤800g：4.5		≤10g：4.15	
Zone B			≤800g：8		≤10g：8.15	
Zone C						

*3-5 想一想，做一做

1. 判断题：把跨境物流成本（藏价）加入商品价格就等于包邮了。（　　）
2. 计算题：根据已知条件：马来西亚站点标准渠道，商品重量为2000g，目的地为Zone-KV。求：跨境物流成本、买家支付运费、卖家支付运费。

2. 买家运费补贴

为了为买家提供更好的购物体验，Shopee 提供了下单满额补贴的运费补贴政策，如果买家的订单消费金额满足物流补贴门槛，买家便可享受平台提供的运费补贴，如表 3-8 所示。

表3-8　马来西亚买家运费补贴政策（参加免运项目适用）

补贴政策（MYR）	买家运费计算方法	商品价格
Zone A-KV：满 15 补 4	4MYR 续重>1.05g：2.2MYR/250g	≥15MYR
Zone A-NON KV：满 15 补 4.5	4.5MYR 续重>1.05g：2.2MYR/250g	≥15MYR
Zone B：满 15 补 8	8MYR	
C 区：满 15 补 8	续重>1.05g：2.2MYR/250g	

免运活动又称 FSP（Free Shipping Program），即平台统一设置门槛的包邮活动。参加免运活动有助于改善卖家的商店表现和销售业绩。

参加免运活动的商品享有以下权益。
（1）对于免运商品，买家无须支付运费。
（2）在 Shopee 上的曝光率显著增加。

卖家只需要支付服务费，即可获得以上权益。服务费的计算方式如下：

服务费=订单金额×活动费率（马来西亚 FSP 活动费率为 4%）

订单完成后，Shopee 将直接从订单拨款金额中扣除相应的服务费。

小提示

① 若商品价格满足运费补贴条件，并且该商品实际运费与平台运费补贴金额等额，则减免后该商品的运费会显示为 0，即显示为免邮。
② 对于货到付款订单，订单状态变为"运输中"才会显示运费补贴。

*3-6 想一想，做一做

1. 马来西亚站点运费补贴的订单金额门槛是？（　　）
  A. 20MYR　　　　B. 40MYR　　　　C. 60MYR　　　　D. 80MYR
2. Shopee 运费补贴的直接受惠对象是？（　　）
  A. 买家和卖家　　B. 平台　　　　　C. 买家　　　　　D. 卖家

学习活动二 制订计划

学习目标

1. 确定物流方式、时效及运费。
2. 制订合理的工作计划。

学习过程

一、确定物流方式、时效及运费

一位广州卖家小张在 Shopee 平台开设了一家马来西亚跨境店铺，名称为 ZUZU 饰品店，店铺生意状况良好，整体预售商品比例为 7%，日均销售近 70 单，上个月整体平均出货到仓时效约 2 天。昨日一位买家在小张的店铺针对同款头绳连续下单 78 件，单品质量为 50 克，单价为 5 林吉特（MYR），目的地为 Zone A-NON KV。

1. 小张可以享受 SPS 吗？为什么？

2. 请你帮助小张选择合适的转运仓库并制作该订单的标识卡。

3. 物流方式使用马来西亚站点标准渠道，该订单的跨境物流成本和小张需要支付的运费是多少？

4. 在这一订单中,买家可以享受运费补贴吗?如果可以,则买家实际支付的运费金额是多少?

二、制订工作计划(见表 3-9)

表 3-9　工作计划

小组人员分工		职责
组长		人员工作安排及行动指挥
组员		
		成果展示及验收
		其他

💡 **小提示**

小组人员分工可根据进度由组长安排一人或多人完成,应保证每人在每个时间段都有任务,既要锻炼团队能力,又要让小组每位成员都能独立完成相应任务。

学习活动三　实施作业

学习目标

1. 确定物流服务、物流时效和费率。
2. 根据任务要求对操作和相应题目进行审核、校对。
3. 根据任务实施过程记录问题及解决方法。

学习过程

一、物流服务

对于中国大陆地区卖家来说,Shopee 马来西亚的跨境物流主要使用_____

二、物流时效和参考费率

（一）标准渠道（见表 3-10）

表 3-10　马来西亚 SLS Standard Delivery 卖家费率与参考时效

目的地	费率					时效（天）
	首重（kg）	首重价格（MYR）	续重单位（kg）	每续重单位价格（MYR）	超过 800g 部分，每 0.25kg 附加费（MYR）	
Zone A-KV						
Zone A-NON KV						
Zone B						
Zone C						

（二）重物渠道（见表 3-11）

表 3-11　马来西亚 SLS 重物渠道卖家费率与参考时效

目的地	费率					时效（天）
	首重（kg）	首重价格（MYR）	续重单位（kg）	每续重单位价格（MYR）	超过 800g 部分，每 0.25kg 附加费（MYR）	
Zone A-KV						
Zone A-NON KV						
Zone B						
Zone C						

三、关于发货

卖家使用 SLS，需要将包裹寄送到 Shopee 指定的 SLS 转运仓库，分别是：_____
_____

四、关于包裹

（一）面单打印操作路径

_____
_____

（二）面单打印规范

1. 标签大小：_____。
2. SLS 单号和条码_____。
3. 条码_____、不能_____。
4. 条码不能_____。
5. 条码部分不能_____。
6. 包含_____代码。
7. SLS 渠道_____。

8. _____标识准确。

（三）包装规范

1. 包裹_____，不能有_____。
2. 包裹长边应_____，短边应_____，面单条码必须_____。
3. 不能使用_____。
4. 包装胶带不能_____。
5. _____等需要使用坚固纸箱包装并使用气泡填充，将物品放置在中间。
6. 每个包裹必须_____SLS 面单，不能将多个贴有 SLS 面单的包裹缠绕在一起，多个包裹不能_____。
7. 不能直接在_____贴标签。
8. 快递单不能覆盖_____。
9. 请将面单贴在包裹中_____的一面，避免_____。

（四）第一层包装

第一层包装是指最里面的一层包装，这里是买家最终收到的包裹，包裹上粘贴_____。

（五）第二层打包

1. _____装进一个运输袋（邮包袋/编织袋/纸箱等），在袋口系/贴上_____，仓库拆开外面一层运输袋，会发现里面是同一个站点的包裹。
2. 袋口标识卡规格：_____。
3. 袋口标识卡内容：_____、_____、_____。
4. 发往华东仓（上海/泉州/义乌）的卖家还需要标注商户 ID：_____、_____。

（六）最外层粘贴物流快递单

最外层运输袋上粘贴_____，写好寄件地址寄往_____。

五、物流费用

（一）跨境物流成本

1. 卖家支付运费=_____
2. 马来西亚 Standard Delivery（标准渠道）收费表如表 3-12 所示。

表 3-12　马来西亚 Standard Delivery（标准渠道）收费表

地区	跨境物流成本（藏价）(MYR)		买家支付运费（MYR）		卖家支付运费（MYR）	
	起重价格	续重价格	起重价格	续重价格	起重价格	续重价格
Zone KV						
Zone NON-KV						
Zone B						
Zone C						

（二）买家运费补贴

1. 参加免运活动的商品享有两项权益：_____
_____
2. 服务费的计算方式为：_____
3. 马来西亚 FSP 活动费率为：_____

六、记录问题及解决方法

在以上操作过程中是否遇到了问题？是如何解决的？记录在表 3-13 中。

表 3-13　所遇问题及解决方法

所遇问题	解决方法

学习活动四　检查与验收

学习目标

1. 检查相关题目和操作的正确性。
2. 根据修改意见对文稿进行修改。
3. 按照工作流程交付主管确认签收。

学习过程

一、质量检查

根据工作任务完成情况进行检查、校对，并将信息填入表 3-14 中。

表 3-14　质量检查表

检查序号	检查项	根据完成情况或完成项目在相应位置标记"√"	改进措施
1	物流服务	□Shopee 马来西亚跨境物流服务	
2	物流时效与参考费率	□标准渠道 □重物渠道	
3	关于发货	□SLS 发货 □SPS 标准	

续表

检查序号	检查项	根据完成情况或完成项目在相应位置标记"√"	改进措施
4	关于包裹	□面单打印 □面单打印规范 □包装 □第一层包装 □第二层打包 □最外层粘贴物流快递单	
5	物流费用	□跨境物流成本 □买家运费补贴	

二、交接验收

根据任务要求以角色扮演形式两组交叉进行解说，展示、逐项核对、完成交接验收，并填写验收表，如表3-15所示。

表3-15 验收表

项目	要求	结果
物流服务	Shopee 马来西亚跨境物流服务	合格□ 不合格□ 改进建议：
物流时效与参考费率	标准渠道 重物渠道	合格□ 不合格□ 改进建议：
关于发货	SLS 发货 SPS 标准	合格□ 不合格□ 改进建议：
关于包裹	面单打印 面单打印规范 包装 第一层包装 第二层打包 最外层粘贴物流快递单	合格□ 不合格□ 改进建议：
物流费用	跨境物流成本 买家运费补贴	合格□ 不合格□ 改进建议：
评价	评价	合格□ 不合格□ 改进建议：

> 小提示
>
> 被抽查学生的成绩即该学生所在组所有成员的成绩,所以组长要起到监督指导的作用,组员之间应互帮互助,协力完成本学习任务。

三、总结评价

按照"客观、公正、公平"原则,在教师的指导下以自我评价、小组评价和教师评价三种方式对自己和他人在本学习任务中的表现进行综合评价,填写考核评价表,如表3-16所示。

表 3-16 考核评价表

姓名		班级		学号			
评价项目	评价标准	评价方式			权重	得分小计	总分
		自我评价	小组评价	教师评价			
职业素养与关键能力	1. 按照规范执行安全操作规程 2. 参与小组讨论,相互交流 3. 积极主动、勤学好问 4. 清晰、准确表达 5. 外语表达能力熟练				40%		
专业能力	1. 熟悉物流服务 2. 掌握物流时效与参考费率 3. 熟悉发货标准 4. 包裹打包操作熟练 5. 熟悉物流费用				60%		
综合等级		指导教师签名			日期		

填写说明:

(1) 各项评价采用 10 分制,根据符合评价标准的程度打分。

(2) 得分小计按以下公式计算:

得分小计=(自我评价×20%+小组评价×30%+教师评价×50%)×权重

(3) 综合等级按 A(9≤总分≤10)、B(7.5≤总分<9)、C(6≤总分<7.5)、D(总分<6)四个级别填写。

知识链接

一、跨境电商物流与国内电商物流的区别

跨境电商物流与国内电商物流虽然都被称作"快递",可两者却是千差万别。

(一) 运输环境不同

跨境电商物流可以说是国内电商物流的自然延伸,面向全球各个国家、地区,比如中国至非洲的刚果(金)物流。国内电商物流是仅面向中国范围内的城市与城市、地区与地区之间的运输。

(二)税务问题不同

国内电商物流不存在税务问题,基本上是包邮到家。跨境电商物流则不同,会涉及关税问题,出口到目的国家需要遵循目的国的政策,比如中国至非洲的刚果(金)物流,刚果(金)清关方式采用的是刚果(金)双清包税到门。

(三)运输方式不同

国内电商物流一般采用货车、卡车、火车的方式,跨境电商物流需要采用海运、空运的方式,且中途需要中转,比如刚果(金)空运,大灰狼物流在刚果(金)成立了直营工作室,与中国南方航空、埃塞俄比亚航空、肯尼亚航空等大型航空集团签订了运输协议,运输至刚果(金)某地后,需要通过卡车配送至刚果(金)大中小城市。

(四)货物运输品类不同

跨境电商物流对货物的要求非常严格,如带磁电的物品、液体、保健品等,需要多种资料证明。国内电商物流对货物的要求比较宽松,基本上任何货物都可以配送,要求并不非常严格。

二、跨境电商物流的类型

(一)邮政小包

邮政小包是目前跨境电商卖家使用的主要物流类型。主要通过万国邮政联盟(邮联)邮寄包裹,以个人邮包的方式发送。邮联成员之间的低成本结算使得邮政小包的物流成本非常低廉,拥有较强的价格竞争优势,同时,邮联成员之间的海关清关也十分便利,如此一来,邮政小包的清关能力也会强于其他商业快递,产生关税或者出现退回的情况相对来说也会少一些。

邮政小包的特点是低成本、手续简单、网络覆盖广、清关能力强,同时也存在速度慢和风险高的问题。

💡 小提示

万国邮政联盟(Universal Postal Union,UPU),简称"万国邮联"或"邮联",是商定国际邮政事务的政府间国际组织。

(二)商业快递

商业快递主要通过UPS(美国联合包裹运送服务公司,简称"联合包裹")、Fedex(美国联邦快递集团,简称"联邦快递")、DHL(德国敦豪航空货运公司)、TNT(荷兰TNT集团)四家国际物流巨头展开。商业快递以全球自建网络和国际化信息系统为支撑,对信息的提供、收集和管理具有高要求。

商业快递的特点是安全高效、专业可靠、物流跟踪能力强,但是成本高。

(三)专线物流

专线物流主要采取航空包舱集中托运的方式,根据货物目的地统一订购飞机舱位,统一分拣发货,再通过第三方合作公司安排派送,普遍使用美国专线、欧美专线、澳洲专线、俄罗斯专线等。

专线物流的特点是经济实惠、性价比高。在时效上,它比商业快递慢、比邮政小包快。

（四）海外仓

海外仓是指建立在海外的仓库。国内卖家将大量商品运往目标市场国家，储存到当地的海外仓库中，如果当地有销售订单，卖家可以第一时间直接从当地仓库进行分拣、包装和派送。商品在买家下单前就运往海外仓可以避开运输高峰，节约配送时间。

海外仓的特点是交货时间短、风险低、售后服务好、购物体验佳，但是仓储成本高、初期投资大。

（五）其他物流渠道

其他物流渠道如电商平台自营物流，比如Shopee的SLS实际上是一个中转仓的模式，卖家产生订单后，将包裹打包，贴上面单，随后发往Shopee的转运仓，由平台负责之后的清关、尾程配送等事宜，费用由平台先行垫付。

电商平台自营物流的特点是平台监管能力强、发货方式简单、时效高、费用低，但是对于中转仓这种模式，卖家需要按时发货到仓，并且要货物打包规范、面单粘贴规范，否则会出现包裹退回或仓库自毁的情况。

学习任务四

商品编辑与管理

学习目标

知识目标：
- 根据平台规则完善商品上架需要的相关信息。
- 合理制订工作计划。
- 参照相关要求和方法对相应题目或操作进行审核、校对。
- 记录问题及解决方法，并完成质量检查和交接验收。

技能目标：
- 熟练掌握商品上传和管理的操作方法。

素质目标：
- 培养学生自主学习和研究的能力。

工作情境

线上商品和实物商品的本质区别是：一个摸得着，一个摸不着。电子商务能够使买家买到海量商品，这也意味着买家在电商平台未必知道什么商品好、什么商品更好、什么商品最好，因为商品太多了。优秀的商品信息和质量能够为卖家的商品带来更高的曝光率、点击率和反馈率，那么在发布商品时，小张应该如何编写商品名称、选择关键词、类别、主图，同时提炼出优质的商品描述呢？这些问题如果在商品发布前没有得到解决，在新品发布后，很可能影响店铺或商品的转化与运营。小张完成对店铺的设置后，进入 Shopee 中国卖家中心，了解商品上传前需要完善的各项商品信息及各项信息填写规范和技巧，学习商品上架和管理的操作方法，并与选品部、运营部主管充分沟通，完成商品上架前的准备和上架后的管理。

工作流程

学习活动一　明确工作任务和知识技能准备
学习活动二　制订计划
学习活动三　实施作业
学习活动四　检查与验收

学习活动一　明确工作任务和知识技能准备

学习目标

1. 通过与选品部、运营部主管等相关人员的专业沟通明确工作任务，并准确概括和总结任务内容及要求。
2. 完成单个商品上架操作。
3. 完成批量商品上架操作。
4. 进行商品上架后的管理。

学习过程

一、明确工作任务

1. 根据店铺实际情况，模拟实际场景进行沟通交流，通过讨论列出新商品名称、类别及其他商品信息，完成单个商品编辑、批量商品上架前的准备工作，记录本任务的完成要点。
2. 商品上架完成后，查找商品、更新商品及管理已售完商品，讨论并记录操作要点。

二、知识技能准备

（一）单个商品上传和管理

商品上架是在 Shopee 平台销售的首要步骤，商品成功上架后，买家就能在 Shopee 站点搜索到该商品。提供优质的商品信息可以吸引更多买家，实现更多的销量。本学习活动主要围绕如何在 Shopee 平台上实现商品上架及完善商品信息。

1. 界面介绍

前往"Shopee China Seller Center"（Shopee 中国卖家中心）→"Product"（商品）→"Global SKU"（全球商品）界面，此界面能查看商店中的所有商品，可以按照条件搜索，也可以点击不同的商品状态按钮查看商品，如图 4-1 所示。

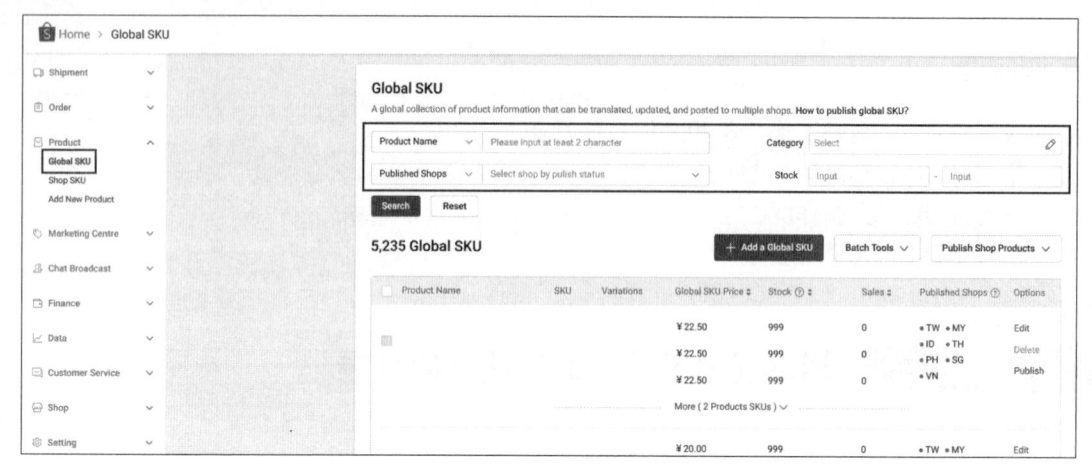

图 4-1　"Global SKU"（全球商品）界面

✱4-1 想一想，做一做

如图 4-2 所示，"Shop SKU"界面展示了店铺商品的六种状态，请将你对这六种商品状态的理解填到表 4-1 中。

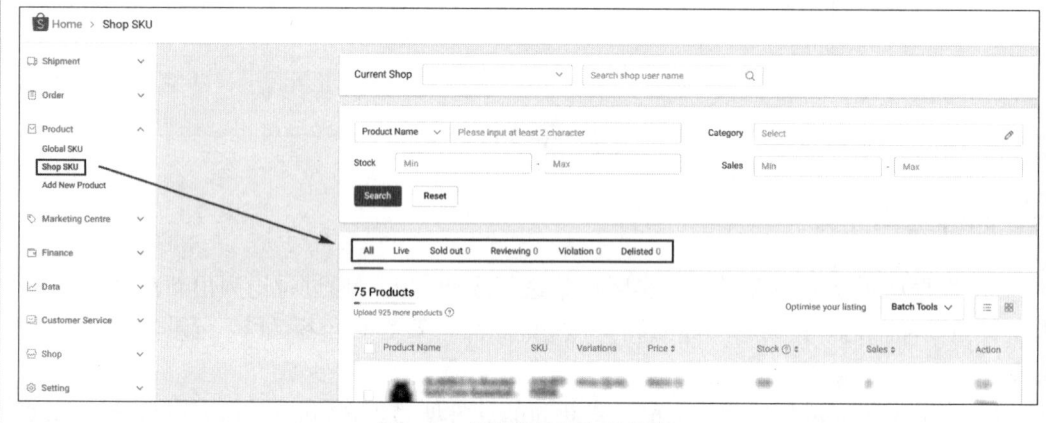

图 4-2　店铺商品的六种状态

表 4-1　六种商品状态的理解

英文名称	中文名称	功能
All		
Live		

续表

英文名称	中文名称	功能
Sold out		
Reviewing		
Violation		
Delisted		

2. 上架商品流程

（1）输入商品名称并选择合适的类别。

有两种路径可以上架商品，其一是"Products"（商品）→"Add New Product"（添加新商品）；其二是"Product"（商品）→"Global SKU"（全球商品）→"Add a Global SKU"（新增商品），如图4-3所示。

图4-3 新增商品

在"Product Name"文本框中输入商品名称并为商品选择合适的商品类别，然后进行下一步，如图4-4所示。

商品名称的表述必须不少于20个字符，避免使用不必要的表情符号和标点符号，可参考格式为：品牌+商品名称+性别+款式+颜色。优秀的商品名称和详情能够生动地描述商品，提高商品被购买的可能性。考虑到买家的阅读习惯，建议商品名称中每个单词的首字母要大写，比如：Women's Bottoming Shirt Round Neck Solid Color。

图 4-4　确定商品名称和商品类别

> 💡 **小提示**
>
> 不确定商品类别时，可以在 Shopee 站点搜索查看同类商品的类别。

＊4-2 想一想，做一做

1. 如果你要上传的是图中这款商品，你会如何编写商品名称？

   Product Name（商品名称）：

2. 你认为以下哪个选项是这款商品最适合的类别？（　　　）

   A. Women Clothes>Others

   B. Men Clothes>Others

   C. Fashion Accessories>Others

   D. Fashion Accessories>Scarves & Shawls

（2）填写商品基本信息。

小提示

Shopee 系统会根据商品分类自动地将部分商品的属性设置为必填选项，如尺寸、材质等，必填项前会标注*。

"Product Description"（商品描述）：完整而详细的商品描述可以让买家更好地了解商品，从而促进买家做出明智的决定并减少询问的次数。可参考格式为：商品规格详解，如材质、重量、尺寸、颜色和其他独特因素；商品的用途和优点，商品的用途和优点越多，越容易吸引买家的注意力；售后保证说明，特别是电子产品、设备和工具的售后保证十分重要，如图 4-5 所示。

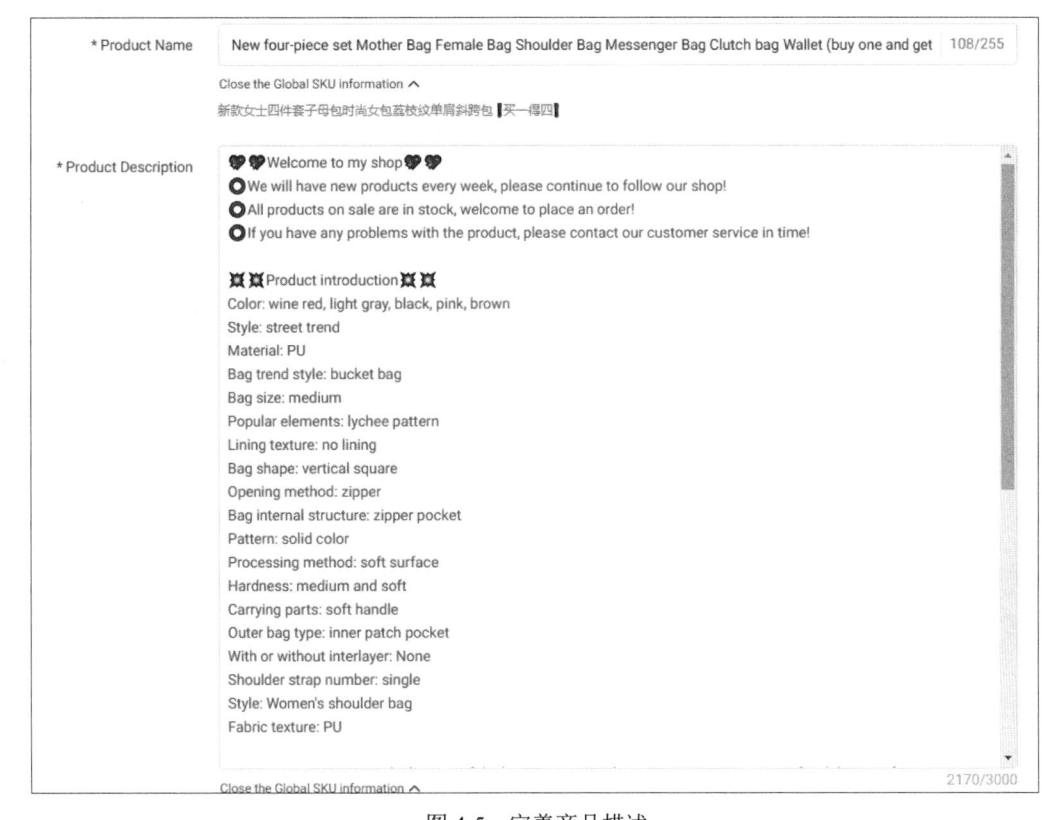

图 4-5　完善商品描述

小提示

商品描述以简单直接为宜，字数过多且内容复杂可能降低买家的浏览兴趣，建议分段阐述，适当添加表情符号或者其他元素进行点缀。

（3）上传商品图片和商品视频。

"Product Images"（商品图片）：最多支持上传九张商品图片，可以上传多张不同角度的商品图片。针对有尺寸选项的商品，也可以上传一张商品尺寸表，每张图片的分辨率为 800px×800px。

"Product Video"（商品视频）：选填，需要注意的是要按照视频格式的要求上传商品视频，如图 4-6 所示。

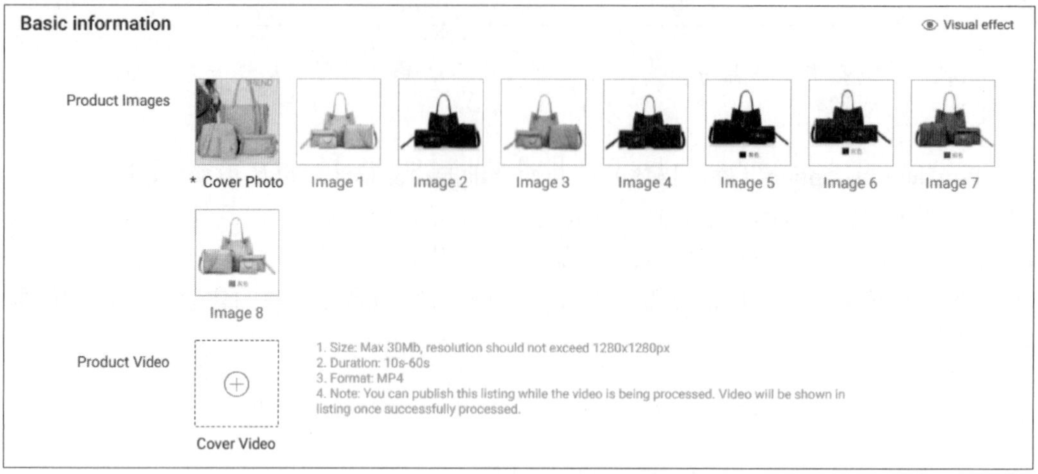

图 4-6　上传商品图片和商品视频

✱4-3 想一想，做一做

1. 英译汉-短语

（1）Cover Photo_____

（2）Duration_____

（3）Format_____

2. 英译汉-句子

（1）Size: Max 30Mb, resolution should not exceed 1280px×1280px.

_____

（2）Note: You can publish this listing while the video is being processed. Video will be shown in listing once successfully processed.

_____

3. 你认为下面哪张图更适合放在"Cover Photo"的位置？（　　　）

A 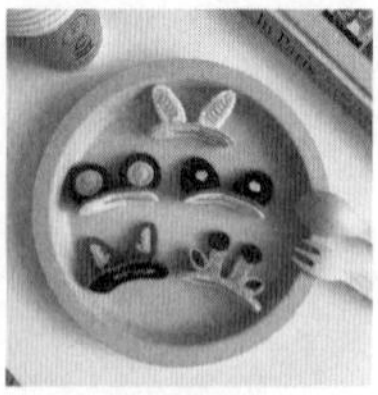　　　　　B 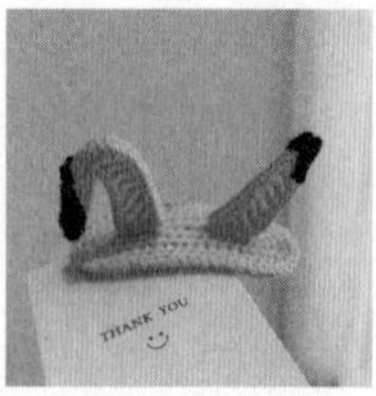　　　　　C 　　　　　D

（4）设定商品规格。

"Specification"（规格）：商品规格用来描述商品的详细信息，突显商品的特色，如品牌、包装、性别和原产地，让买家能够快速了解商品。设定准确的商品规格可以提高商品被搜索到的概率，如图 4-7 所示。

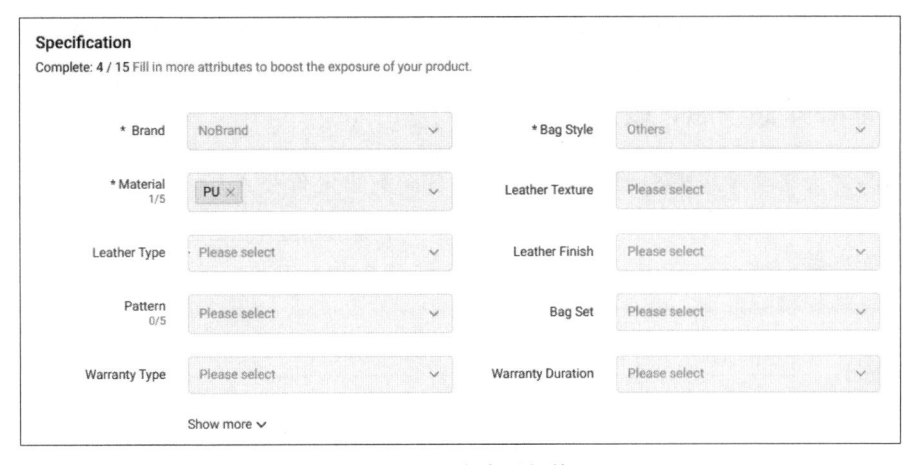

图 4-7　设定商品规格

> 💡 **小提示**
>
> ① 不同的商品类别需要填写的商品规格不同，请选择正确的商品类别。
>
> ② 设定商品类别之后，系统会自动显示需要填写的商品规格，如果现有的选项不适合商品，用户可以自行设定一个新选项。
>
> ③ 如果在品牌下拉列表中没有发现自己商品的品牌名称，可以联系客户经理申请添加。如果没有注册品牌，也可以选择"No Brand"选项。

（5）填写销售信息。

"Sales Information"（销售信息）：其中，"Global SKU Price"（全球商品价格）和"Stock"（库存）项是必填项，"Variations"（变体）和"Size Chart Image"（尺寸图表）是选填项，如图 4-8 所示。

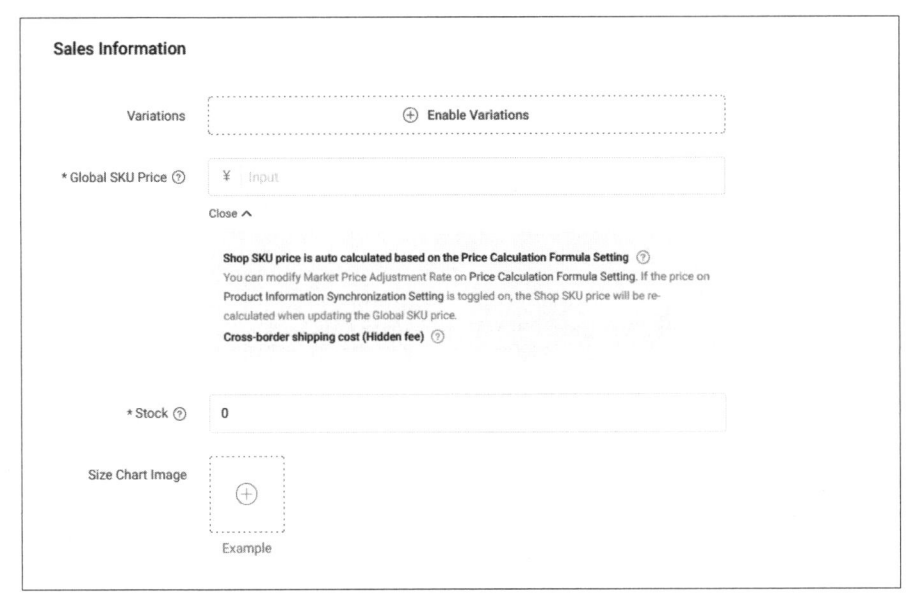

图 4-8　填写销售信息

① "Variations"（变体）：如果需要上架的商品有多种规格，比如一款商品有多种颜色

或多个尺寸，就需要添加变体。详细的商品规格设置可以方便买家选择和下单。

> ***4-4 想一想，做一做**
>
> 商品定价需要考虑哪些因素？根据你的理解列出定价公式。
> 影响因素：_____
> 定价公式：_____

小提示

① 卖家后台最多设置两种规格，单一规格选项最多能新增 50 项，若设置两种规格，则两种规格数相乘获得的组合选项最多也为 50 项。

② 规格示例如表 4-2 所示。

表 4-2 规格示例

规格类别	一种规格	两种规格
规格示例	不同颜色的同款帽子	不同颜色不同尺寸的衣服

②"Variation 1"（变体 1）：填写商品规格的名称，比如颜色；填写商品规格的选项，比如红色、白色；输入每个商品规格选项的价格、库存量和 SKU，如图 4-9 所示。

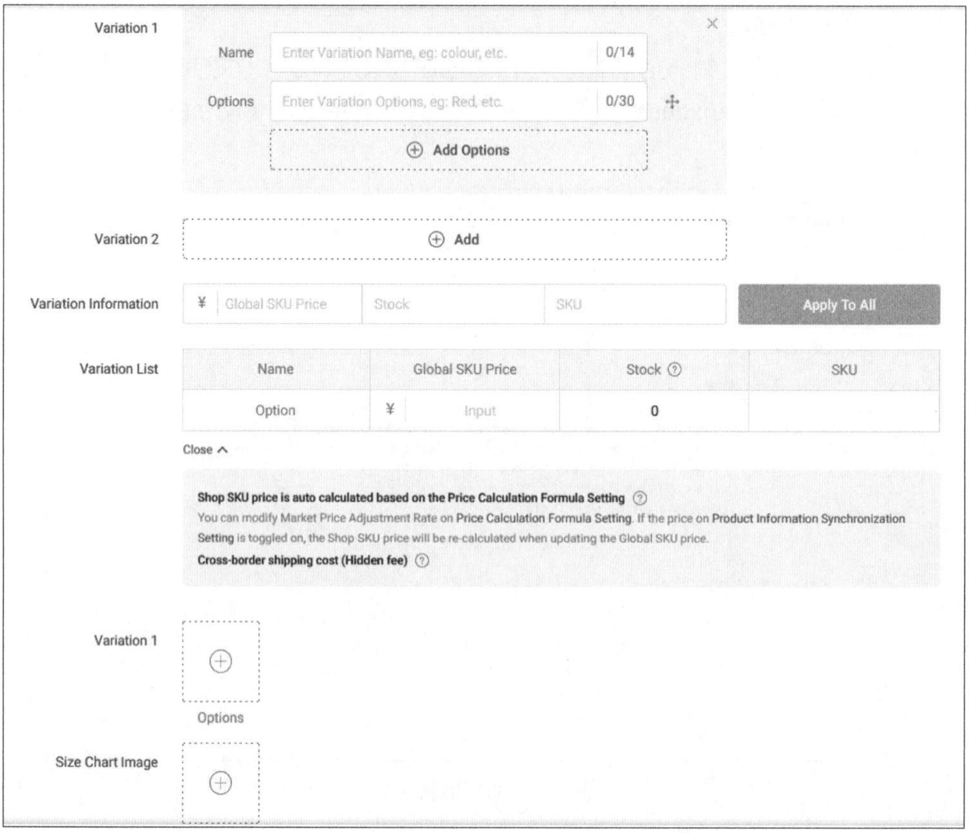

图 4-9 开启 Variation 1

小提示

如果同一商品规格的选项的信息都相同,可以点击"Apply To All"按钮。

③"Variation 2"(变体2):填写商品规格的名称,比如尺寸;填写商品规格的选项,比如S、M;输入每个商品规格选项的价格、库存量和SKU,如图4-10所示。

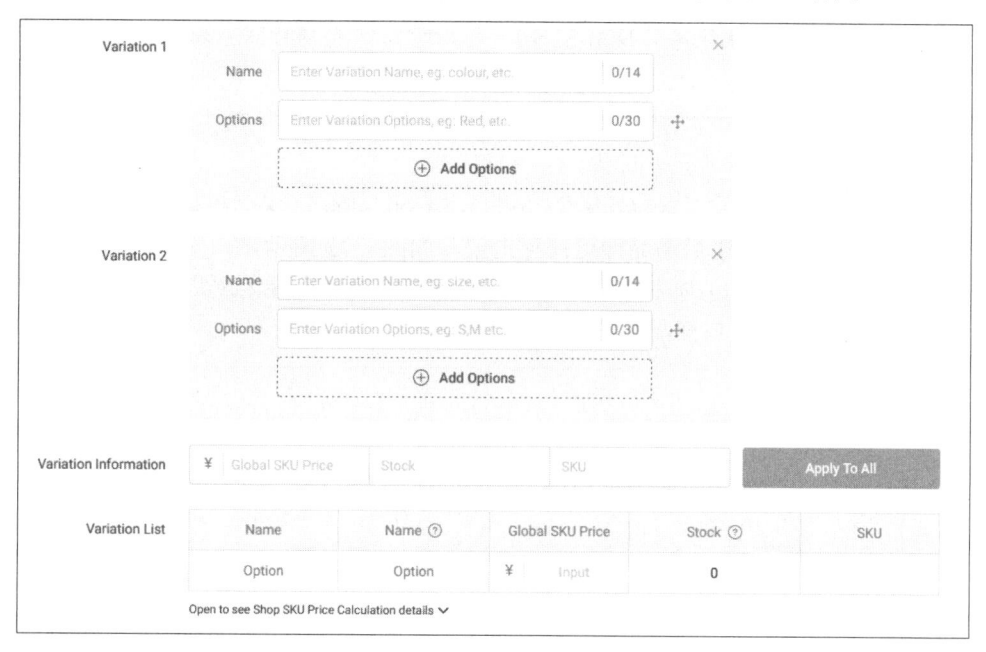

图 4-10 开启 Variation 2

(6)填写运输信息。

"Shipping"(运输):包含"Weight"(重量)、"Parcel Size"(包装尺寸)和"Shipping Fee"(物流费)等项,如图4-11所示。

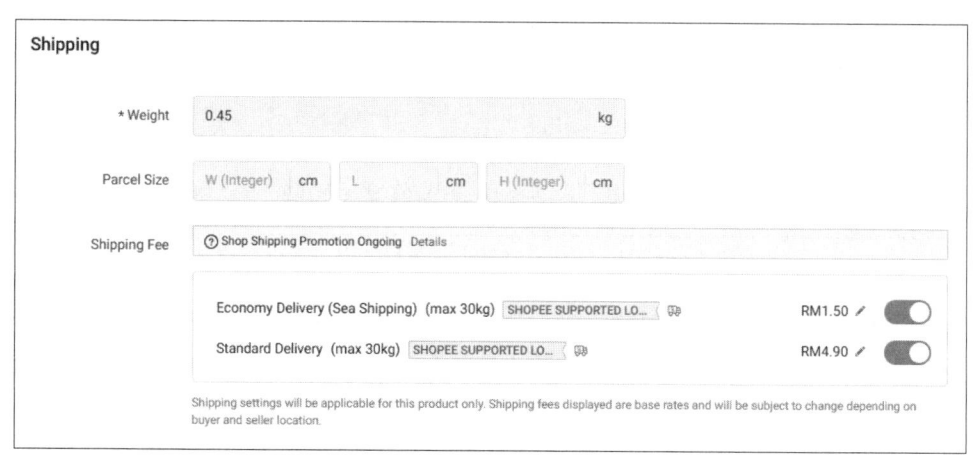

图 4-11 填写运输信息

小提示

需要在店铺设置里打开统一的物流选项,才会在此处显示物流渠道。

> **小知识**
>
> ① Shopee 物流服务（Shopee Logistics Service，SLS）：是指 Shopee 会帮助卖家从中国境内配送至买家手中的物流方案。为了保障优质买家体验，建议选择 SLS。
>
> ② 非 Shopee 物流服务（Non-SLS）：是指卖家需要自行联系承运商配送至买家手中。

（7）输入其他信息即可上架商品。

"Others"（其他）：包含"Pre-Order"（预购）、"Condition"（保存状态）和"Parent SKU"（父 SKU）等项，设置完成后商品即可保存上架，如图 4-12 所示。

在"Pre-Order"（预购）项中选择"NO"单选按钮，则该商品为现货商品；选择"YES"单选按钮，则该商品为预售商品。

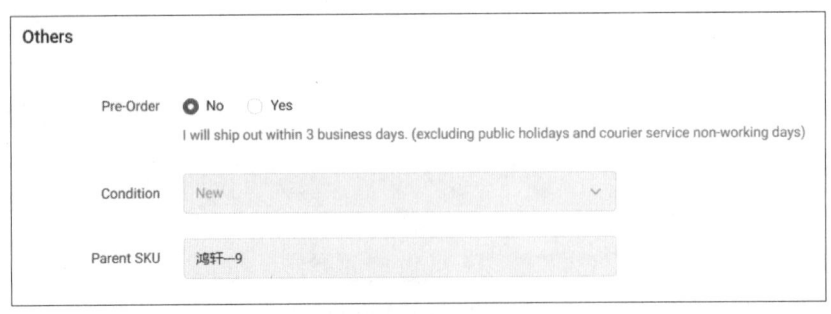

图 4-12　输入其他信息

> **小提示**
>
> 在上架商品之前，需要确保填写的信息符合 Shopee 上架规范。

> **小知识**
>
> DTS 指的是从买家下单的第二天起到 Shopee 仓库扫描的时间，即出货天数。所有站点的 DTS 为 3 个工作日（现货）或 5~10 个工作日（预售）。

（二）批量商品上传和管理

使用卖家中心的批量上传功能可以一次性上传多件商品。商店订单量越来越多时，批量上传功能可以帮助卖家更迅速、方便地管理商品，如图 4-13 所示。

编辑技巧

1. 下载模板

前往"Shopee China Seller Center"（Shopee 中国卖家中心）→"Product"（商品）→"Global SKU"（全球商品）界面，点击"Batch Tools"（批量处理工具）下拉按钮，选择"Mass Upload"（批量上传）选项，点击"Download"（下载）按钮，下载模板，如图 4-14 所示。

2. 填写模板

打开下载好的电子表格,填写模板。

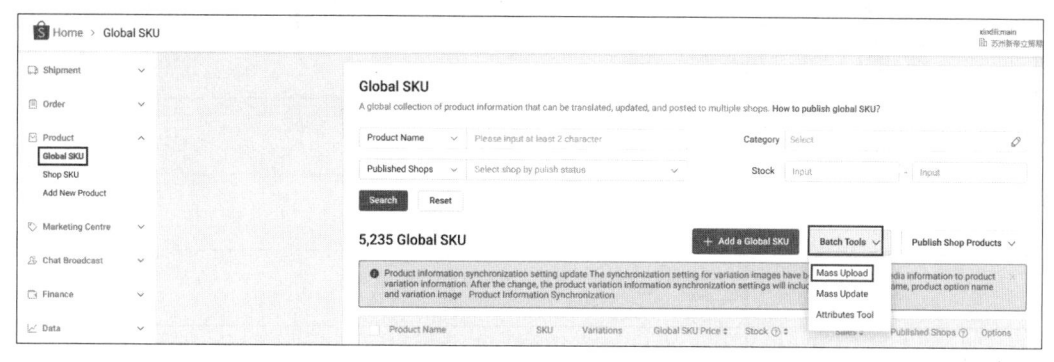

图 4-13　批量上传商品

图 4-14　下载模板

*4-5 想一想,做一做

1. 完成下载"时尚配饰"类目的模板。
2. 将你在下载的模板中填写的部分内容同步填写到表 4-3 中。

表 4-3　模板项目及填写内容

模板项目	填写内容(英文)
分类	
商品名称	

续表

模版项目	填写内容（英文）
商品描述	
全球商品价格（CNY）	
库存	
重量	
出货天数	
品牌	

3. 上传已经完成的模板，在表4-4中记录你的上传状态。

表4-4　上传状态表

上传次数	状态	如失败，请说明原因
第1次	成功｜失败	
第2次	成功｜失败	
…	成功｜失败	

小提示

① 模板里面标红的位置代表该项为必填项，"Standard Delivery"（标准渠道）和"Economy Delivery"（经济派送）两项虽然没有标明是必填项，但是在填写时需要两者选其一完成填写，否则会导致材料上传失败，请仔细阅读填写要求。

② 前五行内容为模板的填写指引，请不要编辑（第一行已隐藏），从第六行开始输入商品信息，每行只能填入一项商品的详细信息。

③ 填写商品信息时，注意商品的规格选项，一项商品最多有两种规格。

3. 上传和查看结果

前往"Shopee China Seller Center"（Shopee 中国卖家中心）→"Product"（商品）→"Global SKU"（全球商品）→"Batch Tools"（批量处理工具）→"Mass Upload"（批量上传）→"Upload File"（上传文件）界面。

"Status"（状态）：一般会出现两种情况，即"Succeeded"（已成功）和"All Fail"（全部失败）。如果状态为全部失败，需要点击"Download"（下载）按钮下载模板，在最后一列查看失败原因，修改模板并重新上传，如图4-15所示。

图4-15 上传文件

::小提示::

一次最多只能上传3份模板，为了避免出现错误，请分别上传模板。

模板上传成功后，前往"Shopee China Seller Center"（Shopee 中国卖家中心）→"Product"（商品）→"Global SKU"（全球商品）界面，选择"Unpublished Shops"（未发布的商品）选项，点击"Edit"（编辑）按钮，完善商品信息。商品信息补充完整后，可以选择商品进行上架，如图4-16所示。

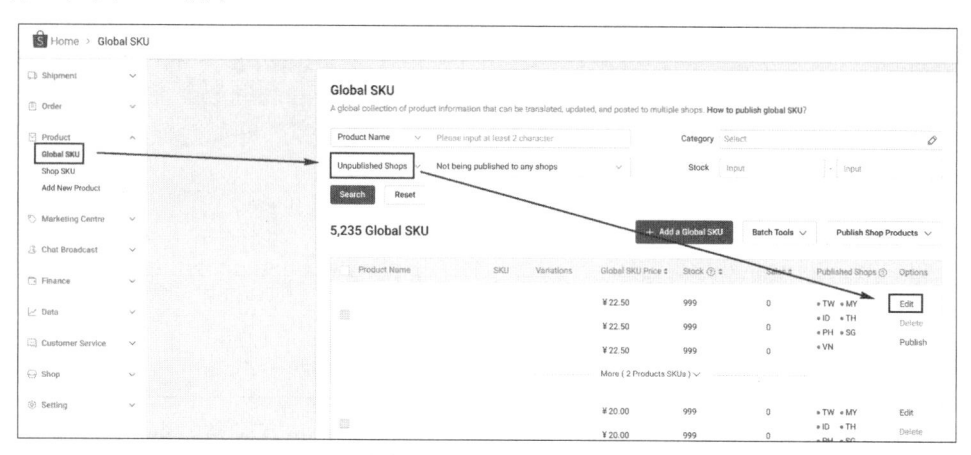

图4-16 完善商品信息

（三）商品管理

1. 查看商品

在"Global SKU"（全球商品）界面可以查看店铺所有商品。在这个界面输入查找条件"Product Name"（商品名称）、"Parent SKU"（父SKU）、"SKU"（商品货号）、"Variations"（规格）、"Item ID"（商品

如何制作一条 Listing

ID）、"Category"（类别）、"Published Shops"（已发布的商品）、"Unpublished Shops"（未发布的商品）和"Stock"（库存）等，点击"Search"（搜索）按钮就可以查看符合搜索条件的商品了，如图4-17所示。

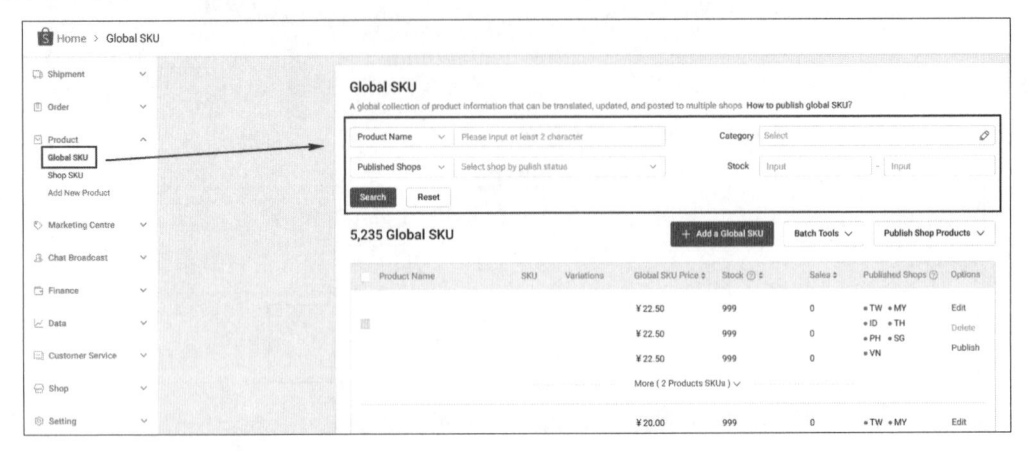

图 4-17　查看商品

2. 编辑单个商品

通过更新商品信息可以提高商品信息的准确性，吸引更多买家。当单个商品信息需要更新时，找到该商品，点击"Edit"（编辑）按钮，进行编辑，如图4-18所示。

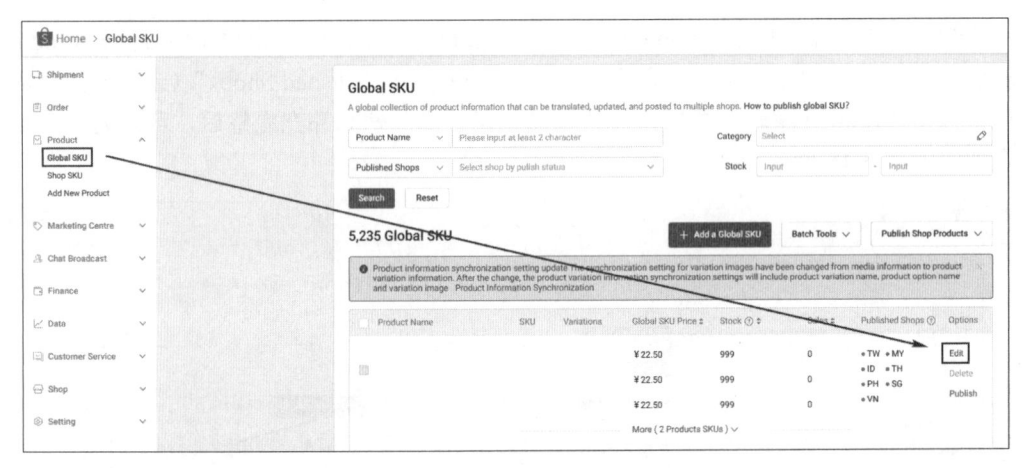

图 4-18　编辑单个商品

> **小提示**
>
> 若商品已报名的活动即将开始或正在进行中，则该商品的部分信息将不能被修改。

3. 批量更新商品

前往"Shopee China Seller Center"（Shopee 中国卖家中心）→"Product"（商品）→"Global SKU"（全球商品）→"Batch Tools"（批量处理工具）→"Mass Update"（批量更新）界面下载批量更新模板，平台为卖家提供了两个批量更新模版，一个是"Basic Info"（基本资料），通过此模版可以修改"MTSKU Name"（全球商品名称）、"MTSKU Description"（全球商品描述）和"MTSKU ID"（全球商品货号）的信息。另一个是"Sales Info"（销售资料），通过此模版可以修改"MTSKU Model SKU"（全球商品规格货号）、"MTSKU Price"（全球商品价格）和"MTSKU Stock"（全球商品库存）的信息，如图4-19所示。

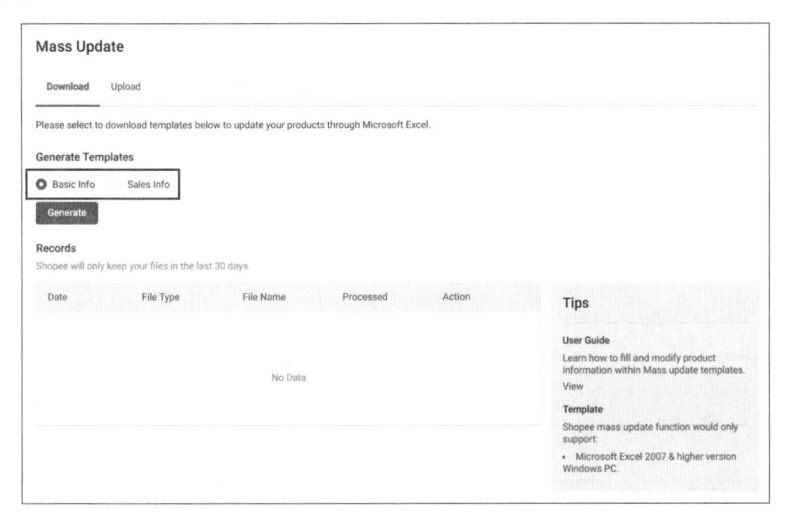

图4-19 批量更新商品

> **小提示**
> ① "√"表示在每个模板中的固定内容。
> ② 每个模板中用绿色标识的内容是可编辑内容。

*4-6 想一想，做一做

1. 名词解释

（1）Basic Info_____ （2）Sales Info_____
（3）Shipping Info_____ （4）Mass Republish_____
（5）DTS Info_____ （6）Media Info_____

2. 小实操

任务要求：任意选择三个模板操作，并将操作过程记录到表4-5中。

表4-5 模板操作过程

模板名称	允许更新的信息	操作结果

> **小提示**
>
> 操作结果填写说明：第一次操作时，若成功，则填写成功；若失败，则填写第一次操作失败并列明原因；第二次操作时，继续填写失败或成功，若失败，则列明失败原因，以此类推。
>
> 示例：
>
> ① 第一次操作成功（见表 4-6）

表 4-6 第一次操作成功示例

操作结果
成功

② 第一次操作失败（见表 4-7）

表 4-7 第一次操作失败示例

操作结果
第一次操作：失败
原因：商品名称填写不符合要求
第二次操作：成功

4. 商品的上架和下架

前往"Shopee China Seller Center"（Shopee 中国卖家中心）→"Product"（商品）→"Shop SKU"（店铺商品）界面，根据要求选择商品状态，完成操作。

（1）下架商品。选择"Live"（架上商品）选项，找到需要下架的商品，依次点击"More"（更多）按钮和"Delist"（下架）按钮，即可完成下架商品操作，如图 4-20 所示。

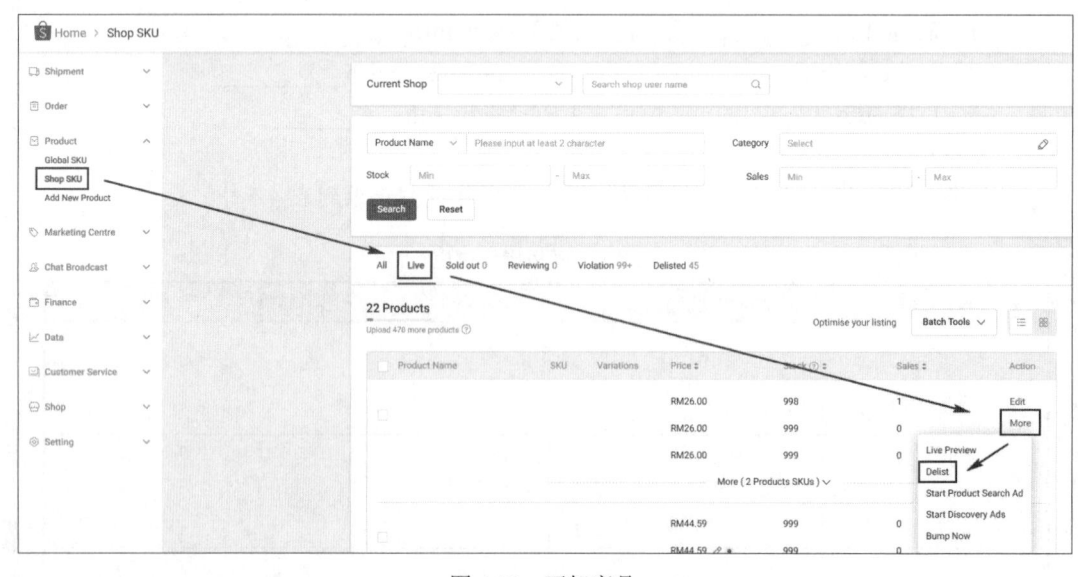

图 4-20 下架商品

（2）上架商品。选择"Delisted"（未上架）选项，找到需要上架的商品，依次点击"More"（更多）按钮和"Publish"（上架）按钮，即可完成上架商品操作，如图 4-21 所示。

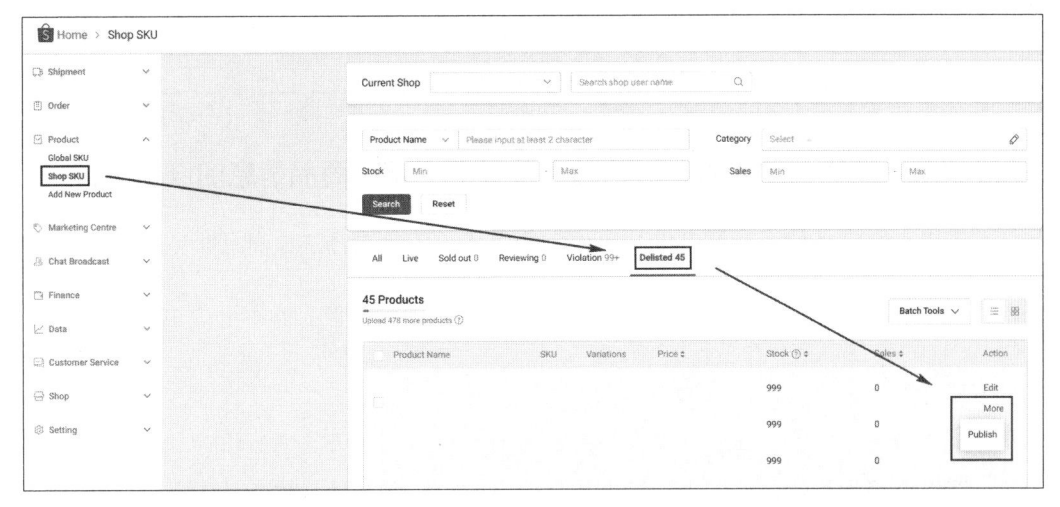

图 4-21　上架商品

> **小提示**
>
> 上架商品前需要保证商品信息填写完整且规范。

5. 已售完商品管理

前往"Shopee China Seller Center"（Shopee 中国卖家中心）→"Product"（商品）→"Shop SKU"（店铺商品）→"Sold Out"（已售完）界面，查看已售完的商品。如果需要继续销售，可以点击"Edit"（编辑）按钮，添加库存量。如果不需要继续销售，可以点击"Delist"（下架）按钮或"Delete"（删除）按钮，删除该商品。

6. 违规商品管理

前往"Shopee China Seller Center"（Shopee 中国卖家中心）→"Product"（商品）→"Shop SKU"（店铺商品）→"Violation"（违规）界面，查看因违规而被系统暂时下架的商品。商品下架的具体原因和系统建议修改方式在商品列表中都有标注与说明，如果需要继续销售，可以点击"Edit"（编辑）按钮，根据实际情况修改后重新上架。如果不需要继续销售，可以点击"Delete"（删除）按钮，删除该商品。

> **小提示**
>
> 违规商品只有 1 次修改机会，修改失败商品会被删除。

爆款技巧

学习活动二　制订计划

学习目标

1. 根据平台规则和上架要求完成商品信息的编辑。
2. 制订工作计划。

学习过程

一、根据学习活动一的要求，讨论并完成商品上架前商品信息的准备工作

1. 请以小组为单位，通过"单品上传"的方式，任意选择三款商品，完成上架并记录操作要点。

2. 请以小组为单位，通过"批量上传"的方式，任意选择三款商品，完成上架并记录操作要点。

3. 请以小组为单位，通过"批量更新"的方式，为题2用批量上传的方式上架的三款商品修改"基本资料"，并记录操作要点。

二、制订工作计划（见表4-8）

表4-8　工作计划

小组人员分工		职责
组长		人员工作安排及行动指挥
组员		
		成果展示及验收
		其他

💡 小提示

小组人员分工可根据进度由组长安排一人或多人完成，应保证每人在每个时间段都有任务，既要锻炼团队能力，又要让小组每位成员都能独立完成相应任务。

学习活动三 实施作业

学习目标

1. 根据平台规则和上架要求完成商品信息的编辑。
2. 根据平台上架规则和商品信息编辑技巧，对编辑后的商品信息进行审核、校对。
3. 根据任务实施过程记录问题及解决方法。

学习过程

一、进入卖家中心

操作路径：_____

二、商品上传

（一）前期准备

1. 任意采集三款商品。
2. 收集商品信息，主要包括：

_____

3. 添加新商品的单个商品操作路径：

_____

4. 添加新商品的批量商品操作路径：

_____

（二）编辑商品信息

1. 商品名称编写展示：

_____

2. 选择商品类别：

_____

3. 上传商品图片或视频。
4. 设定商品描述、商品属性、销售资料、运费及其他。
5. 检查无误后保存并上架。

三、商品管理

1. 单个商品信息编辑操作路径：

_____

2．批量更新商品操作路径：

3．列出三条商品可能违规的原因：

四、记录问题及解决方法

在以上操作过程中是否遇到了问题？是如何解决的？记录在表 4-9 中。

表 4-9　所遇问题和解决方法

所遇问题	解决方法

学习活动四　检查与验收

学习目标

1．检查相关操作及题目的正确性。
2．根据修改意见对内容进行修改。
3．按照工作流程交付主管确认验收。

学习过程

一、质量检查

根据工作任务完成情况进行检查、校对，并将信息填入表 4-10 中。

表 4-10　质量检查表

检查序号	检查项	根据完成情况或完成项目在相应位置标记"√"	改进措施
1	单品上传	□添加新商品 □填写商品名称 □选择商品类别 □完善商品信息 □正常上架	

续表

检查序号	检查项	根据完成情况或完成项目在相应位置标记"√"	改进措施
2	批量上传	□下载模板 □商品信息填写 □上传模板 □完善商品信息 □正常上架	
3	商品管理	□查找商品 □编辑单个商品 □批量更新商品 □商品的上架和下架 □已售完商品管理 □违规商品管理	

二、交接验收

根据任务要求以角色扮演形式两组交叉进行解说，展示、逐项核对、完成交接验收，并填写表4-11。

表4-11 验收表

项目	要求	结果
单品上传	1. 添加新商品 2. 填写商品名称 3. 选择商品类别 4. 完善商品信息 5. 正常上架	合格□　不合格□ 改进建议：
批量上传	1. 下载模板 2. 商品信息填写 3. 上传模板 4. 完善商品信息 5. 正常上架	合格□　不合格□ 改进建议：
商品管理	1. 查找商品 2. 编辑单个商品 3. 批量更新商品 4. 商品的上架和下架 5. 已售完商品管理 6. 违规商品管理	合格□　不合格□ 改进建议：
检查情况	□合格 □不合格 □较好，但有待改进	检查人签字：

小提示

被抽查学生的成绩即该学生所在组所有成员的成绩，所以组长要起到监督指导的作用，组员之间应互帮互助，协力完成本学习任务。

三、总结评价

按照"客观、公正、公平"原则，在教师的指导下以自我评价、小组评价和教师评价三种方式对自己和他人在本学习任务中的表现进行综合评价，填写表4-12。

表4-12 考核评价表

姓名			班级		学号		
评价项目	评价标准	评价方式			权重	得分小计	总分
		自我评价	小组评价	教师评价			
职业素养与关键能力	1. 按规范执行安全操作规程 2. 参与小组讨论，相互交流 3. 积极主动、勤学好问 4. 清晰、准确表达 5. 外语表达能力熟练				40%		
专业能力	1. 熟练采集商品信息 2. 掌握单品上传方法 3. 掌握批量上传方法 4. 熟练管理店铺商品				60%		
综合等级		指导教师签名			日期		

填写说明：

（1）各项评价采用10分制，根据符合评价标准的程度打分。

（2）得分小计按以下公式计算：

得分小计=（自我评价×20%+小组评价×30%+教师评价×50%）×权重

（3）综合等级按A（9≤总分≤10）、B（7.5≤总分<9）、C（6≤总分<7.5）、D（总分<6）四个级别填写。

知识链接

一、商品被禁止销售的原因

销售商品是违禁品、商品价格有误导性折扣、商品描述中有与商品无关的关键词、重复上传同型商品、商品类目错误、不正确的商品属性等原因都可能导致商品被禁止销售。

二、在商品描述中添加关键词

在想要添加的关键词前面加上#，如：#clothing，即可成功设置关键词。需要注意的是，关键词中不可出现空格，如不可为：# clothing。

三、马来西亚站点上架商品数量限制（见表4-13）

表4-13 马来西亚站点上架商品数量限制

店铺类型	标准	上架商品数量上限
新店铺	开店时间<120天	1000
不活跃店铺	开店时间≥120天； 且过去90天累计完成订单数=0单	100
	开店时间≥120天； 且过去30天累计完成订单数<5单	500

续表

店铺类型	标准	上架商品数量上限
成长店铺	开店时间≥120 天； 且 5 单≤过去 30 天累计完成订单数<30 单	1000
有潜力店铺	开店时间≥30 天； 且 5 单≤累计完成不同买家订单数<100 单； 且过去 30 天完成订单数≥30 单	3000
有经验店铺	开店时间≥30 天； 且累计完成不同买家订单数≥100 单； 且过去 30 天完成订单数≥30 单	5000
优选店铺	获得优选卖家资质的店铺	10 000
商城店铺	获得商城卖家资质的店铺	20 000

四、违反上架规则

（一）商品品类设置错误的规则（Category spam）

1．规则内容

若卖家将商品设置成了错误的品类，第一次被发现后，该商品会被系统下架。若卖家修改后仍为错误品类，该商品将被系统删除并产生相应的惩罚扣分。

2．处理方式

第一次下架后，如果再次上传仍然错误，删除商品并扣分。

3．举例

卖家 A 将女士短裙放置于男装分类之下，该商品被平台暂时下架。卖家 A 调整该女士短裙为女士衬衫分类后再次上传，平台会删除该商品，卖家也会被记惩罚扣分。

（二）重复刊登商品的行为（Duplicate）

1．规则内容

重复刊登是指将各项信息完全相同或者重要属性完全相同及高度相似的商品进行多次刊登。刊登的商品之间必须有显著的区别（如图片、标题、价格、属性、描述等），否则将被视为重复刊登商品。

同一卖家的店铺之间的重复刊登商品和不同卖家之间的重复刊登商品将被平台删除和给予惩罚扣分。

2．处理方式

直接删除并扣分。

3．举例

错误 1：卖家在其不同的店铺刊登相同的商品。

建议：卖家应仅在其一家店铺（而非多家店铺）出售同一件商品。对于有严重重复刊登行为的店铺（同一卖家），Shopee 将保留最初的商店，关闭其余所有店铺。

错误 2：将相同的商品刊登在不同的类别下。比如，将同一款智能手表同时发布在"移动设备和配件"和"手表"类别下，也属于重复刊登。

建议：卖家选择与所售商品相关度最高的一个类别进行刊登。

错误 3：将同款商品以不同价格分别刊登。

建议：同款商品只能以一个价格刊登一次。如果卖家想进行促销活动，可通过卖家中心的营销工具对商品进行促销。

错误 4：微调同款商品的商品名称后分别上架。

建议：同款商品仅可刊登一次。

错误 5：将同款商品以不同规格和价格分别发布。比如，适用于不同机型的同款 3C 类配件。

建议：同款商品的不同属性的商品，如仅存在尺寸、颜色等细微差别，应作为一个商品上传。卖家可以通过增加商品属性参数来反映这些分类。

（三）误导性定价（Price Spam）

1．规则内容

误导性定价是指卖家设置过高或者过低的价格以赢取更多的曝光量，但并不会真正卖出陈列的商品。

2．处理方式

直接删除商品并扣分。

3．举例

卖家设置商品价格远低于或者远高于商品市场价格，商品会被系统删除。

（四）关键词、属性滥用（Attribute/Brand/Keyword Spam）

1．规则内容

商品中包含的信息与所销售的商品不对应或不相关，则会被视为 Spam 商品。为了防止卖家滥用关键词误导搜索及影响买家的浏览体验，Shopee 会通知卖家重新编辑商品。若再次质检不符合，会删除商品。

2．处理方式

第一次下架，如果再次上传仍然错误，删除商品并扣分。

3．举例

1）关键词滥用

（1）商品标题（名称）中包含多个不相关的品牌名/关键词，如"女士 裤子 裙子 衬衫""兰芝 迪奥 SK-II 保湿霜"。

（2）商品标题（名称）中出现无关关键词，如"戴尔显示器|不是华硕 三星 LG 电视"。

2）属性滥用

（1）品牌名重复出现或者出现多个品牌，如"耐克 耐克 耐克"，"耐克 彪马 阿迪达斯"。

（2）品牌属性不准确，如"中国品牌"。

（3）其他属性信息不准确，如属性中标注"热销"。

如果我的商品被视为 Spam 商品，会有什么后果？

系统会通知卖家编辑商品并删除不相关/不准确的信息。编辑完成后，卖家可以重新提交商品以供审核。提交审核之前未能成功修改商品会导致商品被删除，并计入积分惩罚系统。重复的违规行为可能导致账户被冻结。

3）避免 Spam 商品的做法

（1）按照 Shopee 推荐的格式填写商品标题（名称）：

品牌+商品名称+型号

比如：Innisfree Green Tea Serum（悦诗风吟绿茶乳液）。

（2）确保标题（名称）和描述中的所有关键词都准确并与所销售的商品相关。

不要在商品标题（名称）中包含不准确/不相关的关键词。

（3）输入准确的商品分类属性。

商品分类属性包括品牌名称、型号和保修期等。

（4）没有品牌，选择"No brand"。

商品附件不应该被单独列出，而是应当和商品一起作为同款商品不同属性的规格。

[Add-on(s) should be included as part of an item's variation and should not be listed separately.]

举例：

在销售手机套组的时候，比如，基础信息为：手机（价值$750）和手机壳（价值$10）。

错误展示：

- $750 手机
- $10 手机壳

正确展示：

商品应有如下属性：

- $750 手机
- $760 手机+手机壳

如图 4-22 所示。

图 4-22　手机套组的正确展示

五、禁止刊登的商品

（一）禁止刊登（Prohibited Listing）

1. 规则内容

Shopee 平台跨境卖家禁售商品更新了以下三类。

（1）各个国家和地区不允许在网上销售的商品。

（2）各个国家和地区仅允许持有当地营业执照卖家销售的商品。

（3）各个国家和地区海关原因禁止销售的商品。

针对这三类跨境卖家禁售商品，Shopee 平台帮助卖家整理了详细的中英文对照表格，会以邮件形式发送给卖家，如有疑问，请联系客户经理获取或进行咨询。

2．处理方式

直接删除商品并扣分。

（二）刊登广告或销售无实物商品（Advertisement）

1．规则内容

禁止卖家在图片中刊登 QQ 号、二维码或任何外部网站的链接，禁止将买家导向 Shopee 平台之外的交易平台。

2．处理方式

直接删除商品并扣分。

（三）更换商品（同一商品 ID 下更换不同商品）（Switched Listings）

1．规则内容

Shopee 不允许在同一商品 ID 下更换不同商品，Shopee 会定期清理相应违规商品。

若卖家更改现有商品 A 的信息（如名称、描述、图片等）为另一个完全不同的商品 B 的信息，此行为将会把原有关于商品 A 的评分及评价等归算到商品 B，进而给买家带来关于商品 B 的错误理解与判断。

2．处理方式

直接删除商品并扣分。

3．举例

原为玩具的商品页面，更换为高跟鞋的商品信息，如图 4-23 所示。

图 4-23　同一商品 ID 下更换不同商品

"完全不同的商品"的定义包含以下两点内容。

（1）不同类别商品，如背包和水瓶，衬衫和裤子。

（2）同一类别商品的不同型号，如不同品牌的类似背包。

> **小提示**
>
> 若商品属于同一类别商品的相同型号，只是颜色有所不同，则不会被判定为"完全不同的商品"，如将商品更换为同款其他颜色。

正确做法：

新建商品 B 的页面，填入商品 B 的相关信息。

常见问题：

问：之前的商品（手机套）卖断货了，能否改为卖包？

答：否。此行为属于同一商品 ID 下更换不同商品。

问：能否把卖苹果 6 手机改为卖苹果 7 手机？

答：否。更换商品型号属于在同一商品 ID 下更换不同商品。

问：能否更改售卖商品的颜色？

答：可以。更改颜色并没有改变售卖商品类别。

问：能否更改图片中展示衣服的模特？

答：可以。只要售卖的商品本身没有改变，更改、增加或重新排列商品图片并不违规。

问：能否改动商品价格，修改商品名称和描述？

答：可以。只要售卖的商品本身没有改变，商品价格、名称和描述都可以更改。

（四）虚假折扣（Misleading Discount）

1．规则内容

标准 1：卖家若在促销活动前一段时间提高促销商品价格，将被予以警告，情节严重者涨价商品将被删除。

例如，假设商品 A 售价为 100 元，在活动开始前一段时间，卖家将商品价格调升至 120 元，再进行打折销售，卖家将被予以警告，情节严重者涨价商品将被删除。

标准 2：若卖家设置的商品折扣价格高于商品的原价，该商品将会被删除。

例如，假设商品 A 售价为 100 元，在活动开始前一段时间，卖家将商品价格调升至 110 元，活动开始时若价格为 101 元，因商品折扣价大于商品原价，该商品将会被删除。

2．处理方式

删除虚假折扣的商品并扣分。

六、侵犯知识产权或假冒商品（IP Infringement/Counterfeit）

1．规则内容

Shopee 平台上不允许售卖在当地侵犯知识产权或假冒 IP 的商品。若商品有授权，必须为当地的授权。

2．处理方式

（1）卖家首次被投诉侵权，Shopee 会将相应侵权商品做下架处理。

（2）若卖家再次被投诉侵权，Shopee 会将被投诉卖家账号暂时冻结 7 天，账号解冻后若再次被投诉侵权，则继续冻结 7 天，以此类推。（侵权次数于 2017 年 3 月 27 日开始累计。）

（3）对于严重违规或累计侵权次数过多的卖家，Shopee 有可能直接关闭被投诉卖家账号。

学习任务五

订单管理

学习目标

知识目标：
- 掌握订单发货流程。
- 掌握物流渠道的选择与设置。
- 掌握退货/退款的处理方法。
- 合理制订工作计划。
- 参照相关规则、操作规范，对操作或相应题目进行审核、校对。
- 记录问题及解决方法，并完成质量检查及验收。
- 掌握恶意评价的处理方法。

技能目标：
- 熟练操作订单发货。
- 熟练操作退换货流程。
- 熟练查看订单评价及回复买家。
- 熟练回复不同类型的恶意评价。
- 熟练掌握订单管理的操作方法。

素质目标：
- 培养学生自主学习和研究的能力，以及外语应用能力。

工作情境

小张接到订单后，进入卖家中心，完成处理订单前的准备工作，通过订单处理操作完成商品订单发货过程。订单发货完成并不意味着订单处理作业已经结束，订单上的商品是否按时发货、按量发货、已付货款、发生商品损坏等意外,以及意外情况如何处理,都是提升买家购买体验并提升运营效率的重要因素。

工作流程

　　学习活动一　明确工作任务和知识技能准备
　　学习活动二　制订计划
　　学习活动三　实施作业
　　学习活动四　检查与验收

学习活动一　明确工作任务和知识技能准备

学习目标

1. 识别订单的六种状态。
2. 根据订单取消的不同情况来处理出货流程问题。
3. 熟悉订单未完成率的计算范畴。
4. 进行退货/退款的操作处理。
5. 根据国际退货收费标准处理退货需求。
6. 根据平台规则处理恶意评价。

学习过程

一、明确工作任务

1. 能通过与仓储主管、客服人员、运营专员沟通,明确工作任务,并能准确概况工作内容和要求,写出本次任务要点。

2. 一位马来西亚买家以"不想要"为由要求退款,买家线上支付订单,商品购买金额为25美元。卖家接受退款请求后给买家回信,同时启动了退款流程。根据卖家的回复内容及商品的状态,计算买家实际收到的退款金额,并准确分析买家需要承担运费的情况。

Dear:

Thank you for contacting us regarding your inquiry.

Your return request has been approved. Please be advised that the return shipping cost is the responsibility of the buyer. The initial shipping cost cannot be refunded and a 25% restocking fee may be applied if the merchandise is used or damaged visually.

If merchandise purchased from a different seller is shipped to us, we will need to ship the merchandise back to you and we will also ask you for the shipping cost incurred.

We appreciate your cooperation.

Best regards.

二、知识技能准备

（一）订单状态识别

Shopee 后台的订单有六种状态，所有状态下的订单都可通过 "Order ID"（订单编号）搜索，还可以通过 "Order Creation Date"（订单创建时间）查看特定时间段的订单，也可以 "Export"（导出）订单查看订单详情，如图 5-1 所示。

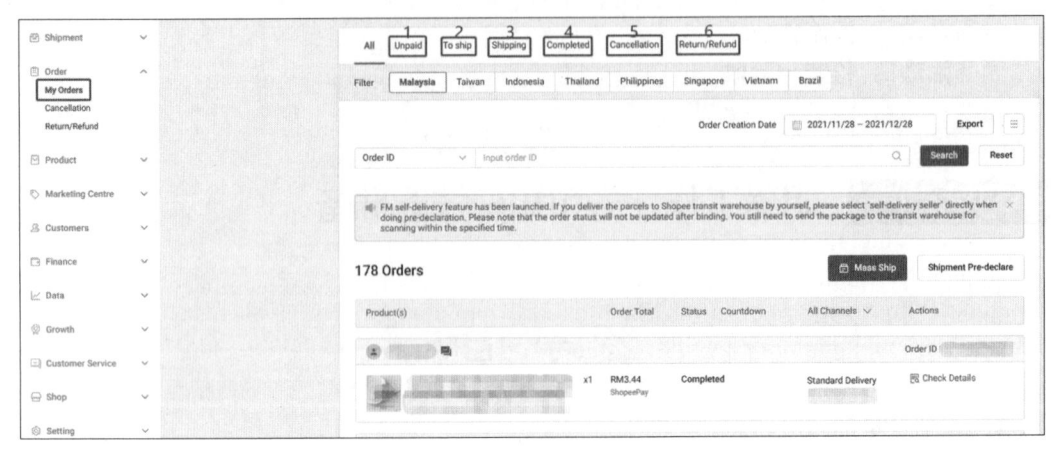

图 5-1　"My Orders"（我的订单）界面

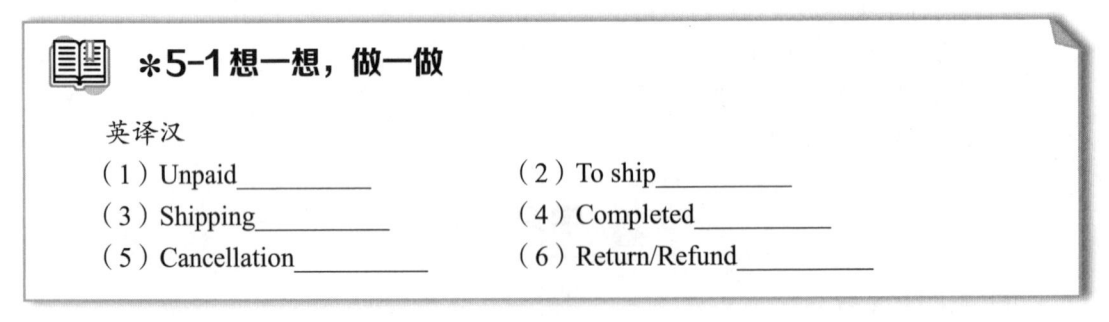

> **✳5-1 想一想，做一做**
>
> 英译汉
> （1）Unpaid_____　　　　（2）To ship_____
> （3）Shipping_____　　　（4）Completed_____
> （5）Cancellation_____　　（6）Return/Refund_____

1. "Unpaid"（尚未付款）

该界面展示买家下单后还未完成付款的订单。卖家可点击 "Check Details"（查看订单详情）按钮或者点击订单任意位置查看更多的订单详细信息，如图 5-2 所示。

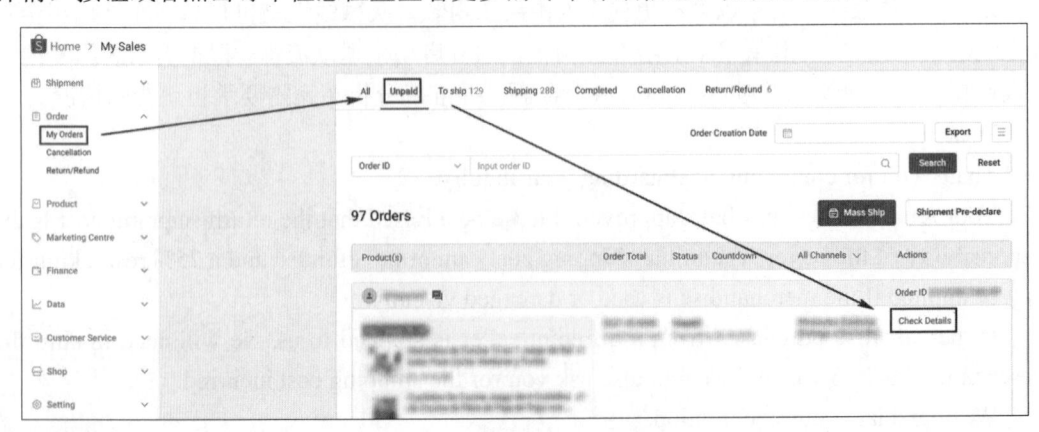

图 5-2　"Unpaid"（尚未付款）

2. "To ship"（待出货）

该界面展示买家已完成付款，等待卖家发货的订单。"To ship"（待出货）分为"To Process"（处理中）、"Processed"（已处理）和"Pending"（待审核）三个子状态。

(1) "To Process"（处理中）：展示买家已完成付款或者订单是货到付款状态，等待卖家发货的订单，如图5-3所示。

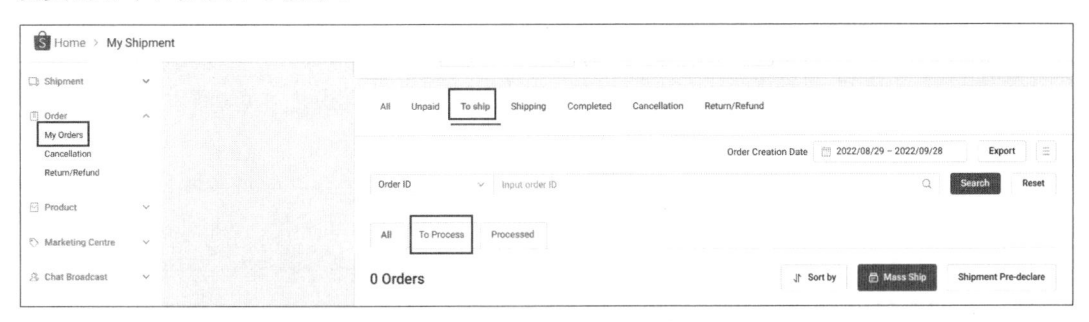

图5-3 "To Process"（处理中）

(2) "Processed"（已处理）：展示卖家已在后台完成发货登记，但是还没有完成首公里扫描的订单；或者展示不使用首公里扫描时，运送至Shopee转运仓途中的订单，如图5-4所示。

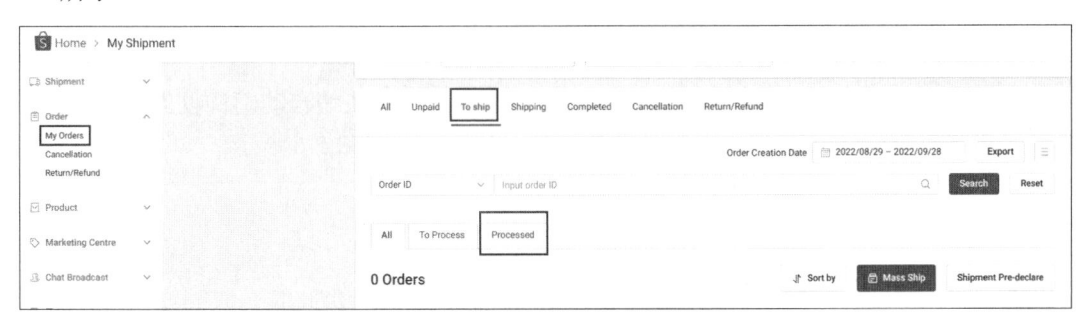

图5-4 "Processed"（已处理）

(3) "Pending"（待审核）：仅当Shopee认为此订单存在欺诈风险时出现该状态。该状态发生在买家已完成付款或选择货到付款后。待审核的订单无法完成发货，卖家需要等到订单进入"To Process"（处理中）状态时再进行发货。待审核订单一般会在4小时内完成审核，如果订单被判定无欺诈风险则会进入"To Process"（处理中）状态，如果被证实存在欺诈风险则会被取消。

3. "Shipping"（运送中）

(1) 使用SLS物流时，使用首公里发货，则是指完成首公里扫描之后的订单。不使用首公里发货，则是指被Shopee转运仓扫描后的订单。

(2) 使用非SLS物流时，指已发货且在运送途中的订单。

卖家可点击"Check Details"（查看订单详情）按钮点击订单任意位置查看订单详细信息，如图5-5所示。

图 5-5 "Shipping"（运送中）

> 📖 **✱5-2 想一想，做一做**
>
> 订单的物流状态何时会变为"Shipping"（运送中）？（　　）
> A. 卖家寄出包裹　　　　　　　　B. Shopee 仓库签收包裹
> C. Shopee 仓库扫描国际面单　　　D. 包裹成功清关

4."Completed"（已完成）

该界面展示买家自行确认收货或者买家一直未确认，由系统自动确认收货的订单。卖家还可以点击"Rate"（评价）按钮评价相应订单的买家，如图 5-6 所示。

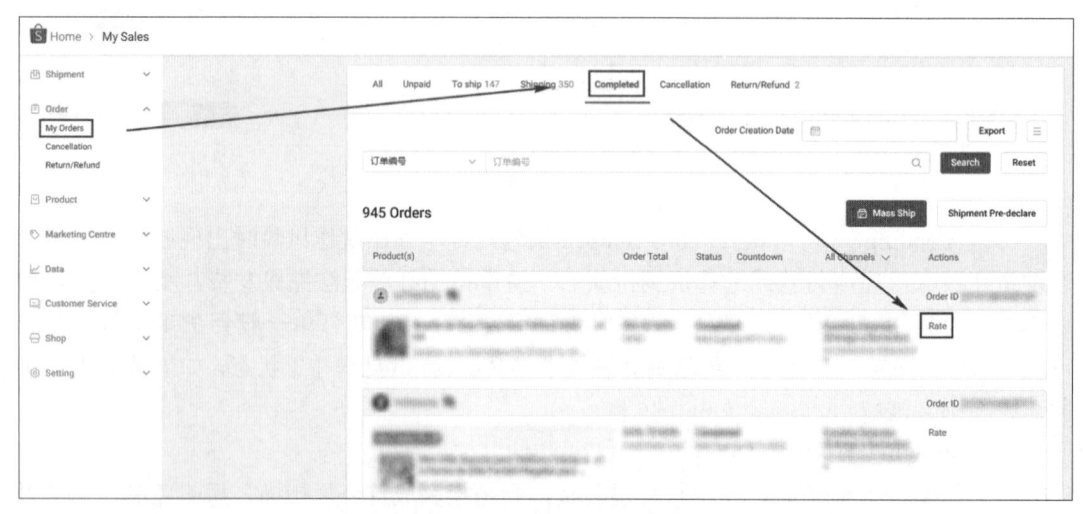

图 5-6 "Completed"（已完成）

5."Cancellation"（取消）

该界面展示交易完成前由买家或者卖家取消的订单。点击已取消订单的任意位置进入订单详情界面，可以查看该订单被取消的原因，如图 5-7 所示。

6."Return/Refund"（退货/退款）

该界面展示买家申请退货/退款的订单。点击退货/退款订单的任意位置进入订单详情界面，可以查看该订单申请退货/退款的原因，如图 5-8 所示。

图 5-7 "Cancellation"（取消）

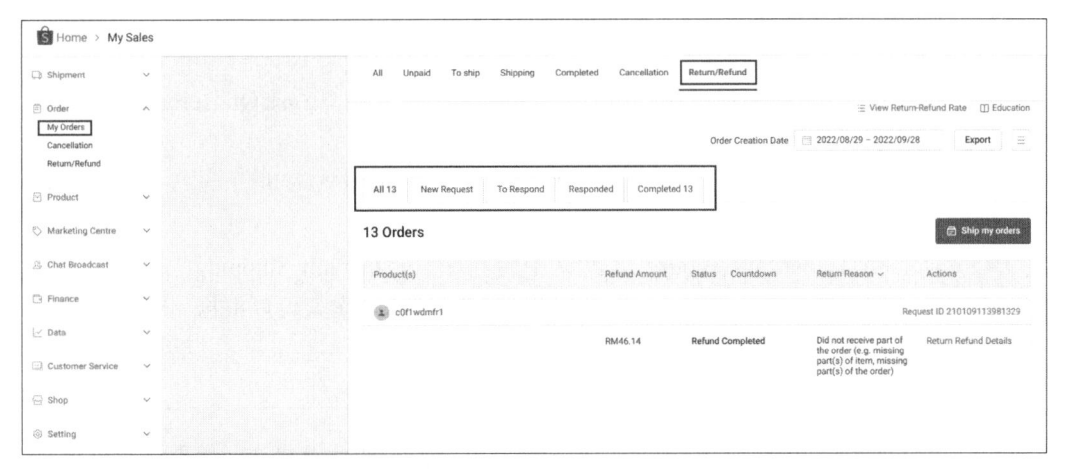

图 5-8 "Return/Refund"（退货/退款）

✱5-3 想一想，做一做

订单被 Shopee 中转仓扫描后的订单状态是（　　）。
A. 运送中　　B. 待出货　　C. 已完成　　D. 已取消

（二）订单发货

1. 设置物流渠道

物流渠道是指买家可以在 Shopee 购物前台选择的配送渠道，只有卖家在卖家中心开启的物流渠道才会显示到商品的前台页面，买家才能进行选择。不同的物流渠道具有不同的时效，卖家承担的运费也不相同。运费低、物流快一直是买家的期望，不同的物流商都能一定程度上满足买家的需求。

前往"Shopee China Seller Center"（Shopee 中国卖家中心）→"Shipment"（物流）→

订单状态的讲解

"Shipping Setting"（物流设置）界面设置物流渠道，如图 5-9 所示。

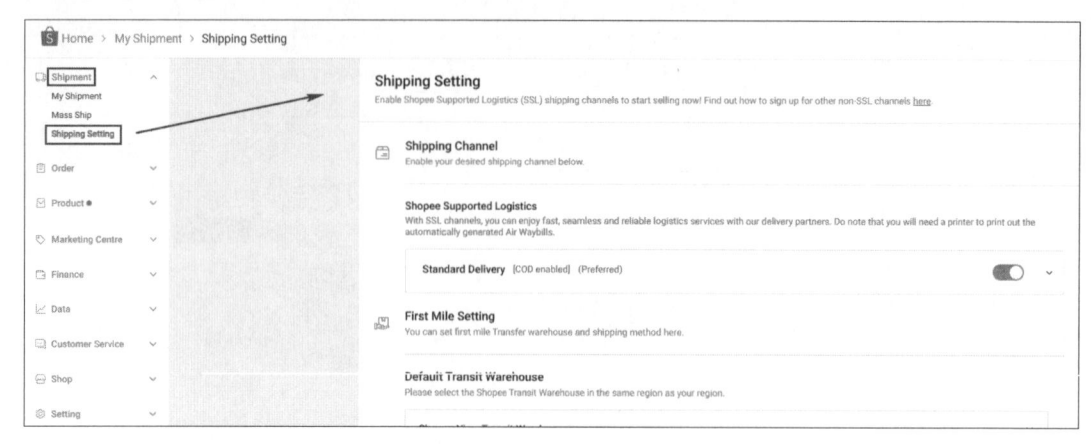

图 5-9　设置物流渠道

（1）"Enable this Channel"（开启这一物流渠道）：开启之后，买家才能在 Shopee 购物前台选择这一物流渠道。

（2）"Enable COD"（开启货到付款）：这一选项仅在支持"Cash On Delivery"（货到付款）的站点出现。

（3）"Set as Preferred Shipping Option"（设为首选的物流方式）：用于设置商品默认的物流渠道。

（4）"Default Transit Warehouse"（默认中转仓库）、"Default Shipping Method"（默认送货方式）和"Days To Ship"（出货天数）：卖家可以根据实际需求对这些项目进行设置/修改。

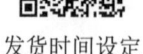

发货时间设定

小提示

① 物流渠道是商品的必需信息，卖家需要至少设置一种物流渠道。如果没有设置物流渠道，创建商品时将无法保存。

② 修改转运仓只影响在修改后申请出货的订单，之前已经申请出货的订单不受影响。

③ 如果使用 ERP 系统，也需要在卖家中心设置默认的转运仓和寄送方式。

*5-4 想一想，做一做

Shopee 马来西亚站点卖家，使用 SLS 时，可选择的 SLS 转运仓库有哪些？

小知识

Shopee 发货时间计算器

卖家可以在"Shopee 卖家学习中心"搜索"Shopee 发货时间计算器"或通过 Shopee

客服获取 Shopee 发货时间计算器，如图 5-10 所示。

图 5-10　Shopee 发货时间计算器

2. 在卖家中心出货

卖家可以在"Shopee China Seller Center"（Shopee 中国卖家中心）→"Order"（订单）→"My Orders"（我的订单）界面查看订单。在"To ship"（待出货）界面查看需要安排出货的订单，包括已处理的订单和处理中的订单。每笔订单都有专属面单，由系统自动生成，点击"Print Waybill"（列印出货单）按钮即可下载/打印面单，如图 5-11 所示。

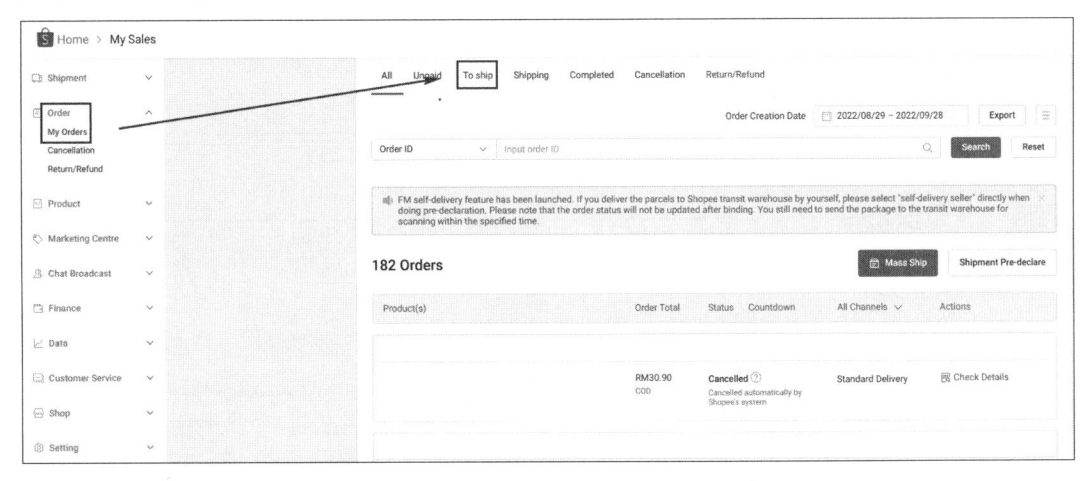

图 5-11　"My Orders"（我的订单）

3. 首公里发货

首公里功能是卖家的发货流程中的必备功能。卖家在接到订单并完成出货后，可以使用首公里功能进行发货预报。首公里发货使物流信息的更新时间得到提前，并且为卖家提供更精确的物流状态、监控平均备货时长（APT），从而改善卖家的物流表现，如表 5-1 和表 5-2 所示。

表 5-1 首公里相关概念

常用词	释义
转运仓	不同渠道包裹运输的中转仓库
寄送方式	指首公里卖家的寄送方式,包括非快递寄送(Pickup)和快递寄送(Dropoff)。
发货预报 (Shipment Pre-declare)	在申请取货编号之后进行的操作,具体为在卖家中心或 ERP 中进行订单与揽货批次号或快递单号绑定的操作。卖家必须在揽货司机或快递员扫描前完成发货预报,扫描后才能及时更新订单物流状态
非快递卖家	指免费揽收卖家、付费揽收卖家和集货点卖家
揽货批次号 (Pickup Code)	用于区分揽货的批次,仅非快递卖家需要生成。卖家将包裹移交给揽货司机或集货点工作人员时,需要出示揽货批次号。卖家可以使用同一个揽货批次号绑定跨站点或跨店铺的多个订单,最多 10 000 单
自送卖家	自行运送至 Shopee 转运仓或使用货拉拉等物流公司运送至 Shopee 转运仓的卖家。自送卖家只需要在卖家后台生成揽收批次号即可完成发货预报
快递卖家	使用第三方快递公司提供寄送服务到转运仓的卖家。(包括付费揽收中的极兔速递,不包括货拉拉和自送卖家)
快递单号 (Dropoff Code)	快递单号由第三方快递公司提供,用于追踪同一批包裹订单,仅快递卖家适用。第三方快递公司如圆通、申通等。卖家可以使用同一个快递单号绑定跨站点或跨店铺的多个订单,最多 10 000 单

表 5-2 首公里适用卖家

卖家类型	服务类型	是否开通首公里追踪功能
非快递卖家	免费揽收	√
	付费揽收	√
	集货点	√
快递卖家	快递公司	√
	付费揽收(极兔速递)	√
自送卖家	货拉拉等或自行送货	√

小知识

订单状态

1. 使用首公里(见图 5-12)

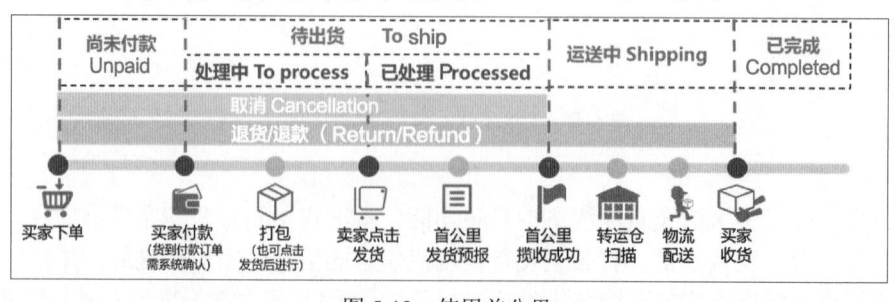

图 5-12 使用首公里

2. 不使用首公里（见图 5-13）

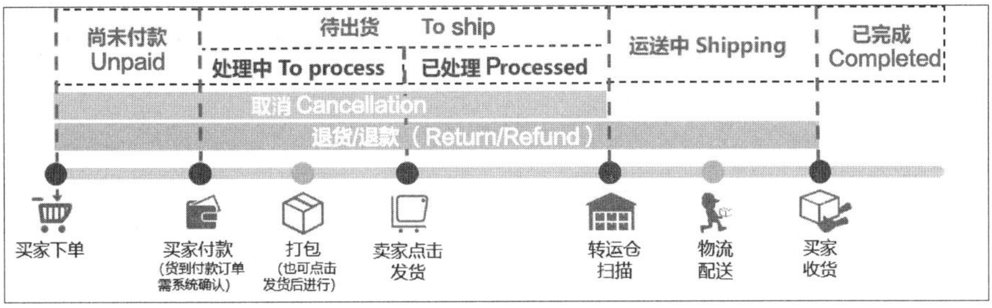

图 5-13　不使用首公里

4. 发货

发货渠道为 SLS 跨境物流服务。选择 SLS，卖家和买家都可以通过 Shopee App 实时查看订单配送进度。

卖家可以选择以下两种方式将商品寄往转运仓。

（1）上门揽货：Shopee 免费上门收件服务（SPS）仅适用于达标卖家；卖家使用 Shopee 推荐的付费揽收服务具有价格便宜的优点。

（2）寄快递/自行送货到仓：卖家使用集货点服务，只需要将包裹送至集货点；卖家使用其他快递/自行送货到仓。

（三）订单取消

订单可能因为各种各样的原因被买家、卖家和 Shopee 系统取消。随着订单量的增长，卖家需要跟踪订单取消的情况并了解订单取消的原因，以改善商店表现和服务质量。

1. "Unpaid"（尚未付款）

买家可以随时取消未完成付款的订单，同时，如果买家未在规定时间内完成付款，订单会被系统自动取消。这类取消不会影响卖家的订单未完成率。

2. "To ship"（待出货）

1）买家取消

以下两种买家取消情况不会影响卖家的订单未完成率。

（1）在下单一定时间内且卖家并未安排出货的情况下，买家可以随时自行取消订单，如表 5-3 所示。

表 5-3　立即取消时限

商品类型	非预售商品	预售商品
立即取消时限	未出货前	下单 1 小时内

（2）在下单超过上述时间后，或者卖家已经安排发货的情况下，买家如果想要取消订单，在发起取消申请后，需要等待卖家同意。如果卖家未在买家发起取消申请后的规定时间内回复，那么系统会自动取消订单，如表 5-4 所示。

表 5-4　订单自动取消时限

站点	马来西亚
订单自动取消时限	卖家未在 2 个自然日内回复

> **小知识**
>
> 下单时间定义
>
> ① 非货到付款订单：指订单完成付款的时间。
> ② 货到付款订单：指订单被系统确认的时间。

2）卖家取消

未出货的情况下卖家可以取消订单，比如在库存不足的情况下。但是卖家取消的订单会计入订单未完成率，订单未完成率过高会影响卖家的销售权限甚至导致店铺被冻结。由于仓库扫描包裹需要约 1 天时间，建议卖家以系统限制的出货时间为准提前一天取消订单，避免订单取消失败。

3）系统自动取消

如果卖家未在 DTS 内点击发货，或者订单未在 DTS+3 个自然日内到仓扫描，订单会被系统自动取消，计入订单未完成率。

3."Shipping"（运送中）

如果订单完成了首公里扫描（已使用首公里的卖家）或者完成了转运仓扫描（未使用首公里的卖家），订单状态就会变成"Shipping"（运送中），此时不支持任何形式的订单取消。买家只能发起退货/退款。

> **小提示**
>
> ① 接受买家通过系统发起的订单取消申请，并不会影响卖家的订单未完成率（NFR）。
> ② 一旦拒绝买家的订单取消申请，会被视为最终决定，买家无法再发起争议。

*5-5 想一想，做一做

1. 下面哪项不是订单未完成率的计算范畴？（　　）
   A. 买家未付款或自行操作取消的订单
   B. 卖家自行操作取消的订单
   C. 卖家未出货导致的系统取消订单
   D. 卖家同意或平台争议判定同意的退货/退款的订单
2. 货源异常，无法正常发货时，应当（　　）。
   A. 在包裹中塞入其他物品以求蒙混过关
   B. 直接在聊聊中告知买家，让买家取消订单
   C. 不予处理，等待系统自动处理
   D. 及时将情况通知买家，并委婉告知买家自行取消订单和重新下单
3. （多选）哪些原因会导致订单已扫描入 Shopee 中转仓但是无法出库从而被取消？（　　）
   A. 仓库安检时发现是禁运物品或空包

B. 包装不合规（如 Shopee 面单贴在商品透明包装袋上）

C. 买家取消订单

D. 订单包裹超材

4. 买家分别下单了 2 天和 7 天出货的商品，那么整单的出货时间为（　　）。

A. 3 天　　　　B. 5 天　　　　C. 7 天　　　　D. 9 天

5. 张先生在马来西亚站点后台设置的出货天数（DTS）为 3 天，表示的意思是（　　）。

A. 下单后 3 个工作日内要扫描发货

B. 下单后 3 个自然日内要扫描发货

C. 下单后 3 个自然日内在卖家中心后台点击发货

D. 下单后 3 个工作日内在卖家中心后台点击发货

6. 订单被 Shopee 中转仓签收后的订单状态是（　　）。

A. 运送中　　　B. 待发货　　　C. 已完成　　　D. 已取消

（四）退货/退款

1. 设置退货地址

前往"Shopee China Seller Center"（Shopee 中国卖家中心）→ "Setting"（设置）→ "My Addresses"（我的地址）界面，点击"Add a new Address"按钮，在弹出的对话框中设置完整、准确的退货地址，退货的订单才能顺利退回，避免不必要的损失，如图 5-14 所示。

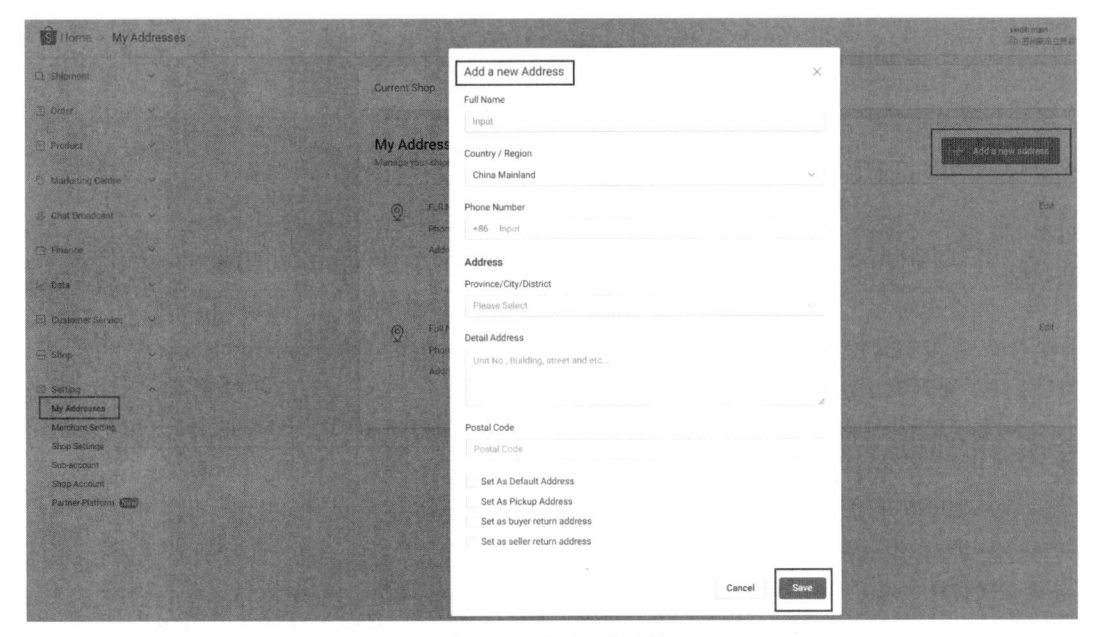

图 5-14　设置退货地址

（1）"buyer return address"（买家退货地址）：这是当地指定的退货点的地址，供买家退货的时候使用，此地址是系统默认的，卖家可以编辑但是不能删除。

（2）"seller return address"（卖家退货地址）：这是需要卖家填写的退货地址，一定要正确填写，否则一旦产生买家退货或者仓库异常件情况，没有正确的地址或者联系方式，商品就无法退回，造成损失。

（3）"Pickup Address"（取货地址）：如果填入的是中国大陆地址，则买家端不会展示。如果填入的是非中国大陆地址，买家端会展示商品"ship from XX"（从 XX 地发货）。

填写要求如下。

（1）收件人中文姓名（实名制），不能为公司名、先生、女士和英文名。

（2）邮编正确。

（3）每级地址都齐全、准确且为中文。

（4）目前仅支持中国大陆地址，暂不支持我国港澳台三地的地址。

（5）最后注意勾选"Set as seller return address"（设定为卖家退货地址）复选框，点击"Save"按钮即可。

✽5-6 想一想，做一做

为了接收扫描异常件或其他退回件，卖家需要在后台设置的地址是（　　）。

A．seller return address

B．buyer return address

C．无须设置，自动按照面单地址退回

D．无须设置，自动按照营业执照注册地退回

---

2. 退货/退款流程

（1）买家可以在以下情况下要求退货/退款。

① 未收到货物。

② 货物损坏或其他原因（如买家改变主意或商品不符合预期）。

③ 少件。

小知识

退货/退款场景

1. 非商城（mall）卖家

除了退货/退款理由是"没收到货"的申请，其他退货/退款申请均遵循以下门槛。

（1）订单金额≥20 USD：买家可以申请退货/退款。

（2）订单金额<20 USD：买家只能申请退款。

2. 商城（mall）卖家

所有买家在购买商店商品时有权享受15天退货期政策，无须支付任何额外费用。如果买家因以下原因未收到包裹，则15天退货期将从首次尝试投递日起计算。

（1）买家不在包裹对应的目的地地址。

（2）买家输入的地址错误。

Shopee 不会只在卖家和买家无法达成协议时才介入调解，而是会审查所有退货/退款请求，以帮助卖家简化退货/退款流程，即卖家无须参与退货/退款的每个环节，只需要在指定环节进行操作。

（2）Shopee 在收到"退货/退款"申请时，将采取以下措施。

① 未收到货物的退款申请，如图 5-15 所示。

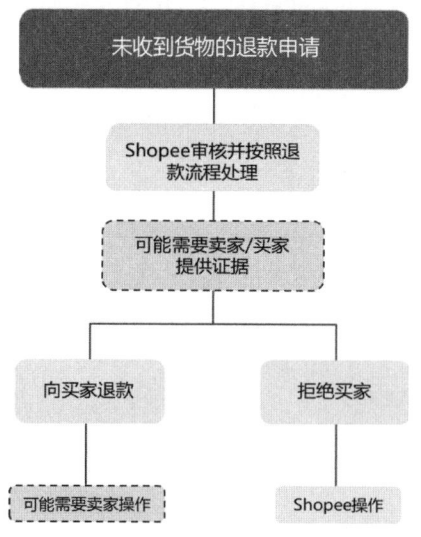

图 5-15　未收到货物的退款申请

② 货物损坏或其他原因（如买家改变主意或商品不符合预期）的退货/退款申请，如图 5-16 所示。

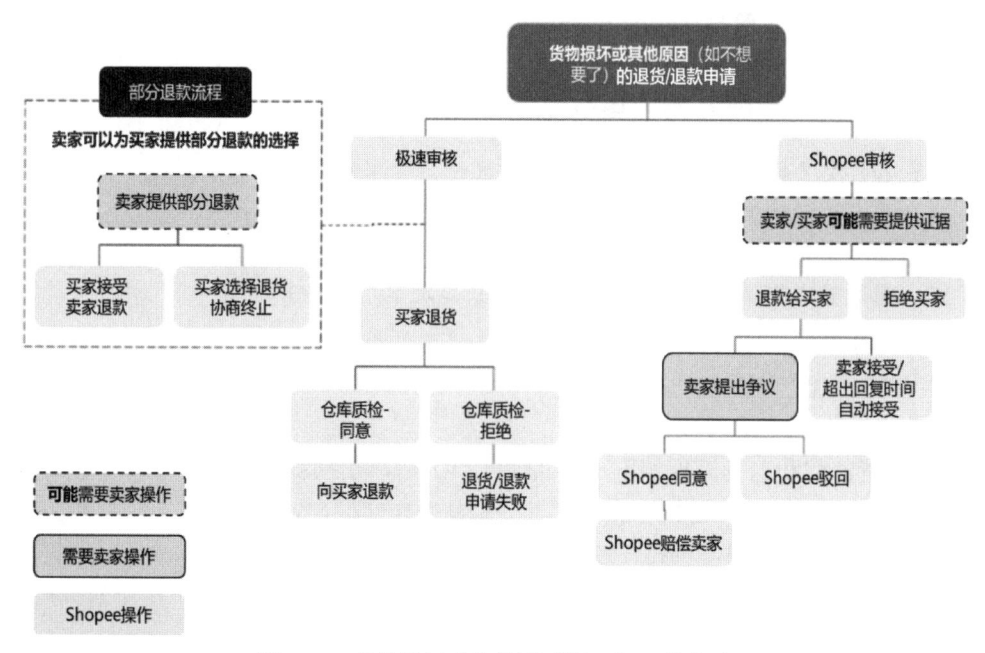

图 5-16　货物损坏或其他原因的退货/退款申请

③ 少件的退货/退款申请，如图 5-17 所示。

（3）Shopee 将负责审核大多数的退货/退款申请，但是以下情况可能仍然需要卖家操作。

① 在 Shopee 的审查期间提供证据。

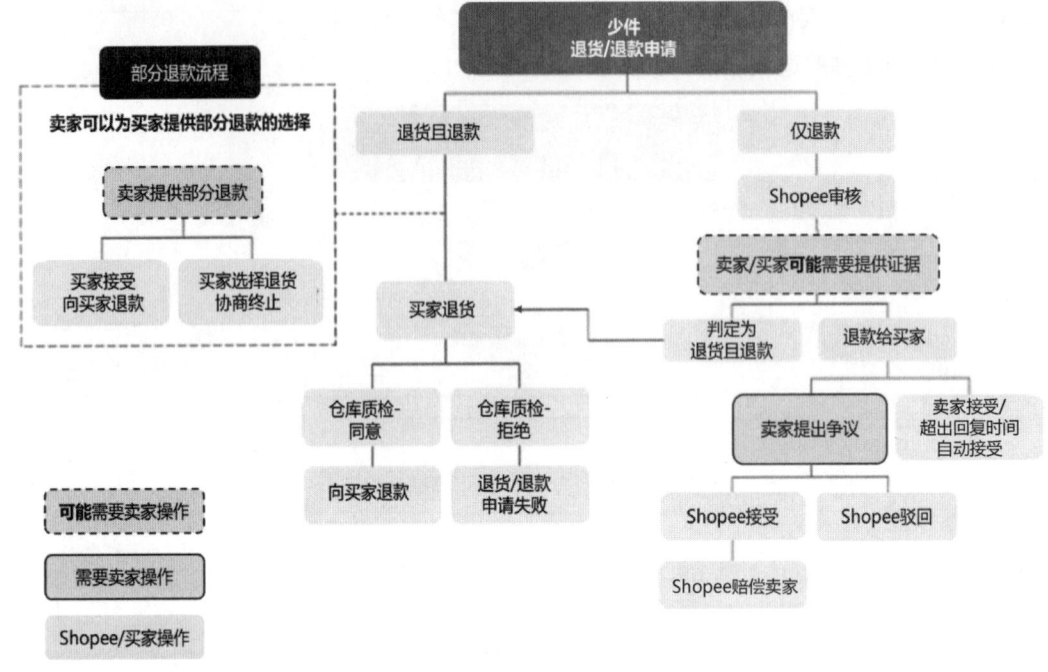

图 5-17 少件的退货/退款申请

② 针对处理中的买家需求退款。卖家可以为已经被 Shopee 接受的买家退货/退款申请提供部分退款的选择；管理已经被 Shopee 接受的买家退款申请。

> **＊5-7 想一想，做一做**
>
> （多选）处理商品发错、漏发、损坏情况时，卖家可以采取的方式是（　　）。
> A．用自己的物流渠道补发
> B．让买家发起部分退货/退款申请
> C．赠送买家优惠券作为补偿，吸引买家二次下单，提升单量
> D．不予处理，等待系统自动处理

3．退货物流

SLS 发货流程和退货流程如下。在买家下单之后，卖家将货物发送到 Shopee 转运仓，在仓库完成换标/装箱等一系列操作之后，交接给第三方的头程物流承运商运输，货物在经过出口报关、进口清关到达目的市场之后，再将货物交给尾程快递进行派送，最后将货物送到买家手上，如图 5-18 所示。

补偿客户的方式

若出现以下情况，则会发生退货。
（1）订单在转运仓被拦截。
（2）买家发起了退货/退款要求，且卖家已同意退货。
（3）买家拒收或订单派送不成功。

根据以上情况，退货物流可以分为国内退货和国际退货。

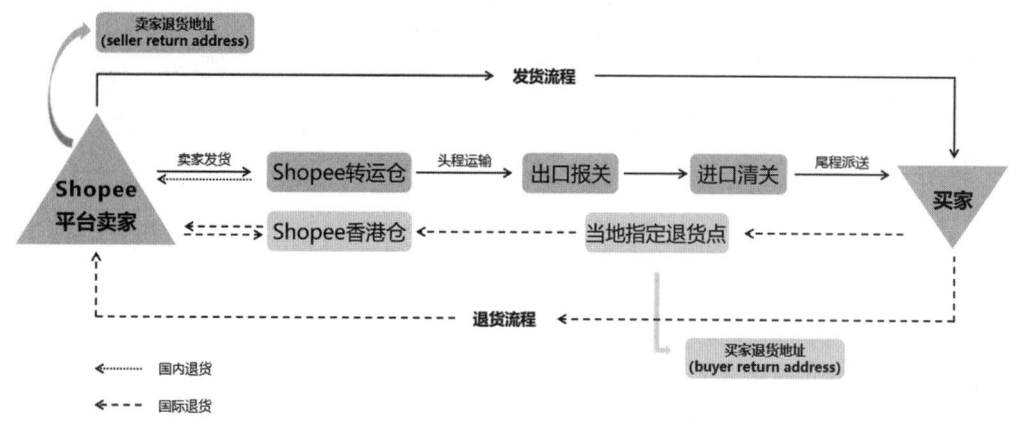

图 5-18　SLS 发货流程和退货流程

（1）国内退货。国内退货是指货物还未出境（关境）的时候退回给卖家。国内退货主要针对超材、包装不符、违禁品及仓库无法进行操作的异常件等，如图 5-19 所示。国内退货流程如下。

① 订单被 Shopee 系统取消。
② Shopee 系统查询卖家退货地址（seller return address）。
③ Shopee 系统向卖家发送异常件的处理结果。
④ 仓库操作退货（约 2 个星期一次），快递到付；若卖家拒收，则退件直接被销毁。

图 5-19　国内退货流程

*5-8 想一想，做一做

（多选）国内仓收到快递出现包装破损时的处理办法是（　　）。
A. 无面单破损包裹，仓库会直接销毁
B. 有面单破损包裹，仓库会定期退回卖家，邮件到付
C. 首次收下后警告
D. 仓库整理后继续发货

（2）国际退货。国际退货是指到达目的站点之后产生的退货。对于符合条件的退货，需要首先退回至当地的指定退货点，然后经过香港仓退回到卖家[平台规定：已经出境（关境）的货物只能通过香港仓退回到卖家手中]。国际退货流程和国际退货收费标准如图 5-20 和表 5-5 所示。

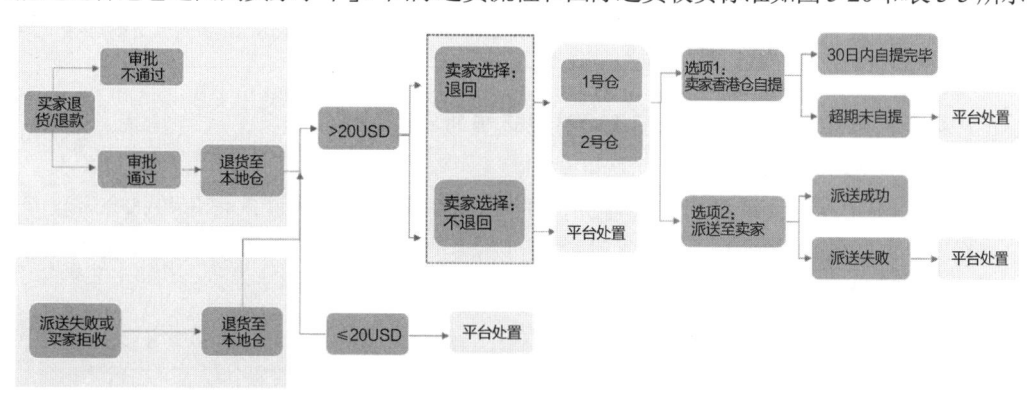

图 5-20　国际退货流程

表 5-5 国际退货收费标准

退货类型	货到付款订单		线上支付订单	
买家拒收/派送失败	订单金额>20USD	免费退回	订单金额>20USD	需支付 8USD 退货费
	订单金额≤20USD	平台处置	订单金额≤20USD	平台处置
买家退货/退款	订单金额>20USD	需支付 8USD 退货费	订单金额>20USD	需支付 8USD 退货费
	订单金额≤20USD	平台处置	订单金额≤20USD	平台处置

（五）评价

订单完成后，买家和卖家可针对订单交易情况互相给予评价。

1. 查看订单评价及回复买家评价

进入"Shop Settings"（商家设置）→"Shop Rating"（商店评价）界面即可查看所有买家已评价订单的评分，卖家点击"Reply"（回复）按钮回复买家的评价，如图 5-21 所示。

退货/退款

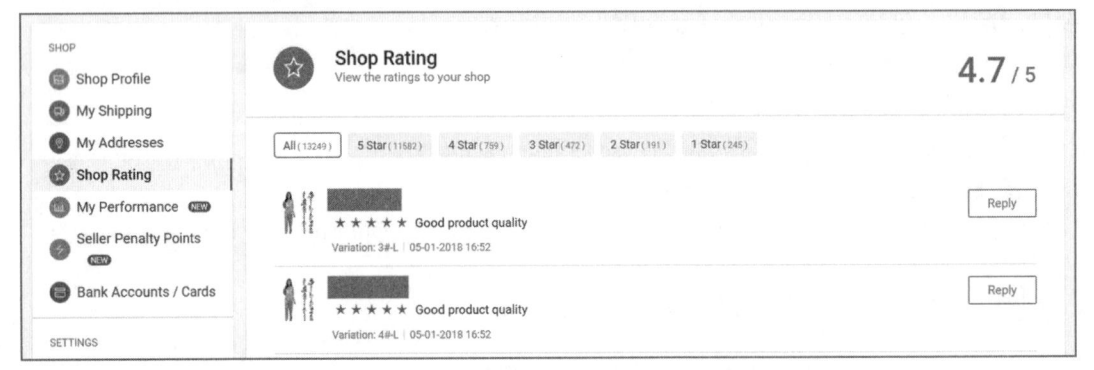

图 5-21 查看订单评价及回复买家评价

卖家通过回复评论表达对买家的关心，对积极评价的买家表示赞赏，并友好地跟进消极的买家。卖家的回应应该专业、礼貌。需要注意的是，买家可以随时回复评论，但是只能提交一次回复，且不能进行编辑。

2. 评价时间

在订单完成后的 15 天内，买家可以评价订单。当然，卖家也可以在订单完成后及时鼓励买家给予好评。如果买家给了差评，卖家可以及时与买家沟通以期修改评价，评价后 30 天内只有 1 次修改评价的机会。

> **✱5-9 想一想，做一做**
>
> （多选）如果遇到差评，以下应对措施正确的有（　　　　）。
> A. 差评无法修改
> B. 及时与买家协商以期修改评价，评价后 30 天内有 1 次修改评价的机会
> C. 若卖家遭遇恶意差评，卖家可以向所属客户经理申诉，或者致电平台客服进行申诉，由平台处理
> D. 联系买家，强制要求买家修改为好评

学习活动二 制订计划

学习目标

1. 根据买家需求回复买家，确定费用支出情况，并启动退款流程。
2. 制订工作计划。

学习过程

一、退货流程及退货/退款费用计算

1. 根据学习活动一的任务要求，计算不同情况下卖家能收到的退款金额，准确说明买家是否需要承担运费，为什么？并说明需要承担的具体运费金额。

2. 如果退回货物出现破损，请阐述该情况下的退款流程，记录操作要点。

二、制订工作计划（见表 5-6）

表 5-6　工作计划

小组人员分工		职责
组长		人员工作安排及行动指挥
组员		
		成果展示及验收
		其他

> 💡 **小提示**
>
> 小组人员分工可根据进度由组长安排一人或多人完成，应保证每人在每个时间段都有任务，既要锻炼团队能力，又要让小组每位成员都能独立完成相应任务。

学习活动三　实施作业

学习目标

1. 完整回复买家信息，确定费用支出情况，并启动退款流程。
2. 根据任务要求对操作和相应题目进行审核、校对。
3. 根据任务实施过程记录问题及解决方法。

学习过程

一、订单状态识别

订单的六种状态分别是：

_____、_____、_____、

_____、_____、_____。

二、订单发货

1. 当买家下单后，订单发货的过程包括：
_____。

2. 设置物流渠道的操作路径：
_____

3. 首公里适用卖家：
_____

4. 发货渠道为：_____。选择 SLS，卖家和买家都可以通过 Shopee App 实时查看订单配送进度。

5. 卖家可以选择哪些方式将商品寄往转运仓？
_____
_____

三、订单取消

订单可能因为各种各样的原因被_____取消。

四、退货/退款

1. 设置退货地址操作路径：
_____
_____

2. 退货地址填写要求：
_____
_____

3. 买家可以在哪些情况下要求退货/退款？
_____
_____

4. 哪些情况下会发生退货？
_____
_____

五、评价

订单完成后，Shopee 将提醒买家在_____内给予商品评价。评价完成后的_____内只允许买家修改_____评价。

六、记录问题及解决方法

在以上操作过程中，是否遇到了问题？是如何解决的？记录在表 5-7 中。

表 5-7　所遇问题及解决方法

所遇问题	解决方法

学习活动四　检查与验收

学习目标

1. 检查相关题目和操作的正确性。
2. 根据修改意见对文稿进行修改。
3. 按照工作流程交付主管并确认签收。

学习过程

一、质量检查

根据工作任务完成情况进行检查、校对，并将信息填入表 5-8。

表 5-8 质量检查表

检查序号	检查项	根据完成情况或完成项目在相应位置标记"√"	改进措施
1	订单状态识别	□六种订单状态	
2	订单发货	□订单发货过程 □设置物流渠道 □在卖家中心出货 □面单打印 □首公里发货 □发货	
3	订单取消	□买家取消 □卖家取消 □系统自动取消	
4	退货/退款	□设置退货地址 □退货/退款流程 □退货物流	

二、交接验收

根据任务要求以角色扮演形式两组交叉进行解说，展示、逐项核对、完成交接验收，并填写表 5-9。

表 5-9 验收表

项目	要求	结果
订单状态	六种订单状态	合格□ 不合格□ 改进建议：
订单发货	1. 订单发货过程 2. 设置物流渠道 3. 在卖家中心出货 4. 面单打印 5. 首公里发货 6. 发货	合格□ 不合格□ 改进建议：
订单取消	1. 买家取消 2. 卖家取消 3. 系统自动取消	合格□ 不合格□ 改进建议：

续表

项目	要求	结果
退货/退款	1. 设置退货地址 2. 退货/退款流程 3. 退货物流	合格□　不合格□ 改进建议：
评价	评价	合格□　不合格□ 改进建议：

小提示

被抽查学生的成绩即该学生所在组所有成员的成绩，所以组长要起到监督指导的作用，组员之间应互帮互助，协力完成本学习任务。

三、总结评价

按照"客观、公正、公平"原则，在教师的指导下以自我评价、小组评价和教师评价三种方式对自己和他人在本学习任务中的表现进行综合评价，填写表 5-10。

表 5-10　考核评价表

姓名			班级		学号			
评价项目	评价标准	评价方式			权重	得分小计	总分
		自我评价	小组评价	教师评价			
职业素养与关键能力	1. 按规范执行安全操作规程 2. 参与小组讨论，相互交流 3. 积极主动、勤学好问 4. 清晰、准确表达 5. 外语表达能力熟练				40%		
专业能力	1. 熟悉订单状态 2. 掌握订单发货方法 3. 把握订单取消原因及掌握订单取消处理方法 4. 熟练掌握退货/退款流程及处理方法				60%		
综合等级		指导教师签名			日期		

填写说明：

（1）各项评价采用 10 分制，根据符合评价标准的程度打分。

（2）得分小计按以下公式计算：

得分小计=（自我评价×20%+小组评价×30%+教师评价×50%）×权重

（3）综合等级按 A（9≤总分≤10）、B（7.5≤总分<9）、C（6≤总分<7.5）、D（总分<6）四个级别填写。

知识链接

一、订单未完成率

订单未完成率（Non-Fulfillment Rate，NFR）是指过去 7 天内取消或退货/退款的订单量占总订单量的百分比。只计算由于卖家原因导致取消和退货/退款的订单。未完成订单的类型和可能的原因如表 5-11 所示。

表 5-11 未完成订单的类型和可能的原因

未完成订单的类型	可能的原因
卖家主动取消的订单	卖家由于商品缺货或者价格错误等取消订单
因卖家原因造成的系统自动取消订单	卖家没有在规定时间内点击发货，系统自动取消订单
	包裹没有在规定时间内到达转运仓并进行扫描，系统自动取消订单
买家成功发起的退货/退款订单	买家因未收到商品而申请退货/退款
	买家因收到不满意的商品（如商品缺件、商品不对、毁损商品等）而申请退货/退款

$$订单未完成率 = \frac{过去7天的未完成订单量}{过去7天的总订单量}$$

如果卖家能降低订单未完成率，就可以保持良好的销售纪录，并为买家提供良好的购物体验。如此一来，不仅能提升买家的满意度，也有可能实现更多的销量。

Shopee 系统会在每个星期一计算和更新卖家的订单未完成率，各站点订单未完成率的标准和评分如表 5-12 所示。

表 5-12 各站点订单未完成率的标准和评分

站点	标准	违反类型	计分
中国台湾	标准 1	订单未完成率≥10%	1 分
	标准 2	订单未完成率≥10%且未完成订单数≥15 单	2 分
菲律宾	标准 1	订单未完成率≥15%	1 分
	标准 2	订单未完成率≥15%且未完成订单数≥50 单	2 分
印度尼西亚/马来西亚/新加坡/越南/巴西/墨西哥/智利/哥伦比亚/泰国	标准 1	订单未完成率≥10%	1 分
	标准 2	订单未完成率≥10%且未完成订单数≥30 单	2 分

二、迟发货率

迟发货率（Late Shipment Rate，LSR）是指卖家在过去 7 天内迟发货的订单量占总订单量的百分比。

$$订单迟发货率 = \frac{过去7天迟发货的订单量}{过去7天发货的总订单量}$$

如果卖家能够降低迟发货率，就可以保持良好的销售纪录，并为买家提供更好的购物体验。如此一来，也能提升买家的满意度，实现更多可能的销量。

在过去 7 天内，不论卖家的总订单数为几笔，迟发货率必须低于计分系统中的标准。

若一季度中卖家的计分过高,Shopee 系统将暂停卖家的销售权,各站点迟发货率的标准和评分如表 5-13 所示。

表 5-13　各站点迟发货率的标准和评分

站点	标准	违反类型	计分
中国台湾	标准 1	迟发货率≥10%	1 分
	标准 2	迟发货率≥10%且迟发货订单数≥15 单	2 分
马来西亚	标准 1	迟发货率≥15%	1 分
	标准 2	迟发货率≥15%且迟发货订单数≥50 单	2 分
菲律宾	标准 1	迟发货率≥15%	1 分
	标准 2	迟发货率≥15%且迟发货订单数≥60 单	2 分
印度尼西亚/新加坡/泰国	标准 1	迟发货率≥10%	1 分
	标准 2	迟发货率≥10%且迟发货订单数≥50 单	2 分
越南	标准 1	迟发货率≥10%	1 分
	标准 2	迟发货率≥10%且迟发货订单数≥30 单	2 分
墨西哥/巴西/智利/哥伦比亚	标准 1	迟发货率≥15%	1 分
	标准 2	迟发货率≥15%且迟发货订单数≥50 单	2 分

三、退货和退款规则

(一)申请退货或退款

买方(买家)可在 Shopee 履约保证期间申请退货或退款。

"Shopee 履约保证"是 Shopee 提供的一项服务,可应使用者要求协助其处理在交易过程中可能产生的冲突。在使用"Shopee 履约保证"之前、期间或之后,使用者之间可以通过友好协商解决纠纷,或寻求当地相关主管机关的协助解决任何纠纷。

(二)退款条件

买方兹同意只有在下列情况下才能依据"Shopee 履约保证"或本退款与退货政策申请退款:

- 买方未收到商品;
- 商品有瑕疵及/或在运送过程中受损;
- 卖方寄送未符合约定规格的商品(如错误的尺寸、颜色等)给买方;
- 买方收到的商品实质上与卖方刊登的商品描述不符;
- 根据与卖方私下达成的协议,此时卖方必须向 Shopee 发送其就该协议的确认信息。

买方申请退款必须经由 Shopee 平台提交。

Shopee 将逐案审核买方的各项申请,并根据上述条件及本服务条款,全权酌情决定是否通过买方的申请。

当买方提出针对卖方(卖家)的诉讼时,买方可以向 Shopee 提供来自相关政府出示的正式的通知,要求 Shopee 继续持有该笔争议交易的购买资金,直到正式的裁决产生。Shopee 可以根据其单方面的考量,决定是否有必要继续持有该笔购买资金。

(三)卖方权利

当 Shopee 收到买方的退货及/或退款申请时,将以书面方式通知卖方。卖方应按照 Shopee 于书面通知中所要求的步骤答复买方的申请。卖方必须在书面通知规定的时间范围内(下称"规定期间")给予答复。若Shopee未在规定期间内收到卖方的消息,则Shopee推定卖方对买方的申请无答复,并将继续评估买方的申请而不另外通知卖方。

Shopee将逐案审核卖方的各项答复,并在考虑卖方所述的状况后,单方全权决定是否通过买方的申请。

(四)退货条件

买方应确保退给卖方的商品必须保持买方收货时的状态,包括但不限于任何附随于商品送达的物品,如配件、赠品、保证书、原厂包装、附随文件等。若买方没有对商品进行必要检查,或其他可归责于买家的原因导致商品或包装发生耗损,将影响买家退货的权益。我们建议买方在收到货品时立即拍摄一张商品照片。

(五)商品退货运输费责任

(1)对于卖方无法预知的错误,如将损坏、错误的商品送到买方处,卖方将承担买方退货的运输费。

(2)对于买方改变主意的情况,买方应在卖方同意退货的情况下退货,买方承担运费。

(3)当买方与卖方对运输费责任出现争议时,Shopee将全权决定承担退货运输费的一方。

(六)退回商品的退款

买方必须等到卖方或Shopee确认已收到"退回商品符合退货条件且确认商品状况未有损毁"的讯息后才能获得退款。如果Shopee未在指定的时间内收到卖方的消息,将不需要进一步通知卖方,即可单方面决定是否要将适用的金额退还给买方。有关卖方答复时间限制的详细信息,请查看相关页面。退款将退至买方适用的信用卡/签账卡或指定的银行账户。

(七)买方与卖方之间的沟通

Shopee鼓励用户在交易发生问题时互相进行友好协商。由于Shopee只是一个供用户进行交易的平台,买方如有任何与所购买商品有关的问题,应直接联络卖方。

四、取消订单规则

(一)买家已付款,取消订单

1．付款完成1小时之内,卖家未发货

(1)新加坡、马来西亚、泰国、印度尼西亚市场:系统即时取消订单。

(2)中国台湾市场:需要卖家在规定时间内同意取消订单。

2．付款完成1小时之内,卖家已发货

进入退货/退款流程。

3．付款超过1小时,卖家未发货

需要卖家在规定时间内同意取消订单。

4．付款超过1小时,卖家已发货

进入退货/退款流程。

系统规定的取消时间如图5-22所示。

(二)卖家超时未发货,系统取消订单

1．物流渠道为SLS/YTO/CK1的订单

(1)超过卖家设定的DTS+3天之后仍未上传物流单号,则订单会被系统自动取消。

(2)货物抵达仓库后,若超过DTS+5天之后仍未被仓库扫描,则订单会被系统自动取消。

*对于需要卖家同意才可取消的订单，如果卖家未在规定时间内同意取消订单，则系统会按照以下规则自动取消订单。		
站点	卖家取消订单操作时限	系统自动取消订单时间
印度尼西亚	1天	到期日 23:59
新加坡，马来西亚	2天	到期日 23:59
中国台湾，泰国	待确认	到期日 23:59
举例说明：ID 站点，若买家于 7 月 3 日取消订单，卖家在 1 天之内无任何操作，则系统会在到期日，即 7 月 4 日 23:59 自动取消订单。		

图 5-22　系统规定的取消时间

2．物流渠道为 LWE/China Post 的订单

超过卖家设定的 DTS+3 天之后仍未点击发货，则订单会被系统自动取消。

学习任务六

客户服务与评价

学习目标

知识目标：
- 掌握在线交流工具的基本功能。
- 掌握回复率的分析和计算方法。
- 掌握店铺健康各项指标的含义。
- 掌握买家询盘回复技巧。
- 合理制订工作计划。
- 参照相关方法、技巧对相应题目或操作进行审核、校对。
- 记录问题及解决方法，并完成质量检查和验收。

技能目标：
- 根据交流工具的基本功能与买家熟练沟通。
- 熟练回复买家咨询与处理纠纷。
- 对商品差评结果进行分析并提出改进建议。

素质目标：
- 培养学生自主学习和研究的能力，以及外语应用能力。

工作情境

小张发现买家在平台店铺购买商品会遇到各种问题，如购买前对商品的疑惑，对店铺相关活动的疑问，付款后对物流状态的追踪，收货后对商品质量的反馈及对使用方法的疑问等。这一系列问题都需要买家与卖家沟通后解决。就卖家而言，需要专门的人员替店铺做推广与答疑，并且在销售一线汇总买家的问题与反馈，同时监控商品物流信息等。因此，客服人员要整合店铺对内与对外的业务需求，促进买家与卖家的沟通，及时处理双方的诉求。

工作流程

学习活动一　明确工作任务和知识技能准备
学习活动二　制订计划
学习活动三　实施作业
学习活动四　检查与验收

学习活动一　明确工作任务和知识技能准备

学习目标

1. 通过与客服主管和运营主管的专业沟通明确工作任务，并能准确概括、总结任务内容及要求。
2. 根据账户健康状态的各项指标含义及平台要求，了解客户服务状况。
3. 根据话术标准，回复买家的咨询。
4. 分析商品低分评价原因并提出改进建议。

学习过程

一、明确工作任务

1. 根据工作情境描述，学习聊聊工具的功能及作用，并能分析和优化聊聊询问率、回复率和转化率。
2. 查看账户健康状态各项指标数据并能对商品低分评价进行分析，向相关部门提出改进建议。

二、知识技能准备

客户服务的质量对潜在买家的购买意向有重要影响，优秀的卖家之所以会成功，重要原因之一就是和买家建立了良好的互动关系。

（一）聊聊工具介绍

聊聊是 Shopee 为买卖双方提供沟通的工具。卖家通过聊聊工具告知买家详细的商品信息，消除买家对商品的疑虑，有助于提高商品转化率。发生售后问题时，买卖双方也可以通过聊聊工具及时沟通解决，有助于减少退货、退款订单。此外，聊聊回复率非常重要，是卖家成为 Shopee 优选卖家的门槛之一。

Shopee 从以下几个方面监控卖家的客户服务质量。
（1）卖家因自身因素通过聊聊请买家取消订单。
（2）在商品评论或者聊聊中使用辱骂性话语回复买家。
（3）聊聊回复率。

小知识

聊聊回复率

聊聊回复率包含回应率和回应速度,是指卖家通过卖家中心的聊聊工具对买家消息的回应速度,即收到留言12小时内回复买家的频率,包括回复问题、接受或者拒绝买家议价。聊聊回复率是在过去90天中,卖家收到的聊聊新信息和出价后12小时内做出回应的聊天数量(占总聊天数量)的百分比,通过系统自动回复的信息不列入计算,聊聊回复率的数据每天更新一次。

前往"Shopee China Seller Center"(Shopee 中国卖家中心)→"Data"(数据)→"Account Health"(账户健康状态)界面,在"Customer Service"(客户服务)项目下可以查看店铺的回应率和回应速度,如图6-1所示。

买家通过 App 进入卖家店铺后也可以看到该卖家的聊聊回复率,如图6-2所示。

议价操作

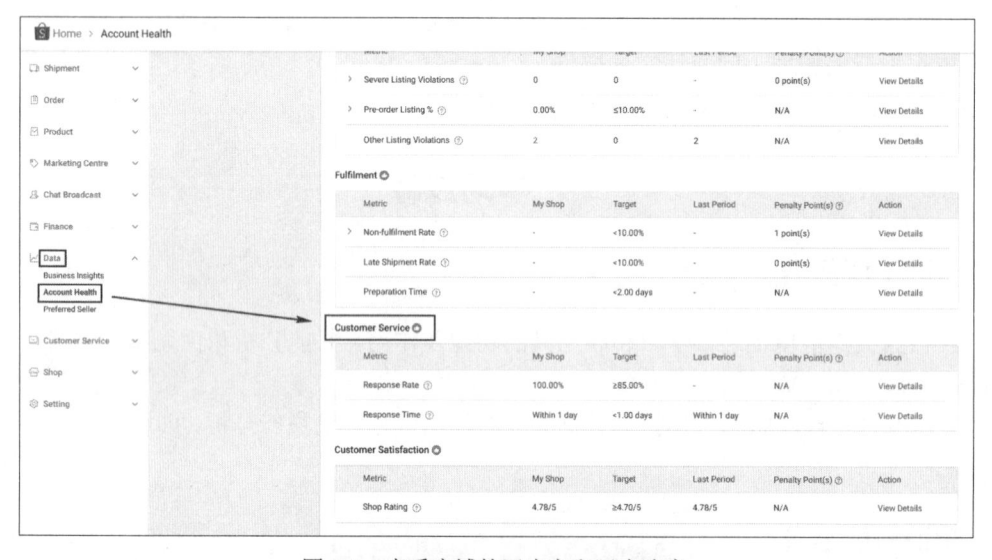

图 6-1　查看店铺的回应率和回应速度

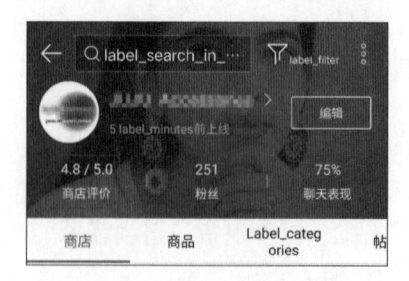

图 6-2　手机端展示

小提示

① 定期检查店铺的聊聊,不漏掉任何一条聊聊消息。
② 设定一个时间提醒卖家回复潜在买家的聊聊消息。

学习任务六　客户服务与评价

*6-1 想一想，做一做

Shopee 对于优选卖家店铺聊聊回复率的最低要求是（　　）。
A. 55%　　　B. 65%　　　C. 75%　　　D. 85%

进入 Shopee 卖家聊聊的方式如下。
1. 网页版聊聊

网页版聊聊是卖家管理聊聊最方便的方式。进入 Shopee China Seller Center 后在右下角可以看到聊聊的标志，点击该按钮后就会进入 Shopee 卖家聊天室，如图 6-3 所示。网页版聊聊由四个部分组成，可以帮助卖家更方便快捷地管理买家消息，如图 6-4 所示。

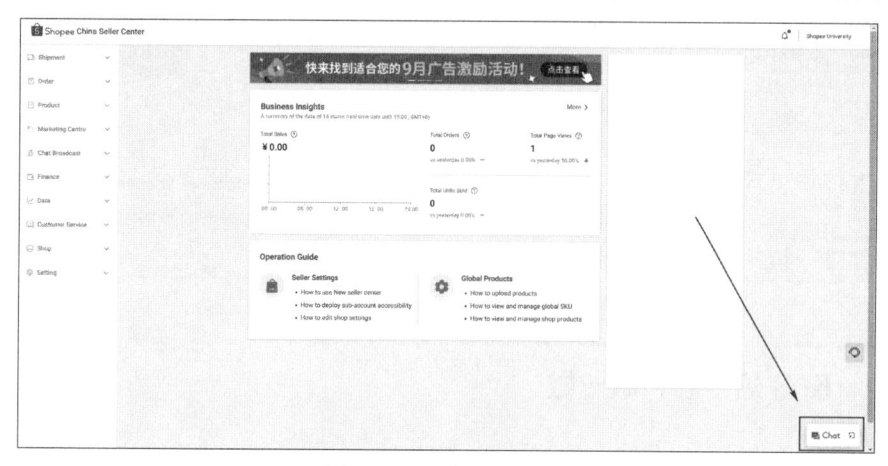

图 6-3　网页版聊聊入口

*6-2 想一想，做一做

图 6-4 标示的网页版聊聊的四个部分分别对应以下哪个名称？
卖家消息管理＿＿＿＿＿＿　　订单管理窗口＿＿＿＿＿＿
用户设置窗口＿＿＿＿＿＿　　网页聊天窗口＿＿＿＿＿＿

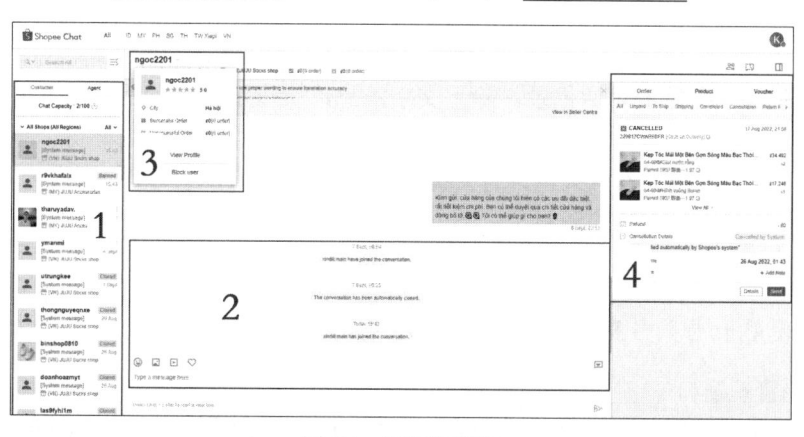

图 6-4　网页版聊聊

137

1）卖家消息管理

卖家可以通过搜索栏或者条件筛选查找买家消息，还可以单独处理每个买家的聊聊信息和批量管理聊天记录，如图6-5所示。

图6-5 卖家消息管理

*6-3 想一想，做一做

英译汉。
（1）Unread_____
（2）Unreplied_____
（3）Pinned_____
（4）Pin Message_____
（5）Mark as Unread_____
（6）Delete Conversation_____

2）网页聊天窗口

点击买家消息会显示对话记录。除了文字消息，卖家还可以使用贴图、图片、视频、表情包等方式回复买家，增强互动性。在聊天窗口左上角点击买家昵称可以查看买家个人信息，同时，右下角的文本框处也设有快捷键，卖家可以由此进入聊聊页面编辑快捷信息，快捷回复常用信息，如图6-6所示。

小提示

当卖家使用子/母账号直接登录网页版聊聊时，商店"最后登录时间"将会更新。

3）订单管理窗口

该窗口协助卖家管理"Order"（订单）、"Product"（商品）和"Voucher"（优惠券）。

这里显示了每个买家的订单详细信息，卖家可以在该窗口追踪买家的订单情况，如图6-7所示。

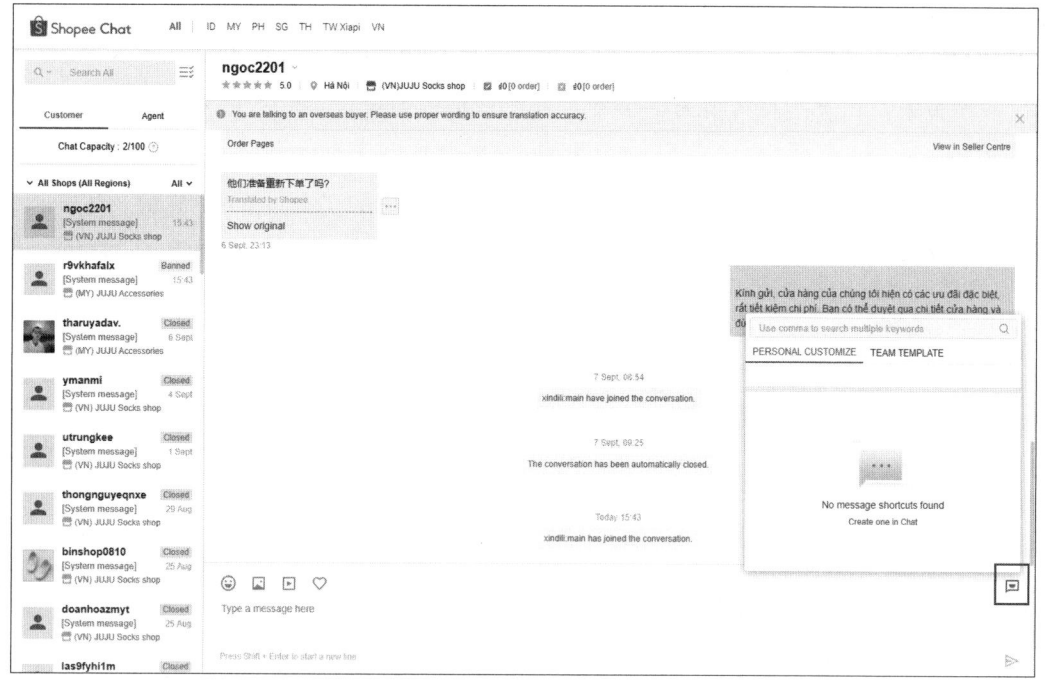

图6-6　网页聊天窗口

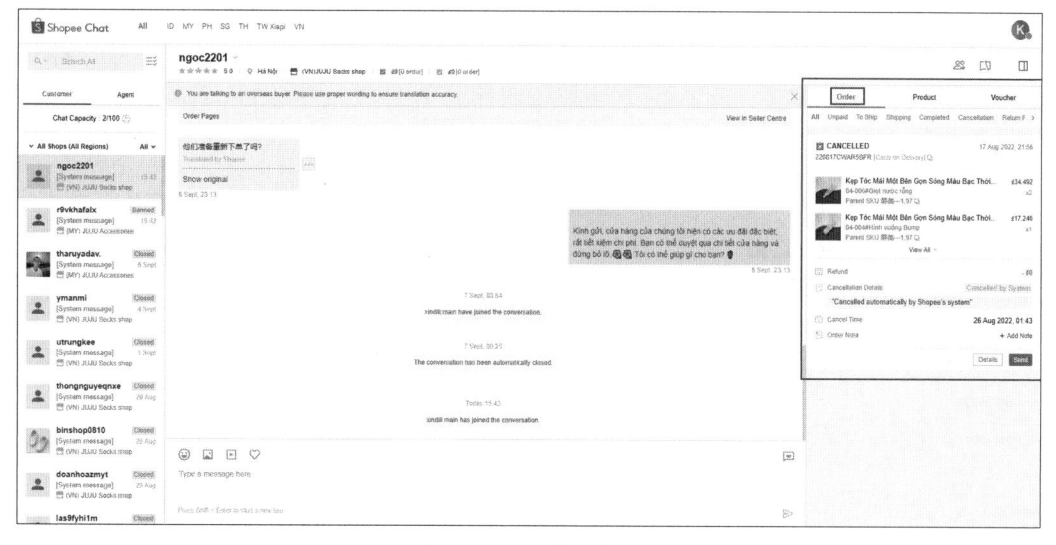

图6-7　订单管理窗口

✲6-4　想一想，做一做

选择与英文意思对应的中文并将其序号填在横线处。

（1）Unpaid_____　　（2）To Ship_____

（3）Shipping_____　　（4）Completed_____

（5）Cancellation_____ （6）Return/Refund_____
A. 待出货 B. 已取消 C. 运送中 D. 退货/退款 E. 已完成 F. 未付款

小提示

卖家需要在出货日期之前完成出货，否则订单将会被计入迟发货并根据卖家计分系统计分。

对于"Product"（商品）列表，卖家可以通过商品来了解买家的需求，可以将推荐列表中的商品发送给买家。"Product"（商品）列表包括"All"（全部商品）、"Seller Customized"（卖家推荐）、"System Recommended"（系统推荐）等选项，如图6-8所示。

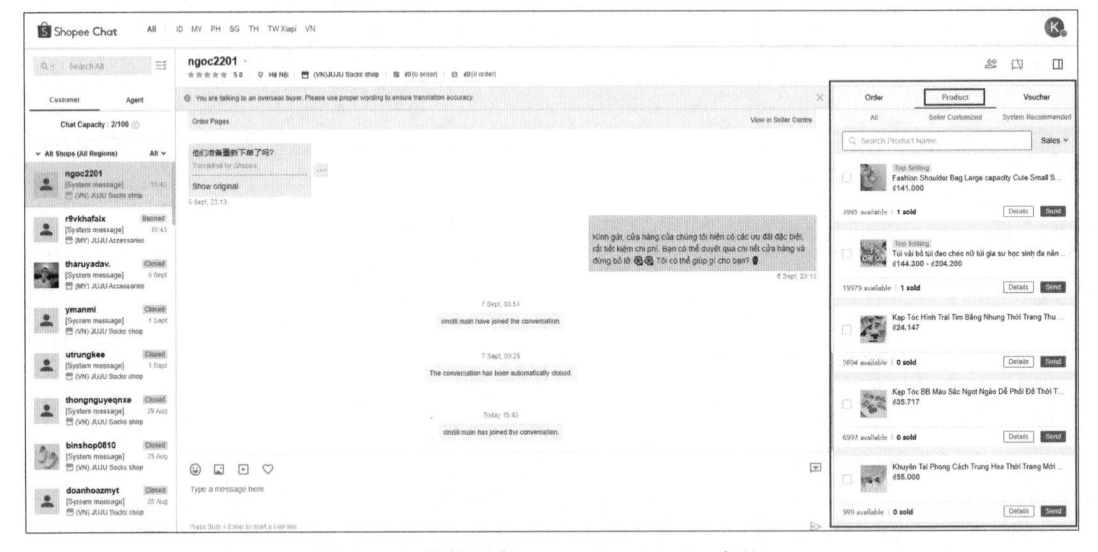

图6-8 订单管理窗口——"Product"（商品）

（1）"All"（全部商品）：又分为"Sales"（热销）、"Recent"（最近）等类型。
（2）"Seller Customized"（卖家推荐）：卖家可以点击网页聊天窗口右上角的卖家头像，进入"Chat Settings"（聊天设置）→"Seller Recommendation"（卖家推荐）界面来设置商品，最多可选择10款商品，卖家可以自行删除或调整顺序，如图6-9所示。

图6-9 "Seller Recommendation"（卖家推荐）

(3)"System Recommended"(系统推荐):系统将根据聊天内容和买家浏览商品的情况推荐买家最感兴趣的商品。

①"Sales"(热销):商品列表将根据商品销量排序,销量最高的商品排在首位。

②"Recent"(最近):商品列表将根据最后的更新时间排序,最新的商品排名靠前。

> 小提示
>
> 卖家可以通过搜索栏查找商品,查看商品的详细情况。

2. 移动端聊聊

卖家可以在 Shopee 移动端中管理聊聊。进入移动端聊聊的首页,右上角有聊聊入口。

3. 聊天助理功能

前往"Shopee China Seller Center"(Shopee 中国卖家中心)→"Customer Service"(客户服务)→"Chat Assistant"(聊天助理)界面设置聊天助理功能。"Chat Assistant"(聊天助理)包括"Auto-Reply"(自动回复)和"Message Shortcuts"(消息快捷方式)两大功能,如图 6-10 所示。

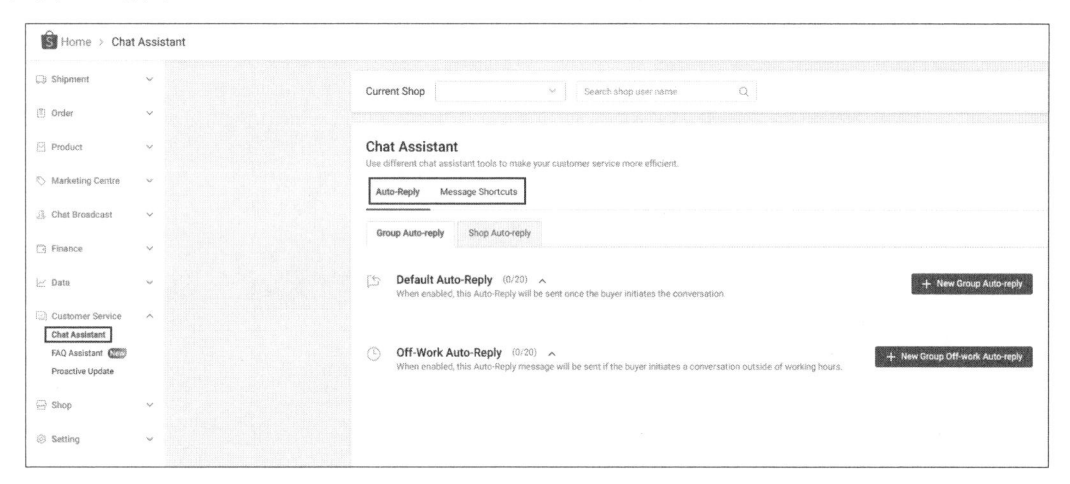

图 6-10　设置聊天助理功能

> 小提示
>
> ① 设置友好的自动回复内容,可以给买家留下良好的第一印象。卖家可以添加问候语和发送促销活动消息,以实现更多的销量。
>
> ② 卖家可以在默认自动回复中加入商品链接,引导买家购买。

*6-5 想一想,做一做

1. 英译汉。

(1)Default Auto-Reply＿＿＿＿＿＿＿＿＿＿＿＿＿＿＿＿＿＿

(2)Off-Work Auto-Reply＿＿＿＿＿＿＿＿＿＿＿＿＿＿＿＿＿＿

2. 请设置你的聊天助理功能,展示出来并填写到横线上。

(1)Default Auto-Reply

（2）Off-Work Auto-Reply

4. 买家出价功能

前往"Shopee China Seller Center"（Shopee 中国卖家中心）→"Setting"（设置）→"Shop Settings"（商家设置）界面，选择"Chat Settings"（聊天设置）选项，开启"Allow Negotiations"（商业分析）开关按钮接受出价，如图 6-11 所示。

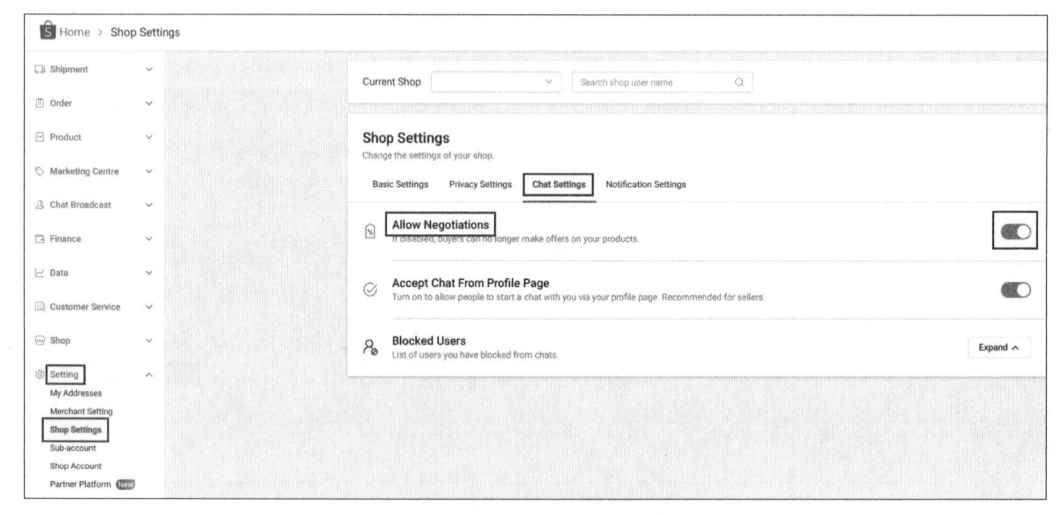

图 6-11　设置买家出价功能

> **小提示**
>
> ① 如果卖家未回复买家的出价，买家就可以修改出价。
> ② 如果买家对商品进行出价，聊聊页面会显示一条待确认的出价消息，卖家可以选择拒绝或接受。如果卖家拒绝了买家的出价，买家可能会重新出价。

5. 查看聊聊表现

前往"Shopee China Seller Center"（Shopee 中国卖家中心）→"Data"（数据）→"Business Insights"（商业分析）→"Current Shop"（当前店铺）界面，选择需要查看的站点和店铺，继续选择"Sales & Service"（销售与服务）选项，进入"Customer Service"（客户服务）→"Chat"（聊天）界面。该界面可以帮助卖家分析聊聊回复率、询问率和转化率。通过聊聊分析监测并改进聊聊回复率，可以提升客户满意度，提高商品转化率，如图 6-12 所示。

1）"Metric Trend"（指标趋势）

在此板块，卖家可以选择需要分析的指标，查看指标趋势，如图 6-13 所示。

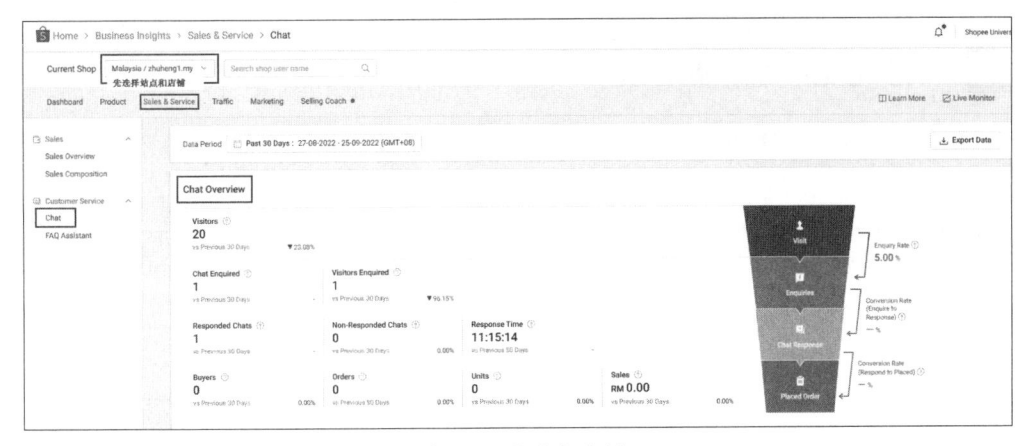

图 6-12 聊聊仪表板

图 6-13 "Metric Trend"（指标趋势）

2）"FAQ Assistant"（常见问题助手）

在此版块，卖家可以查看 FAQ 的整体情况，分析每条 FAQ 的表现。根据问答数据，了解买家需求，帮助卖家做出改进，如图 6-14 所示。

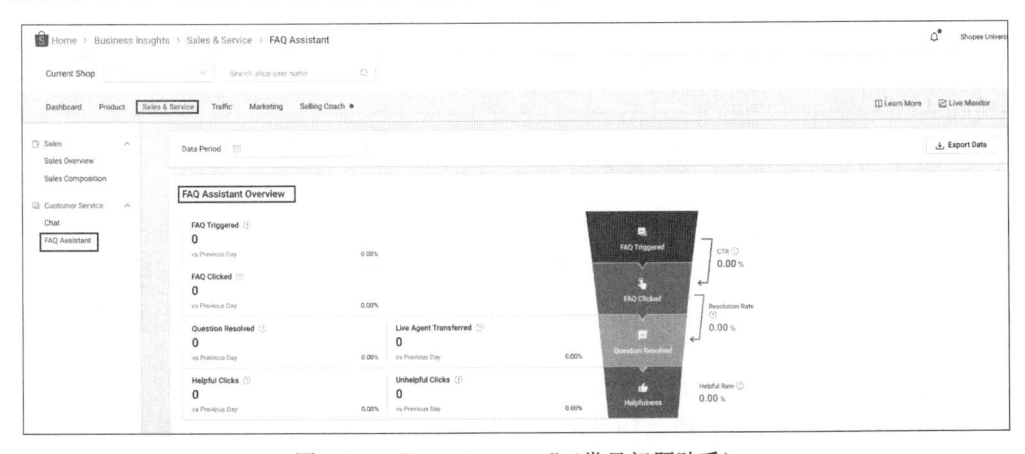

图 6-14 "FAQ Assistant"（常见问题助手）

✳6-6 想一想，做一做

当你收到买家的这些问题时会如何回答？请将你的回答记录在表6-1中。

表6-1 常见问题与回答

状态	常见问题	回答
售前	1. 商品/商店细节相关 About product / shop details.	
	2. 商品库存状态 Is this product available?	
	3. 退货事宜 Do you allow return after sales?	
	4. 折扣信息 Can the price of this product be lower?	
售后	5. 已下单 I have placed an order. Please process it ASAP.	
	6. 订单状态 Where is my order?	
	7. 错误商品/商品有损毁 I have received a wrong / damaged product.	
	8. 商品有瑕疵 Why is the product quality so poor?	

（二）商品评价与商店评价

商品评价，即当订单完成后，买家对所购商品做出的评分及评价。买家根据商品及卖家服务的实际体验来撰写评论，提供商品（包含质量、数量及包装）、卖家服务（配送、服务态度及客户服务）相关的详细反馈。商品评价能够真实反映买家对商品和卖家服务的满意度。商品评价是其他买家确认商品是否符合他们期望的重要参考。商品打分的范围是一至五颗星，其中五颗星为最满意。买家在搜寻或浏览卖家的商品页面时，可以查看商品评价，如图6-15所示。

如何通过聊聊促进成交

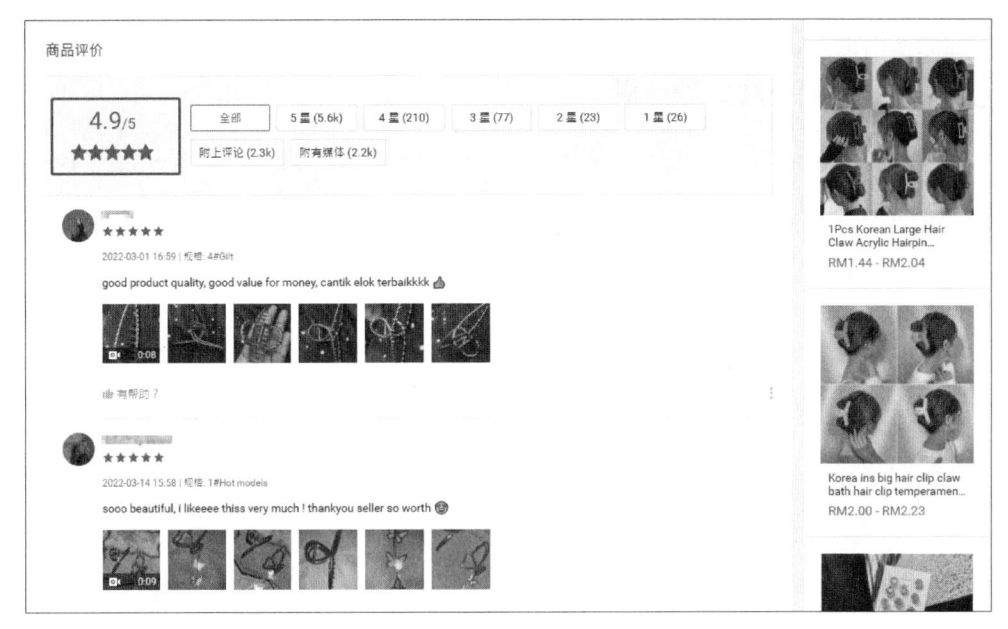

图 6-15 查看商品评价

> **小提示**
>
> ① 订单完成后，Shopee 将提醒买家在 15 天内给予商品评价，评价完成后的 30 天内只允许买家修改 1 次评价。
>
> ② Shopee 为鼓励买家提供优质的评价，规定：凡是在评价中添加商品的相关描述和照片的买家都会获得 Shopee 币奖励。

商店评价是商店中所有商品评价的平均值。商店评价会影响买家的信任度和购买意愿，因此保持高评价能够为商店带来更高的销售额。前往"Shopee China Seller Center"（Shopee 中国卖家中心）→"Data"（数据）→"Account Health"（账户健康状态）界面，可以查看商店评价。商店评价需要保持在 4.5 分以上，卖家才有可能成为优秀卖家，如图 6-16 所示。

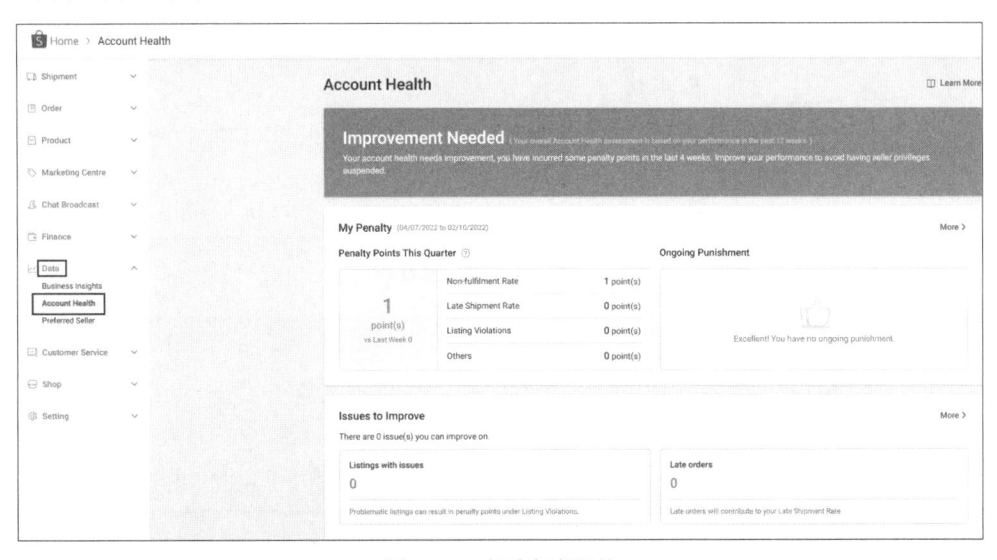

图 6-16 查看商店评价

*6-7 想一想，做一做

"Account Health"（账户健康状态）包括六个小模块，请问是哪六个小模块（要求：英文+中文回答）？

_____
_____
_____
_____
_____
_____

前往"Shopee China Seller Center"（Chopee 中国卖家中心）→"Shop"（商店）→"Shop Rating"（商店评价）界面，可以查看并回复买家的评论，卖家可以通过回复评论表达对买家的重视。对于给出满意评价的买家，卖家可以表示肯定与感激。对于给出不满意评价的买家，卖家可以向对方表达积极处理的态度。卖家的回复应该保持礼貌和专业，如果评论中出现脏字、人身攻击、低俗或散播仇恨的话语，Shopee 将给予卖家惩罚计分。卖家可以在任何时间回复评论，但仅能回复 1 次，回复后不可以再次编辑，如图 6-17 所示。

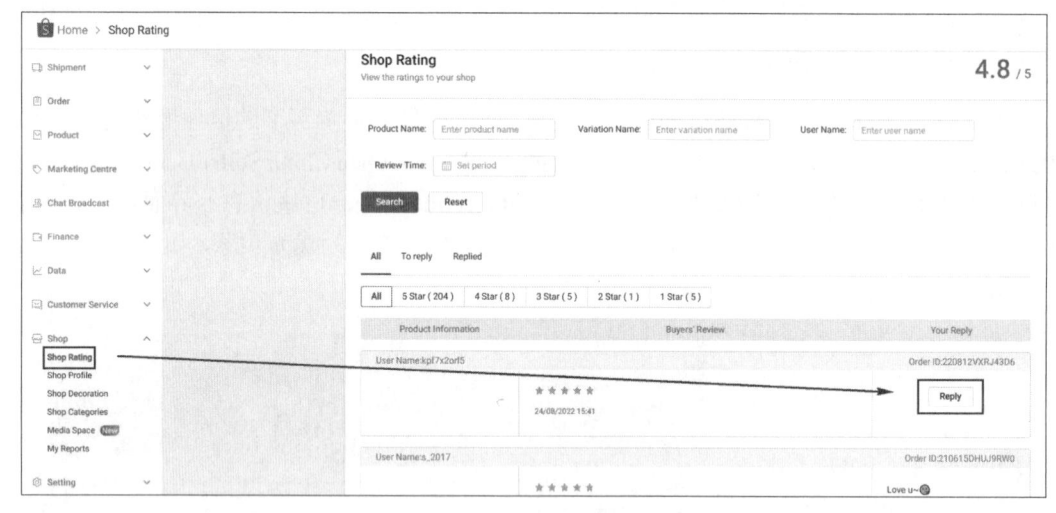

图 6-17　查看及回复评论

*6-8 想一想，做一做

影响店铺综合评分的主要内容有哪些？（　　　）
　　A．买家评分　　　　B．聊聊回复率　　　　C．按时出货率　　　　D．以上皆是

客户服务中的每项指标都会影响买家对店铺的印象，如果表现不理想，Shopee 将根据

规范给予惩罚计分,如表 6-2 所示。

表 6-2　违规原因与惩罚计分

违规原因	惩罚计分
过去 7 天卖家因自身因素通过聊聊请买家取消订单	2 分
过去 7 天在商品评论中使用辱骂性话语回复买家	2 分
过去 7 天在聊聊中使用辱骂性话语回复买家	2 分
过去 30 天订单数≥10,并且聊聊回应率≤20%	1 分
卖家因素是指商品缺货、商品损坏、价格设定错误等状况。但若为合理说明性质或非卖家自身的问题,且可以从聊聊信息中判断,卖家将不会被计分	

小知识

提升商品评价的建议,如表 6-3 所示。

表 6-3　提升商品评价的建议

评分角度	低评价原因	建议
订单表现	缺货	定期检查以确保库存充足
	出货时间过长	若离开时间过长,可开启休假模式;若商品备货时间长,可设置为预售商品
	错误的商品	仔细检查是否正确地打包了商品并贴上了正确的出货单
	损坏的商品	确保所有订单包装完整,空隙处可放置气泡纸或泡沫纸填充,特殊商品可在包裹外标注说明,比如:易碎商品
商品	商品与描述不符	确保商品描述与商品相符,比如:若"低价"是商品的唯一卖点,请勿使用"质量上乘"之类的描述
	商品质量不佳	下架质量不佳的商品
客户服务	聊聊表现不佳	及时回复买家的聊聊消息,确保买家获得满意和清晰的回复

如何做好店铺评价与客户回访

学习活动二　制订计划

学习目标

1. 有效利用聊聊仪表板,并能掌握操作方法。
2. 分析低商品评价,会写改进建议。
3. 根据小组成员分工制订计划。

学习过程

一、聊聊回复率及回应速度的统计与分析

1. 平台店铺近七天的聊聊回复率和回应速度如表 6-4 所示，请根据统计的数据做出趋势分析图，并做简要说明。

表 6-4　平台店铺近七天的聊聊回复率和回应速度

客户服务	第一天	第二天	第三天	第四天	第五天	第六天	第七天
聊聊回复率	64.29%	66.67%	70%	70%	70%	75%	75%
回应速度	1 天	1 天	1 天	2 天	1 天	1 天	2 天

2. 平台店铺近七天的商店评分如表 6-5 所示，请根据统计的数据做出商品评分趋势分析图，并做简要说明。

表 6-5　平台店铺近七天的商店评分

客户服务	第一天	第二天	第三天	第四天	第五天	第六天	第七天
商店评分	4.77	4.6	4.7	4.74	4.8	4.82	4.79

二、低分评价分析与建议

根据图 6-18 提供的商品评价，请分析评价低的原因并提出改进建议。

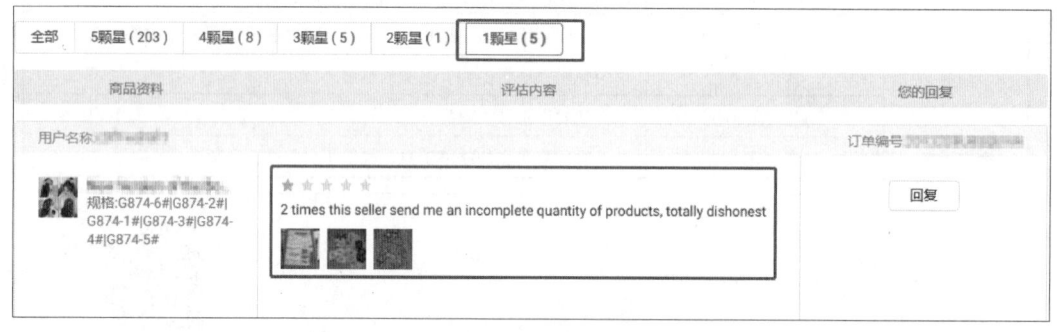

图 6-18　分析评价低的原因并提出改进建议

三、制订工作计划（见表 6-6）

表 6-6　工作计划

小组人员分工	职责
组长	人员工作安排及行动指挥
组员	

续表

小组人员分工		职责
组员		
		成果展示及验收
		其他

💡 小提示

小组人员分工可根据进度由组长安排一人或多人完成，应保证每人在每个时间段都有任务，既要锻炼团队能力，又要让小组每位成员都能独立完成相应任务。

学习活动三 实施作业

学习目标

1. 有效利用聊聊仪表板，并能掌握操作方法。
2. 掌握低商品评价的分析方法，会写改进建议。
3. 根据任务实施过程记录问题及解决方法。

学习过程

一、网页版聊聊进入路径

操作路径：

二、聊聊工具

1. 进入 Shopee 卖家聊聊的方式：

2. 网页版聊聊的四个组成部分：

3. 判断下面说法是否正确，正确的标"T"，错误的标"F"。
（1）跨境电商客服就是国际版的淘宝客服。（   ）
（2）在跨境电商中，任何能够提高客户满意度的内容都属于客户服务的范围。（   ）

4．说明下面三个模块的操作路径。

（1）聊天助理功能

_____
_____
_____

（2）买家出价功能

_____
_____
_____

（3）查看聊聊表现

_____
_____
_____

三、记录问题及解决方法

在以上操作过程中，是否遇到了问题？是如何解决的？记录在表 6-7 中。

表 6-7　所遇问题及解决方法

所遇问题	解决方法

学习活动四　检查与验收

学习目标

1．检查相关操作及题目的正确性。
2．根据修改意见对内容进行修改。
3．按照工作流程交付主管确认验收。

学习过程

一、质量检查

根据工作任务完成情况进行检查、校对，并将信息填入表 6-8 中。

表6-8 质量检查表

检查序号	检查项	根据完成情况或完成项目在相应位置标记"√"	改进措施
1	聊聊工具	□打开网页版聊聊页面 □设置自动翻译 □设置自动回复 □设置允许买家出价 □查看商店评价	

二、交接验收

根据任务要求以角色扮演形式两组交叉进行解说、展示,逐项核对、完成交接验收,并填写验收表,如表6-9所示。

表6-9 验收表

项目	要求	结果
聊聊工具	1. 打开网页版聊聊页面 2. 设置自动翻译 3. 设置自动回复 4. 设置允许买家出价 5. 查看商店评价	合格□　　不合格□ 改进建议:
检查情况	□合格 □不合格 □较好,但有待改进	检查人签字:

💡 **小提示**

被抽查学生的成绩即该学生所在组所有成员的成绩,所以组长要起到监督指导的作用,组员之间应互帮互助,协力完成本学习任务。

三、总结评价

按照"客观、公正、公平"原则,在教师的指导下以自我评价、小组评价和教师评价三种方式对自己和他人在本学习任务中的表现进行综合评价,填写考核评价表,如表6-10所示。

表6-10 考核评价表

姓名			班级		学号			
评价项目	评价标准		评价方式			权重	得分小计	总分
			自我评价	小组评价	教师评价			
职业素养与关键能力	1. 按规范执行安全操作规程 2. 参与小组讨论,相互交流 3. 积极主动、勤学好问 4. 清晰、准确表达 5. 外语表达能力熟练					40%		

续表

姓名		班级		学号			
评价项目	评价标准	评价方式			权重	得分小计	总分
		自我评价	小组评价	教师评价			
专业能力	1. 熟练设置自动翻译 2. 设置自动回复 3. 设置允许买家出价 4. 会查看并分析商店账户健康情况，提出改进建议				60%		
综合等级		指导教师签名			日期		

填写说明：

（1）各项评价采用 10 分制，根据符合评价标准的程度打分。

（2）得分小计按以下公式计算：

得分小计=（自我评价×20%+小组评价×30%+教师评价×50%）×权重

（3）综合等级按 A（9≤总分≤10）、B（7.5≤总分<9）、C（6≤总分<7.5）、D（总分<6）四个级别填写。

知识链接

一、跨境电商客户服务的特点

（一）全球性

跨境电商的客户是来自世界各地的，品牌方与消费者一般处于不同国家或地区。

（二）直接性

跨境电商的客服人员直接接触全球各地的消费者群体，为其提供相应的客户服务。

（三）即时性

要求在线客服、电话客服等收到买家的来电和信息后立即响应并回复，要求邮件客服要当天回复。

（四）高频性

买家对问题的咨询可能存在往复情况，客户服务的要求频率较高。

（五）线上性

相对于实体店铺，跨境电商需要借助一定的互联网平台才能向世界各地的消费者展示商品，因此提供的服务也是线上服务，需要借助一定的通信媒介。

二、恶意差评的处理方法

若卖家遭遇恶意差评，可以向所属客户经理申诉，或者致电平台客服进行申述，由平台介入处理。

三、举报/封锁指定买家

进入"Chat"（聊天）界面，选中想要封锁或者举报的买家，点击对话框顶部买家用户名旁边的三角形下拉按钮，即可看到"举报"或者"封锁用户"的选项，如图 6-19 所示。

图 6-19　举报/封锁指定买家

> 💡 **小提示**
>
> ① 封锁用户可以禁止该买家在该店铺中购买任何商品和在聊聊中发言。
> ② 无论买家是否被举报或封锁，均可在自己购买的商品下进行发言。

四、客户服务扣分规则

卖家在使用聊聊和买家沟通的过程中，需要使用合理的语言，若发生表 6-11 中所示的行为，将会被扣分。

表 6-11　客户服务扣分规则

与买家沟通中产生不当言语及行为	惩罚计分
过去 7 天卖家因自身因素通过聊聊请买家取消订单	2
过去 7 天在商品评论中使用辱骂性话语回复买家	2
过去 7 天在聊聊中使用辱骂性话语回复买家	2
过去 30 天订单数≥10，并且聊聊回应率≤20%	1

需要注意的是：

（1）卖家因素是指商品缺货、商品损坏、价格设定错误等状况。若为合理说明性质或非卖家自身的问题，且可以从聊聊信息中判断，卖家将不会被扣分。

（2）过去 7 天在评论中及聊聊中使用辱骂性话语的卖家将被计 2 分惩罚。若为优选卖家，同时将移除其优选卖家资格。

学习任务七

店铺运营

学习目标

知识目标：
- 掌握店铺基础运营的主要思路。
- 掌握站内选品思路和方法。
- 掌握站内营销的主要方式。
- 熟悉粉丝运营的主要手段。
- 掌握店铺装修要点。
- 合理制订工作计划。
- 参照相关标准、规范，对操作或相应题目进行审核、校对。
- 记录问题及解决方法，并完成质量检查验收。

技能目标：
- 熟练进行搜索选品的操作。
- 熟练进行粉丝运营的操作方法。
- 熟练使用营销工具设置店铺各种推广活动。
- 熟练利用店铺装修工具设计与制作店铺名称、头像、轮播图等。
- 熟练店铺商品分类的操作。
- 掌握运营管理的操作方法。

素质目标：
- 培养学生自主学习和研究的能力，以及外语应用能力。

工作情境

新卖家经常面临这样的情况：店铺建立后很长一段时间，店铺和商品的流量和曝光度不高，很多产品的点击量几乎为0，店铺转化率非常低。有经验的运营人员对店铺进行诊断后，发现店铺往往存在选品不符合买家需求、店铺定位不清晰、店铺活动设置不合理、店铺商品分类不清晰或者店铺营销手段单一等一系列问题。新卖家需要系统学习运营管理方面的知识，掌握基本运营的思路和方法，掌握运营工具的使用技巧，掌握店铺装修的要点。经过一段时间的学习后，对店铺产品进行重新优化，提高选品效率，完善店铺装修，设置多样化的店铺优惠促销活动，借助营销工具提高商品曝光率，并尝试独立解决运营中遇到的难题。

工作流程

学习活动一　明确工作任务和知识技能准备
学习活动二　制订计划
学习活动三　实施作业
学习活动四　检查与验收

学习活动一　明确工作任务和知识技能准备

学习目标

1. 通过与产品主管、客服主管沟通，明确店铺优化的工作任务，并能准确概括工作内容和要求。
2. 掌握选品技巧，提升选品效率。
3. 设计多样化的店铺优惠活动，提高店铺转化率。
4. 掌握商店装饰要点，优化店铺布局。

学习过程

一、明确工作任务

1. 根据工作情境描述，学习基本运营的思路、营销工具的使用和店铺装修技巧。
2. 根据选品方法对店铺现有商品进行优化。
3. 制订商品上架时间及数量计划。
4. 根据店铺商品的特点设计多样化的优惠活动，并能准确设置、选择置顶推广商品。
5. 完善商店介绍、设计商店横幅广告、卖场轮播图，完善商店装修。

二、知识技能准备

（一）基础运营

1. 搜索选品

1）购物页面搜索商品

在 Shopee 平台的购物页面搜索商品，根据搜索结果选择热销商品，查看销量，查看大多数卖家的该商品销量范围，如图 7-1 所示。

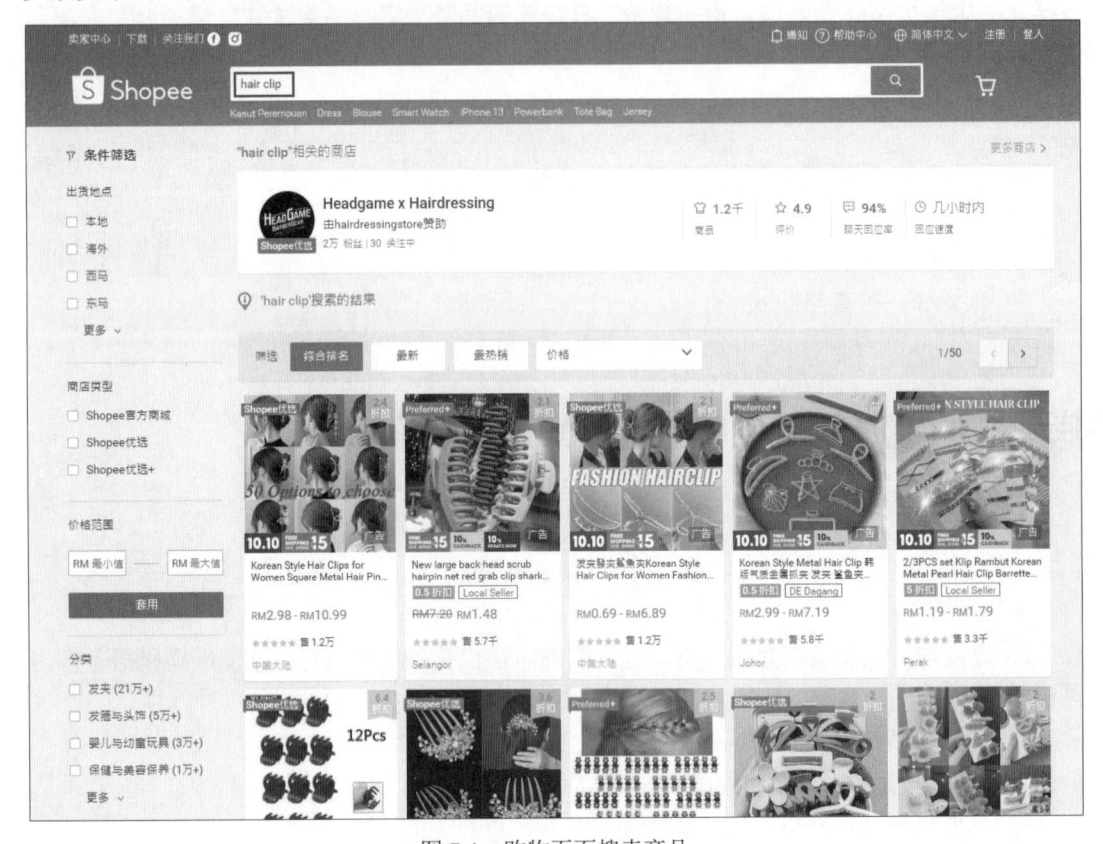

图 7-1　购物页面搜索商品

> 📖 ***7-1 想一想，做一做**
>
> 　　打开马来西亚站点，搜索"卫衣"，点击"最热销"按钮，查看卫衣的热卖程度，并简要记录你的搜索关键词及该商品详情页其他有用信息。
>
> _____
>
> _____
>
> _____

2）热搜词选品

在 Shopee 平台的购物页面，搜索栏下方位置为热搜词，如图 7-2 所示。通过热搜词，卖家可以了解热销商品，并根据热搜词来优化商品名称和商品描述，也可以根据热搜词进行关键词广告，提高商品搜索曝光率。

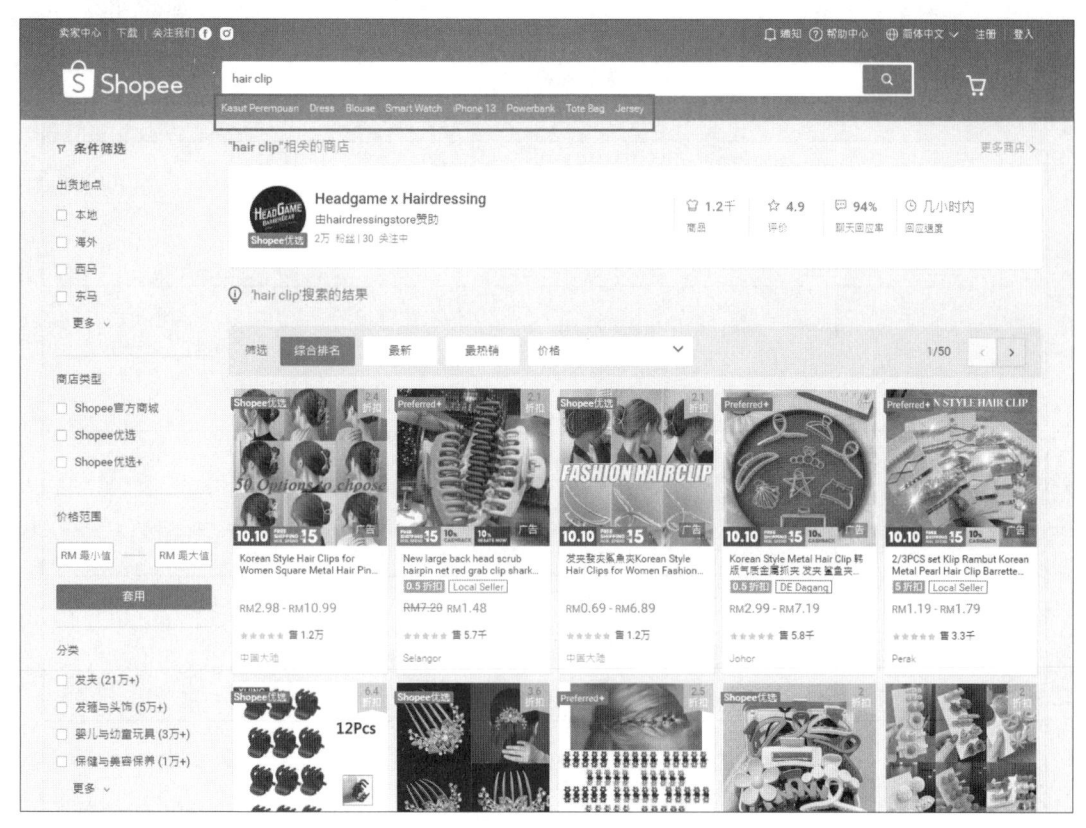

图 7-2　热搜词

*7-2 想一想，做一做

1. 站在卖家视角，如何理解"关键词热度越高，那么买家的需求量就越高"？

_____

_____

_____

2. 请在 Shopee 平台的购物页面查找"dress"的热搜词，并填写到横线处。

_____

_____

_____

*7-3 想一想，做一做

1. 除了上述几种选品路径，你还能找到哪些选品路径？请列举并简要记录到表 7-1 中。

数据化选品

表 7-1 选品路径与操作记录

选品路径	操作记录

2. 通过以下哪种方式可以获得 Shopee 的搜索流量？（　　）
 A. 进行标题和关键词优化　　　　B. 购买关键词广告
 C. 每天分批次上传商品　　　　　D. 以上都是

2. 分时段上新

每天分时段小批量上新商品，新上传的商品会在同类商品的搜索排名中处于靠前的位置，有利于店铺持续曝光。有经验的卖家通常每天上新商品 20 个左右。没有上新商品的时候，可以通过刷新商品信息（更新库存或者价格等）提升商品曝光量。

如何获取平台流量

3. 置顶推广

前往"Shopee China Seller Center"（Shopee 中国卖家中心）→"Product"（商品）→"Shop SKU"（店铺商品）界面，选择"Live"（已上架）选项，点击"More"（更多）按钮，选择"Boost Now"（置顶）选项，启用置顶推广功能。启用该功能后，可对商品进行置顶推广，系统会将该商品置顶在对应分类页面靠前的位置，如图 7-3 所示。

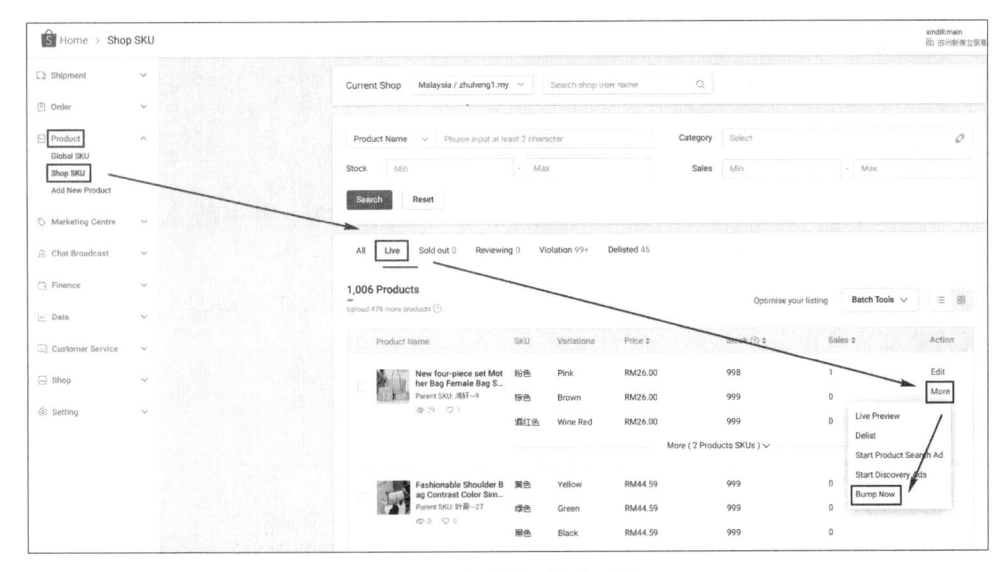

图7-3 启用置顶推广功能

*7-4 想一想，做一做

如何启用置顶推广功能？（　　）
A. 店铺商品—更多　　　B. 我的销售—更多
C. 我的行销活动—广告　　D. 我的商店—更多

小提示

① 置顶推广功能支持4个小时点击一次，每次可曝光5个SKU。
② 建议只对新品进行置顶。
③ 对于已积累一定流量的热卖品而言，谨慎使用置顶推广功能。
④ 在各站点的黄金时间段分时间置顶商品，比如午间、晚间。对于午间、晚间双重活跃型站点而言，建议至少每天在这两个黄金时间段置顶2次，如图7-4所示。

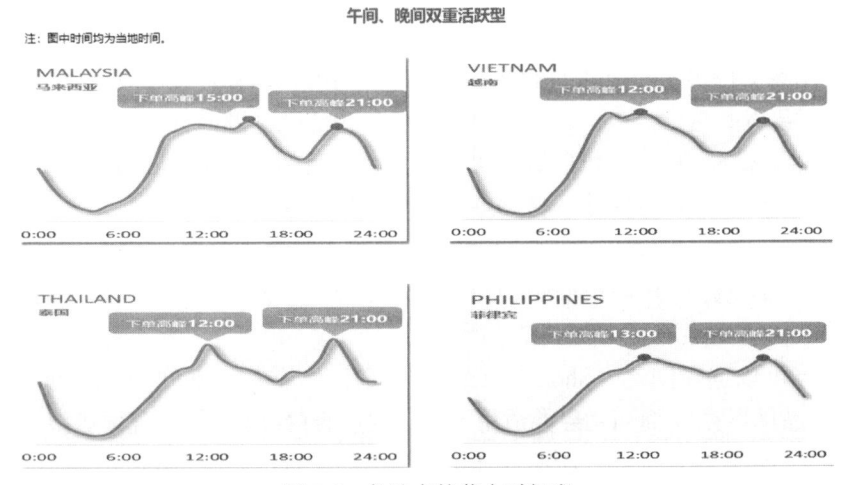

图7-4 各站点的黄金时间段

4. 粉丝运营

粉丝运营是店铺运营必不可少的一环，对于 Shopee 新店而言，与新粉丝建立良好的关系和促进老粉丝的复购是粉丝运营成功的关键。

1）吸引粉丝

（1）主动关注。卖家可在 Shopee App 上搜索同类热门卖家，并主动关注这个卖家及其现有粉丝，这样被粉丝回关的概率比较大，同时也能提升曝光量。

（2）与买家互动圈粉。卖家重视每次与买家进行沟通的机会，及时回复聊聊信息，提高买家转化率和留存率。

（3）粉丝优惠。卖家可以鼓励买家点赞其商品或者关注其店铺，并在下次购买时给予折扣或礼品，也可以在后台设置关注礼吸引买家关注其店铺。

（4）低价促销。可以帮助店铺引流，增加粉丝量。

2）重视粉丝

粉丝是店铺自然流量和订单的重要来源，在店铺运营初期，涨粉是非常重要的一个运营环节。粉丝运营有利于提高粉丝回购率，同时也能提升店铺曝光量，还能拓宽新客源，形成良性循环，提高店铺销量。

店铺的粉丝累积到一定量后，卖家可以定期策划一些主题活动和设置相关折扣券，并且主动和买家互动，进行店铺主题活动的宣传。可以通过聊聊通知买家参与，也可以通过店铺公告、海报和 Feed 进行宣传，吸引潜在买家。大促销前可以通过聊聊等方式赠送粉丝专属优惠券，有助于大促销时实现更好的爆单。

> ***7-5 想一想，做一做**
>
> 如何吸引粉丝？（　　　）
> A. 主动关注同类卖家的粉丝　　　B. 与买家互动圈粉
> C. 设置关注礼　　　　　　　　　D. 以上都是

（二）营销工具

1. 优惠券

优惠券功能支持卖家轻松地创建仅属于自己商店的优惠券，卖家可以确定折扣金额、优惠时限和优惠券数量。此外，卖家也可以为商店中的某个商品创建专属优惠券。优惠券不仅可以吸引买家下订单，还可以激励买家购买更多商品以满足最低消费要求。根据优惠券使用情况，卖家还可以相应地调整优惠券，以提高销售额。

（1）前往"Shopee China Seller Center"（Shopee 中国卖家中心）→"Marketing Centre"（营销中心）界面，选择"Boost Sales with Promotion"（增加更多销量）板块中的"Vouchers"（优惠券）选项，启用优惠券，如图 7-5 所示。

（2）卖家可以选择创建"Shop Voucher"（商店优惠券），也可以选择创建"Product Voucher"（商品优惠券）。商店优惠券适用于商店内所有商品，能够提升商店整体的销售额。商品优惠券仅适用于指定商品，能够提升特定商品的销量，如图 7-6 所示。

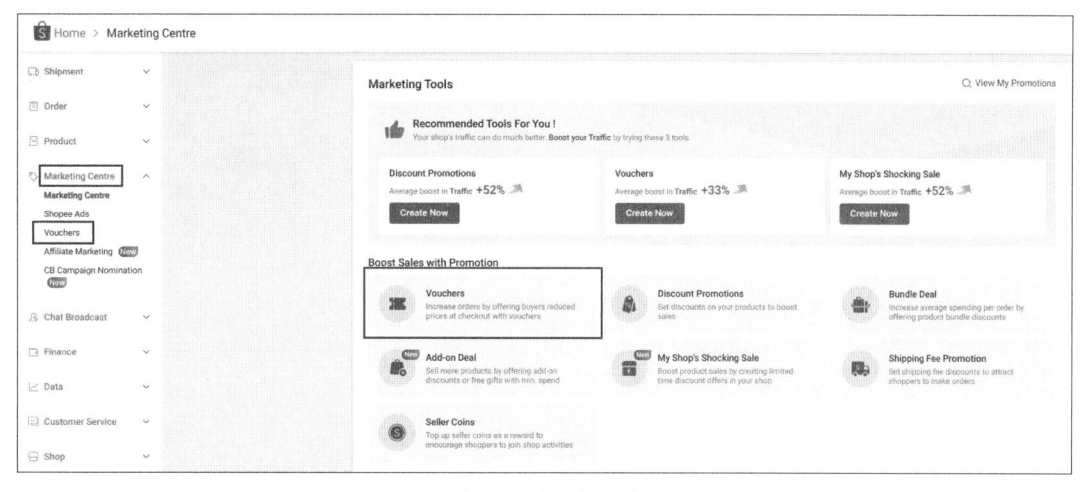

图 7-5　启用优惠券

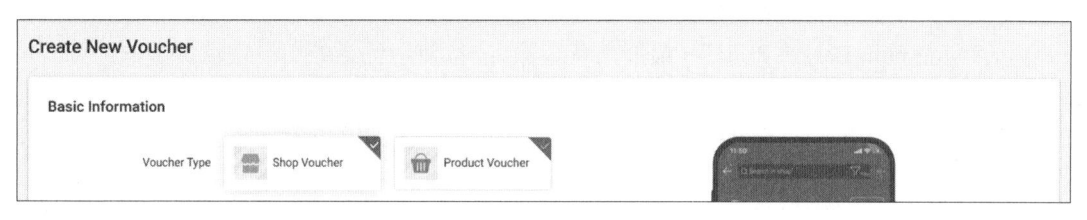

图 7-6　优惠券类型

（3）完善优惠券的"Basic Information"（基本信息）并保存，如图 7-7 所示。

图 7-7　完善优惠券的基本信息

①"Voucher Type"（优惠券类型）：分为商店优惠券和商品优惠券两种类型。

②"Voucher Name"（优惠券名称）：仅卖家可见。

③"Voucher Code"（优惠码）：前 4 位数字由系统根据卖家账户自动生成，卖家可以决定后面的 1～5 位数字。

④"Voucher Usage Period"（优惠券有效期）：表示优惠券的开始和结束日期，优惠券的有效时间最多为 3 个月。

（4）完善优惠券的"Reward Settings"（奖励设置）并保存，如图 7-8 所示。

①"Reward Type"（奖励类型）：分为"Discount"（折扣）和"Coins Cashback"（Shopee 币回馈）两种类型。

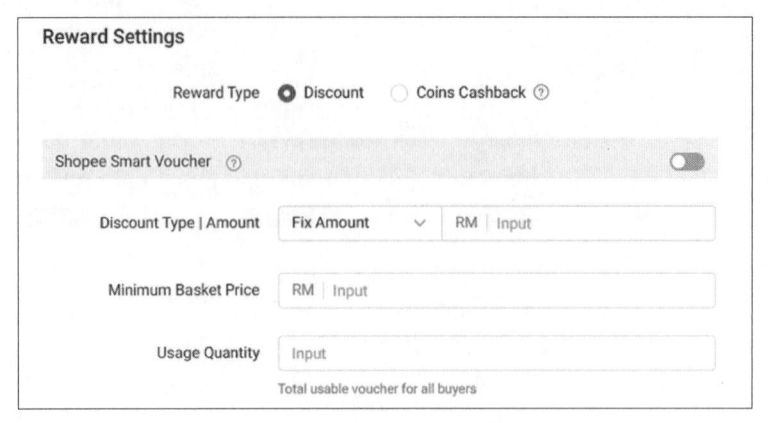

图 7-8 完善优惠券的奖励设置

②"Discount Type | Amount"（折扣类型/金额）：分为"Fix Amount"（固定金额）和"By Percentage"（按百分比）两种模式。

③"Minimum Basket Price"（最低消费金额）：指使用优惠券的最低消费金额。

④"Usage Quantity"（使用量）：指所有买家可用优惠券的最大数量。

（5）完善"Voucher Display & Applicable Products"（优惠券展示和适用商品）并保存，如图 7-9 所示。

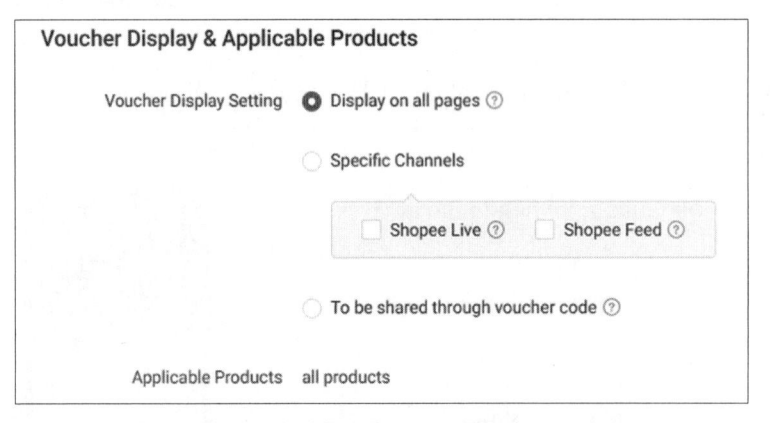

图 7-9 完善优惠券展示和适用商品

*7-6 想一想，做一做

1. 根据所学知识设置一个优惠券。
2. 店铺优惠券有哪几种？（简答）

_____
_____
_____

2. 我的折扣活动

（1）前往"Shopee China Seller Center"（Shopee 中国卖家中心）→"Marketing Centre"

（营销中心）界面，选择"Boost Sales with Promotion"（增加更多销量）板块中的"Discount Promotion"（我的折扣活动）选项，开启我的折扣活动，如图 7-10 所示。

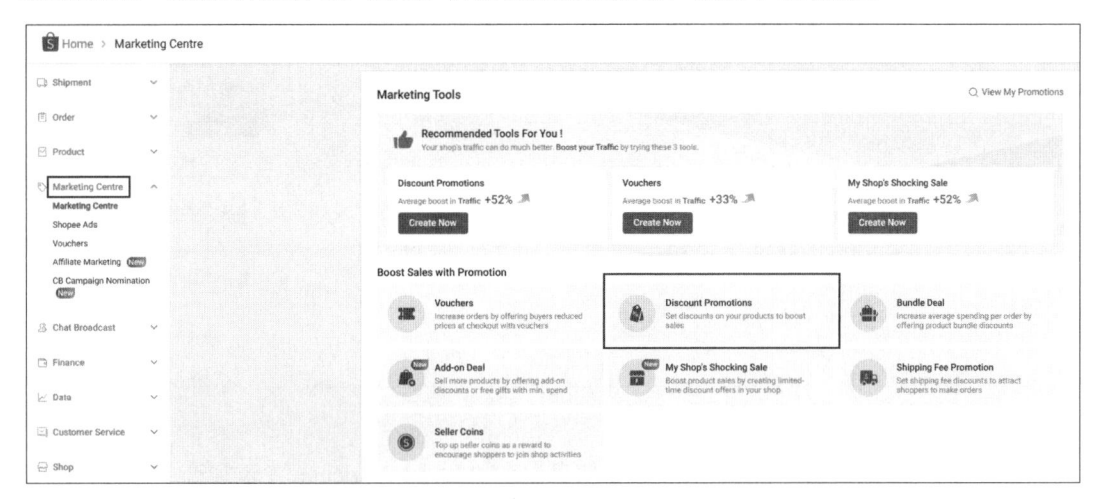

图 7-10　开启我的折扣活动

（2）完善"Discount Promotion Name"（折扣促销名称）、"Discount Promotion Period"（折扣促销时间）和"Discount Promotion Products"（折扣促销商品）信息并保存，创建我的折扣活动，如图 7-11 所示。

图 7-11　创建我的折扣活动

3. 套装优惠

套装优惠是指将多个商品组合在一起，给予一定的购买优惠。设置了套装优惠的商品会在买家端显示相应优惠信息，使商品更具有吸引力。卖家可以提供多种互补商品或通过批量购买折扣的方式来吸引买家，这两种方式都可以帮助卖家提高单笔订单的销量和销售额。

（1）前往"Shopee China Seller Center"（Shopee 中国卖家中心）→"Marketing Centre"（营销中心）界面，选择"Boost Sales with Promotion"（增加更多销量）板块中的"Bundle Deal"（捆绑销售）选项，开启套装优惠，如图 7-12 所示。

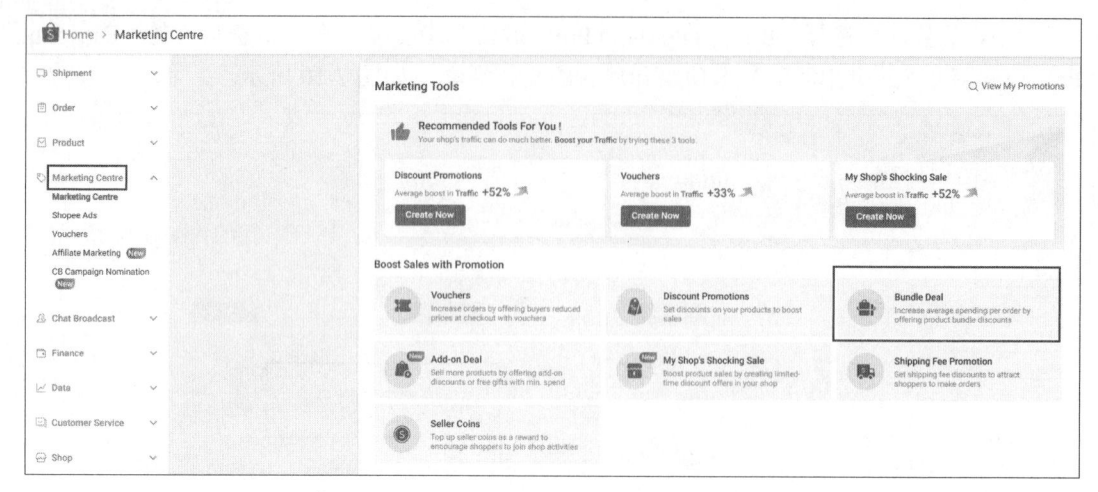

图 7-12　开启套装优惠活动

（2）完善"Basic Information"（基本信息）和"+Add Products"（添加商品）后保存，创建套装优惠，如图 7-13 所示。

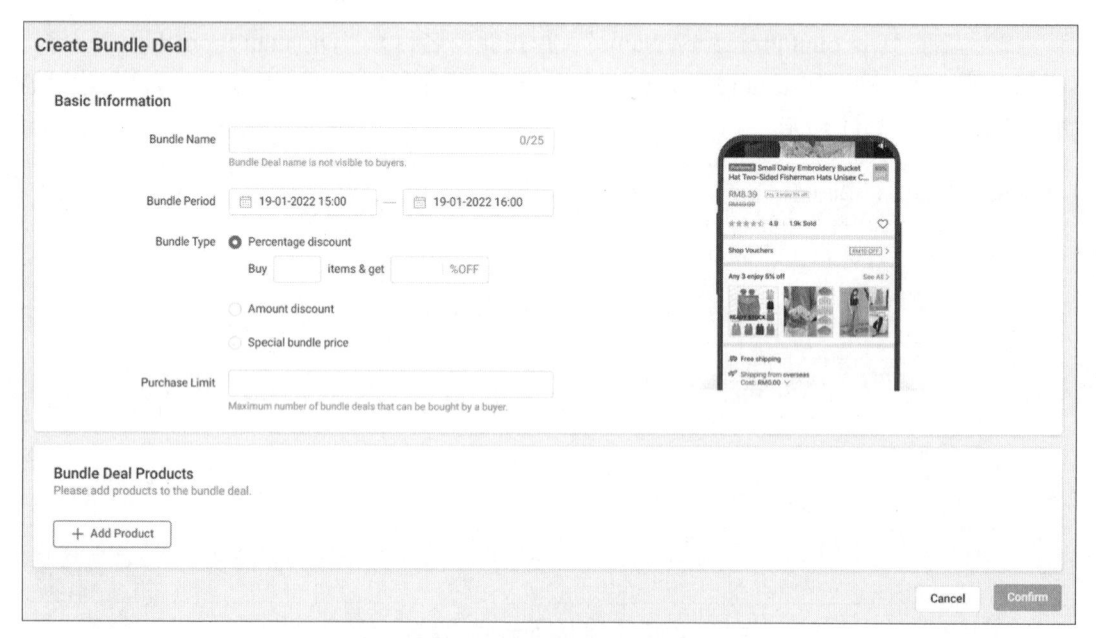

图 7-13　创建套装优惠

① "Bundle Name"（套装名称）：25 个字符之内，仅卖家可见。

② "Bundle Period"（套装周期）：表示套装优惠的开始时间和结束时间，最多不能超过 90 天。

③ "Bundle Type"（套装类型）：共有三种套装类型可选，每种类型都必须设置一定的购买数量，套装优惠的总价格必须低于单件商品的初始价格。

"Percentage discount"（折扣百分比）：购买 X 件商品可享受 Y%的折扣。

"Amount discount"（折扣金额）：购买 X 件商品可减免 Y 元。

"Special bundle price"（套装价格）：购买 X 件商品直接享受打包价 Y 元。

④ "Purchase Limit"（购买限制）：指 1 个套装优惠可被买家购买的最多次数。当买家达

到了购买限制时,将无法看到该套装优惠,比如,卖家将 1 个套装优惠的购买限制设置为 20,则买家最多只能购买该套装优惠 20 次,购买达到 20 次之后,就看不到该套装优惠了。

小提示

套装优惠不仅能帮助卖家出单,还能帮助店铺测试新品和提高转化率。但是需要注意的是,套装优惠一定要把同一类型的商品放在同一个套装里面,如表 7-2 所示。

表 7-2　同一类型商品的示例

类目	同一类型商品的示例
配饰	项链/发饰/耳饰
家居	装饰/收纳/灯具
女装	内衣/睡衣/袜子
3C 电子	手机壳/手机膜/数据线

4. 加购优惠

加购优惠是可以帮助卖家提升某些特定商品的销售量并吸引买家在购物车中添加更多商品的工具。设置加购优惠之后,买家会在商品页面看到加购优惠标签或免费礼品标签。加购优惠会使卖家的商品更具有吸引力,从而提高商品点击量和销量,如图 7-14 所示。

(a)加购优惠标签　　　　　　(b)免费礼品标签

图 7-14　加购优惠展示

Shopee 大数据显示,互补商品可以提高加购优惠的成交量。卖家可以参考以下常见互补商品进行搭配,如表 7-3 所示。

表 7-3　常见互补商品示例

主类目	主商品(二级类目)	加购商品(二级类目)
美妆	美发工具	美发工具
	身体保养(大包装)	身体保养(小包装)
食品	麦片(大包装)	麦片(小包装)
3C 电子	打印机	墨水
配饰	项链	收纳盒
家居	桌子	椅子
女装	外套	袜子

（1）前往"Shopee China Seller Center"（Shopee 中国卖家中心）→"Marketing Centre"（营销中心）界面，选择"Boost Sales with Promotion"（增加更多销量）板块中的"Add-on Deal"（加购优惠）选项，开启加购优惠，如图 7-15 所示。

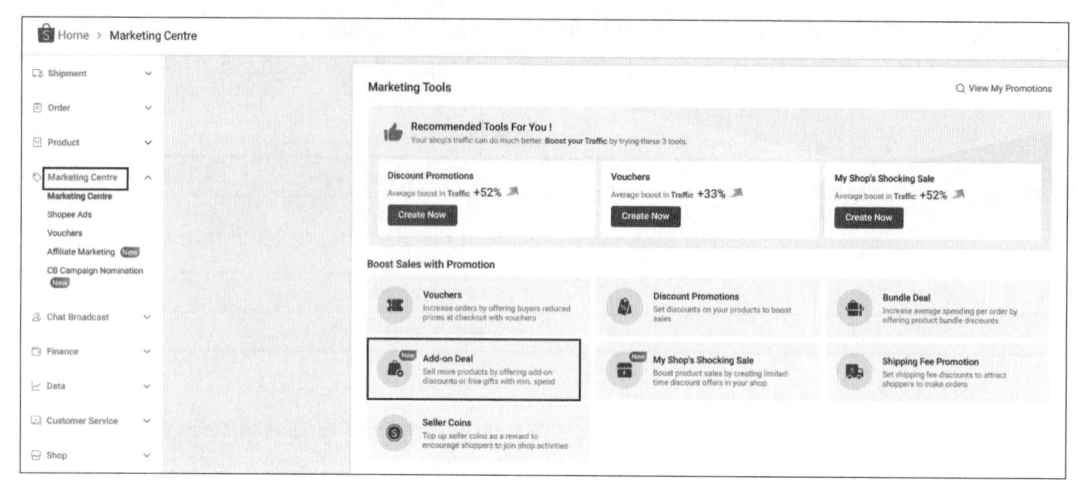

图 7-15　开启加购优惠

（2）卖家可以对互补商品进行分组，选择两种"Promotion Type"（促销类型），一种是"Add-on Discount"（加购折扣），设置主商品，并以折扣价格添加加购商品；另一种是"Gift with Min. Spend"（赠品满最低消费），设置主商品，并添加免费礼品。输入促销活动的信息，包含"Add-on Discount Name"（加购折扣名称）、"Add-on Deal Period"（加购有效期）、"Add-on Product Purchase Limit"（加购商品的购买限制）、"Main Products"（主要商品）和"Add-on Products"（加购商品）的信息等。操作完成后保存并确认，创建加购优惠，如图 7-16 所示。

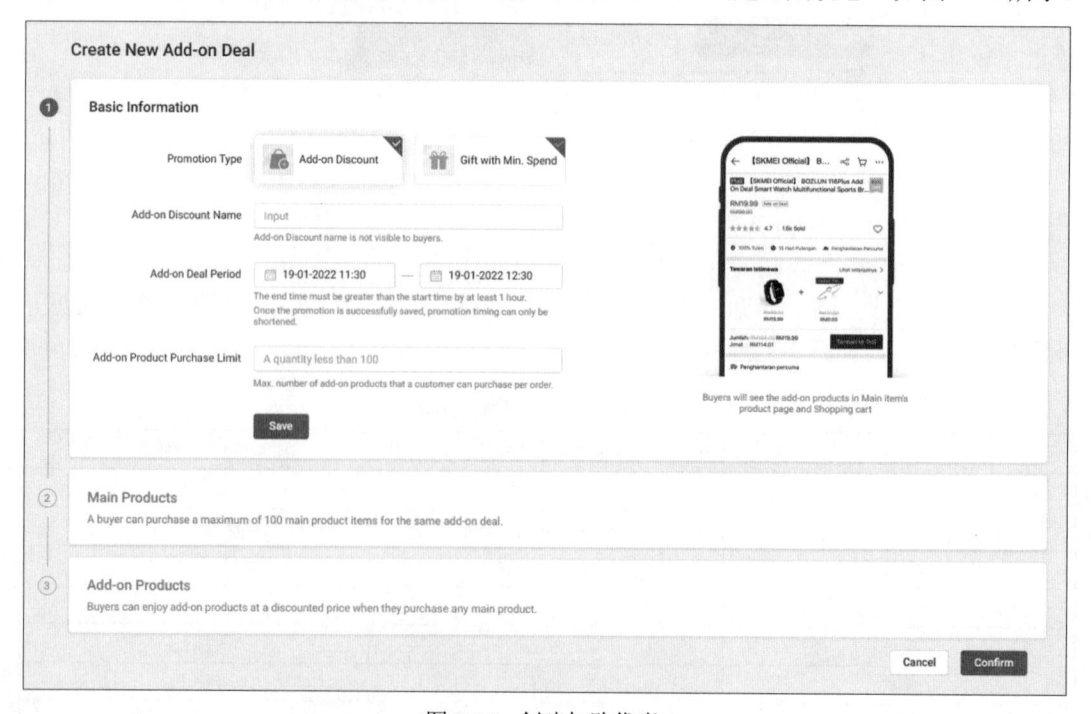

图 7-16　创建加购优惠

*7-7 想一想,做一做

根据所学知识,请为表 7-4 中的每个主商品选择三个适合加购优惠的加购商品。

表 7-4　主商品与加购商品

主商品	加购商品
西装外套	
手机	
项链	
牙膏	
牛奶	

5. 店内秒杀

店内秒杀即商店限时选购,是指在固定的短时间内,店内的指定商品的低价促销活动。对于设置了店内秒杀的店铺,买家端会显示相应的秒杀预告信息,使商品更具有吸引力。

(1)前往"Shopee China Seller Center"(Shopee 中国卖家中心)→"Marketing Centre"(营销中心)界面,选择"Boost Sales with Promotion"(增加更多销量)板块中的"My Shop's Shocking Sale"(店内秒杀)选项,开启店内秒杀,如图 7-17 所示。

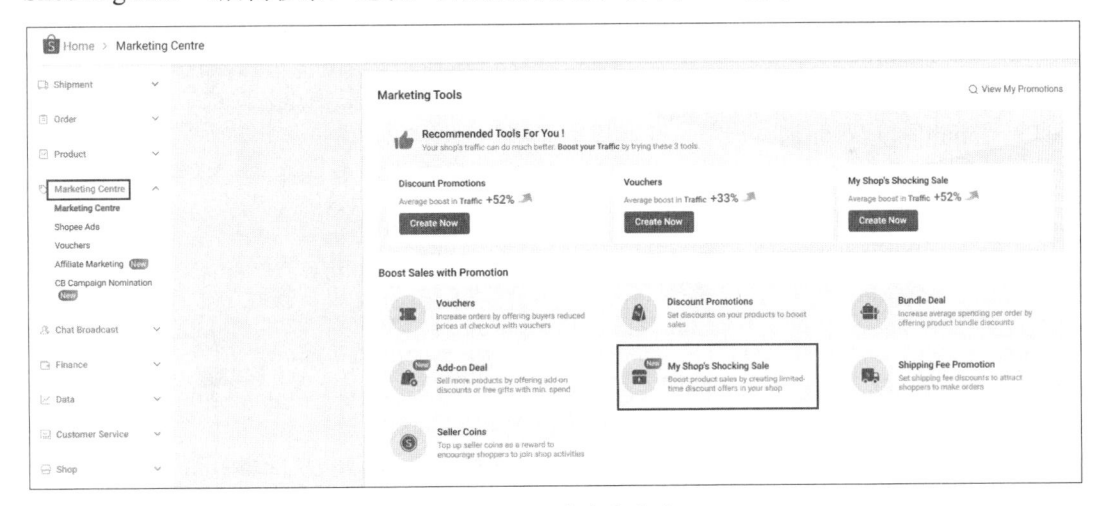

图 7-17　开启店内秒杀

(2)在"Create New My Shop's Shocking Sale"(创建新的店内秒杀)界面中可以查看"Product Criteria"(商品条件),设置"Time Slot"(时间段)和"Add Products"(添加商品)。操作完成后确认提交,创建店内秒杀,如图 7-18 所示。

6. 运费促销

运费促销是指卖家可以自行设定运费折扣,当买家在该卖家的店铺的购买金额达到某个或几个固定额度后,运费金额可以设置一定的优惠。运费促销可以帮助卖家的店铺吸引更多买家。

> 小提示
>
> Free shipping 可以是卖家设置的运费促销，同时也可能是平台的统一设置。

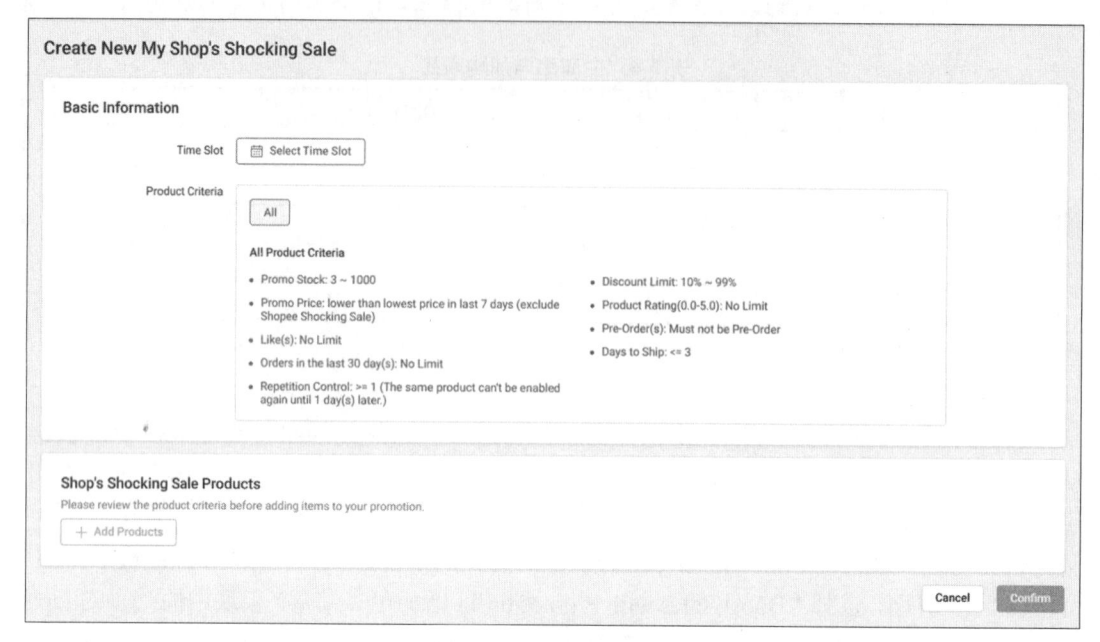

图 7-18　创建店内秒杀

（1）前往"Shopee China Seller Center"（Shopee 中国卖家中心）→"Marketing Centre"（营销中心）界面，选择"Boost Sales with Promotion"（增加更多销量）板块中的"Shipping Fee Promotion"（运费促销）选项，开启运费促销，如图 7-19 所示。

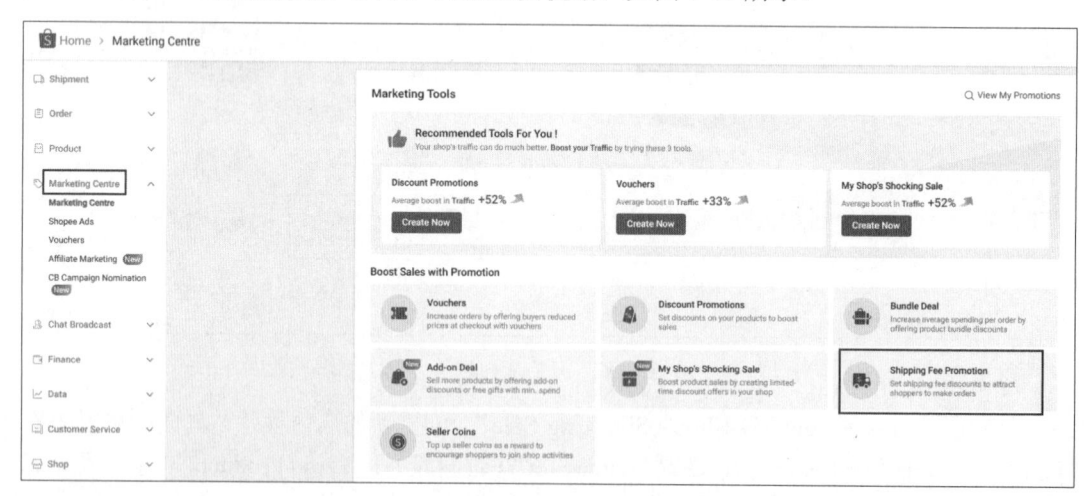

图 7-19　开启运费促销

（2）设置"Shipping Fee Promotion Name"（运费促销名称）、"Shipping Fee Promotion Period"（运费促销优惠期）、"Shipping Channels & Fee"（运输渠道和费用）。设置完成后保存并确认，创建运费促销，如图 7-20 所示。

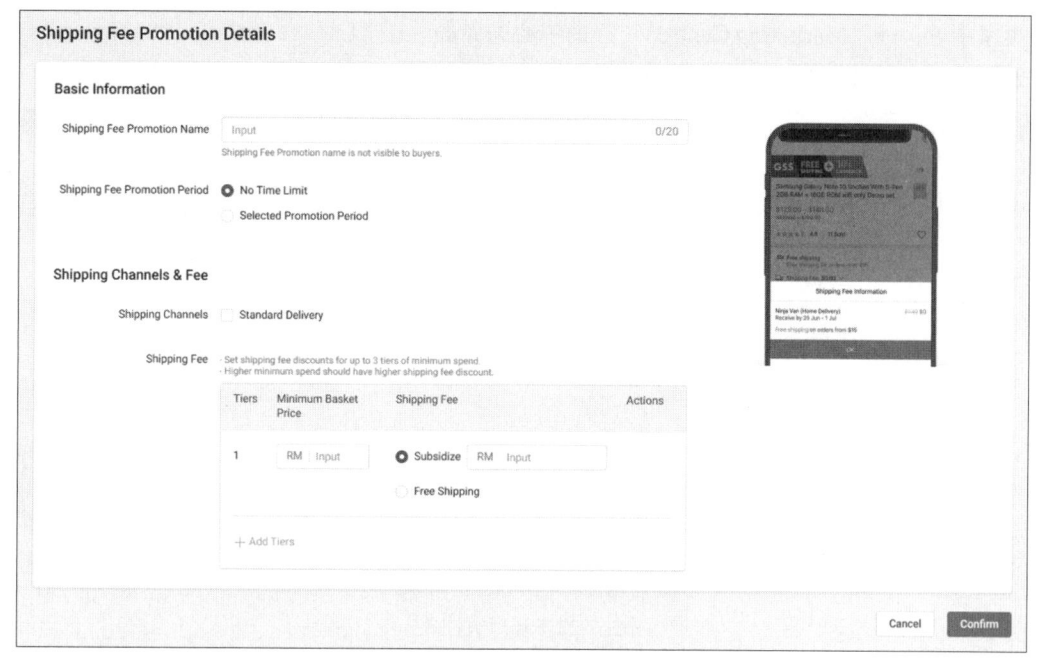

图 7-20　创建运费促销

> **小提示**
>
> ① 运输渠道：同一时间、同一运输渠道只能有唯一一个运费促销活动生效，否则会产生冲突。此运费促销活动将运用于整个店铺，同期已在其他运费促销活动中生效的运输渠道将不可用。
>
> ② 运输费用：卖家可以根据不同的最低消费设置单层或多层运费，提供运费补贴或免运。

7. 关注礼

关注礼是 Shopee 系统的奖励工具，卖家可以通过赠送优惠券来激励买家关注自家店铺。关注卖家店铺的粉丝越多，越有利于将最新商品和促销活动的消息传播给更多的买家，卖家会获得更广泛而坚实的买家基础，进而提升订单量。

买家需要符合以下三个条件，方可获得关注礼。

（1）第一次关注该卖家的店铺。

（2）第一次领取该卖家的关注礼。

（3）在关注礼活动期间，通过 Shopee App 进入并关注该卖家的店铺。

符合以上条件的买家进入店铺时会看到一个优惠券弹窗，如图 7-21 所示。

买家如果未点击"立即领取"按钮而错过了弹窗中的优惠券，仍然可以在店铺首页或动态中关注店铺，关注成功后即可得到关注礼。

（1）前往"Shopee China Seller Center"（Shopee 中

图 7-21　优惠券弹窗

国卖家中心)→"Marketing Centre"(营销中心)界面,在"Engage with Your Shoppers"(与买家互动)板块中选择"Follow Prize"(关注礼)选项,开启关注礼,如图7-22所示。

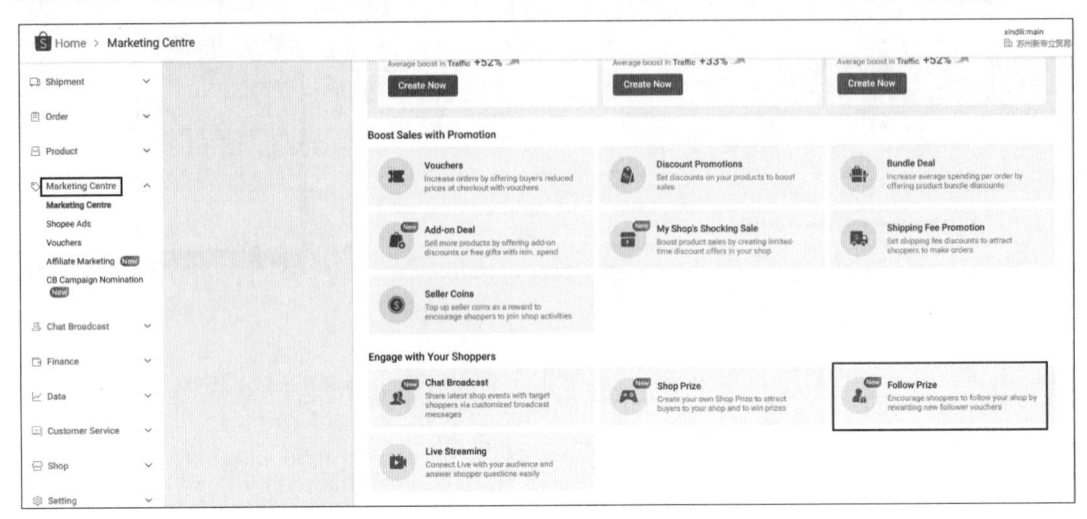

图7-22 开启关注礼

(2)完善"Basic Information"(基本信息),然后点击"Confirm"(确认)按钮,创建关注礼,如图7-23所示。

图7-23 创建关注礼

①"Follow Prize Name"(关注礼名称):不超过20个字符。该名称仅对卖家可见,不展示给买家。

②"Follow Prize Claim Period"(关注礼领取期间):结束时间必须大于开始时间,领取期间必须控制在2~90天之内。

③"Expiration Date"(失效日期):买家必须在 7 天内(自收到优惠券之日起)使用优惠券。

(3)完成"Reward Settings"(奖励设置)。

①"Follow Prize Type"(关注礼类型):目前仅限于优惠券。

②"Reward Type"(奖励类型):分为"Discount"(折扣)和"Coins Cashback"(Shopee 币回馈)。折扣仅适用于该卖家的商品,Shopee 币回馈适用于 Shopee 平台内的所有商品。

③"Discount Type | Amount"(折扣类型/金额):设置一个有吸引力的折扣金额或百分比,以提升买家关注商店的机会。

④"Minimum Basket Price"(最低消费金额):设置最低消费金额,以确保盈利。

⑤"Usage Quantity"(使用量):优惠券可被使用的总数量。

> **小提示**
> ① 关注礼优惠券适用于商店中的所有商品。
> ② 在同一时间段内只能设置一张关注礼优惠券。

> **＊7-8 想一想,做一做**
>
> 1. 以下哪项不属于"营销工具"?( )
>   A. 优惠券 B. 加购优惠
>   C. 我的折扣活动 D. 设置钱包密码
> 2. 要提高店铺的转化率,可以从哪些方面尝试?( )
>   A. 设置套装优惠 B. 提高价格
>   C. 设置加购优惠 D. 设置优惠券

> **小知识**
>
> 优惠叠加规则
>
> 当卖家同时开启多个促销活动时,系统将按照以下规则确定促销活动的优先级。
> (1)店内秒杀(商店限时选购)具有最高的优先权。
> (2)优惠券的优先权最低。
> (3)商品可以同时添加到多个促销活动中。

8. Shopee 活动

Shopee 平台经常开放不同主题活动的报名通道,卖家可以前往"Shopee China Seller Center"(Shopee 中国卖家中心)→"Marketing Centre"(营销中心)→"Join Shopee Official Event"(加入 Shopee 官方活动)→"Product Campaign"(商品活动)界面查看满足活动报名要求的商品,并点击"Nominate Now"(现在报名)按钮报名参加 Shopee 活动,如图 7-24 所示。

阶梯优惠券的设置

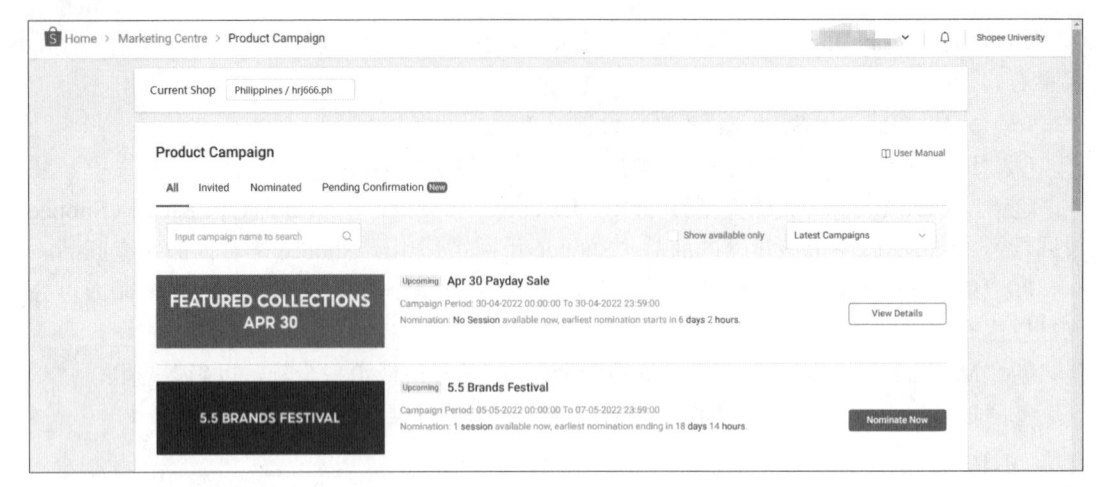

图 7-24　报名参加 Shopee 活动

(三) 商店装修

1. 商店介绍

前往"Shopee China Seller Center"(Shopee 中国卖家中心)→"Shop"(商店)→"Shop Profile"(商店介绍)界面,查看商店状态并编辑/更新商店的基本信息,如图 7-25 所示。

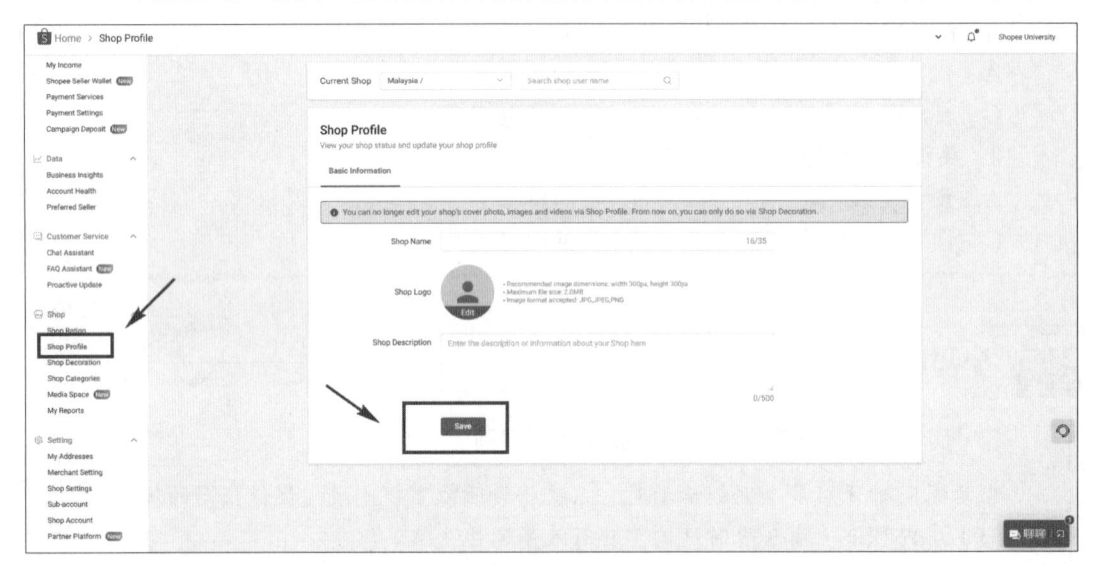

图 7-25　"Shop Profile"(商店介绍)界面

(1)"ShopName"(商店名称):一旦设置了商店名称,需要至少 30 天之后才能进行更改。

(2)"Shop Logo"(商店头像):上传后系统会自动将其切为圆形,推荐尺寸为 300px×300px。

(3)"Shop Description"(商店介绍):提供关于商店的信息,如品牌历史、产品类型、发货地点、聊天回复时间和其他独特品质等。建议使用本土化语言介绍,且确保没有超过字数限制,尽量使用生动的符号表情分段描述,避免出现长篇文字介绍。

以上操作设置完成之后,点击"Save"(保存)按钮即可完成设置。

*7-9 想一想，做一做

从下面这则商店介绍中，你能看出卖家向买家传递了哪些信息？请简要描述你的理解。

Welcome to our shop!
100% New and Fashion.Buy RM100 and above FREE SHIPPING.
We will update the product listing timely,please follow us and won't miss any promotions.
Ship from Oversea : Shipped within 1-2 days . Delivered about 1-2 weeks.
After Sales: If you are unsatisfied with our product or service, please contact us.
Hope you have a pleasant shopping experience.
We are mainly engaged in women's clothing.
My online reply time is 9: 00-17: 30 (Monday to Saturday), I will reply within 12 hours (during the day, I can reply within your very short time; in the evening I have to respond to you the next morning).

2. 商店装饰

商店装饰是卖家中心里创建专属商店首页的工具，卖家可以使用各种组件来自由编排网页端和移动端商店版面，从而更清楚、有效地展示商店里的商品。卖家还可以使用这些组件向买家推荐商品或促销活动，以引起买家的兴趣，从而进一步提升商店流量，促进出单。

商店轮播与介绍设置

前往"Shopee China Seller Center"（Shopee 中国卖家中心）→"Shop"（商店）→"Shop Decoration"（商店装饰）界面，进行编辑，如图 7-26 所示。

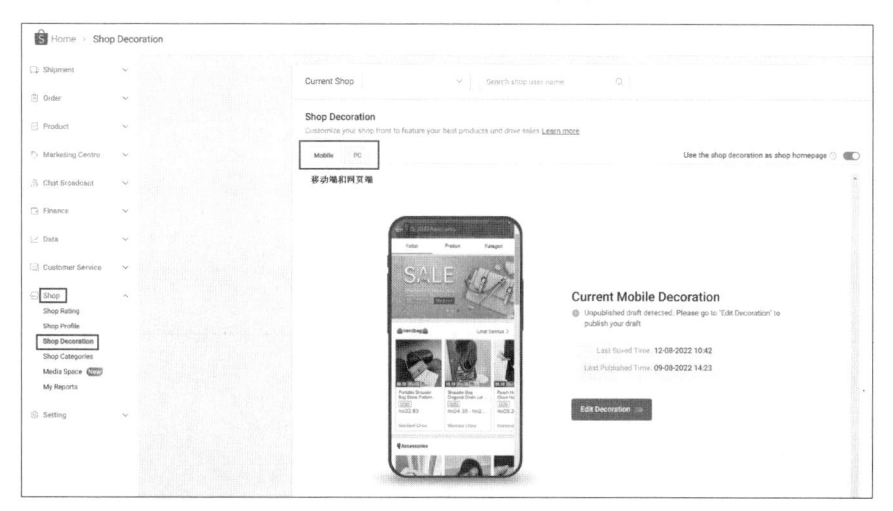

图 7-26　进行商店装饰

商店装饰一方面是为了美观，另一方面是为了促进商品销售。店铺风格由自己的商品和定位决定，它体现着卖家的格调。色彩的搭配要符合整个店铺主题，能够体现店铺的品牌文化及形象。为了便于买家记忆，推荐使用图文来展示说明。

（1）头像：要清晰明了，与商店名称及定位相关，可以放置品牌 Logo。

（2）商店名称：可以选择通俗且容易记忆的名称，最好和自身商品关联。可以直接使用品牌名或品牌+类目名的形式命名。这样搜索关键词时店铺也会出现在搜索栏下。

> **小提示**
>
> 商店名称一个月只能修改一次，不同站点对商店名称的字数要求不同。

（3）卖场轮播图：可以放置具有活动吸引力的图片，要清楚标示店铺重点活动和力推商品，如商店介绍、商店优惠和热卖商品等。放满五张，不留空。还可以放置相应的视频，以提升店铺品质感。

（4）商店横幅广告：可以结合店铺风格进行构图，突出商品特色、店铺活动和节日气氛。商店页面可以超链接商店横幅广告。

头像与名称设置

对于有一定基础的老商店来说，可以将近期反季清仓的商品拿出来做一个专区，超低折扣也能吸引更多买家回粉。对于新商店来说，一个低价引流的粉丝专区有助于提升初步销量，也能起到快速吸粉的效果。

※7-10 想一想，做一做

1. 任选一个商店的主营类目，如女装、配饰、3C 电子、家居，等等，完成你的商店装饰。包括头像、商店名称、卖场轮播图、商店 Banner（商店横幅广告）和商店介绍，并简要记录你选择的主营类目及商店介绍。

_____
_____
_____
_____
_____
_____

2. 下列中哪一个不是在商店装饰里设置的？（　　）

 A．商店描述　　　　　　B．商店背景宣传视频
 C．商店退货地址　　　　D．商店背景宣传图

> **小提示**
>
> 如果无法顺利保存，可以先检查并排除以下情况。
> ① 所有必填项是否填写正确。
> ② 所有组件的必填信息是否填写正确。
> ③ 所有细节是否符合商店的最新状况，卖家不能添加已下架的商品或类别等。

3. 商店分类

通过商店分类，卖家可以自行将相似的类型、性质或者有相同促销活动的商品设定为同一分类。商店分类既能方便买家的检索，也能促进同类商品的引流。

（1）前往"Shopee China Seller Center"（Shopee 中国卖家中心）→"Shop"（商店）→"Shop Categories"（商店分类）页面，点击"+Add Category"（添加分类）按钮，添加商店分类，如图 7-27 所示。

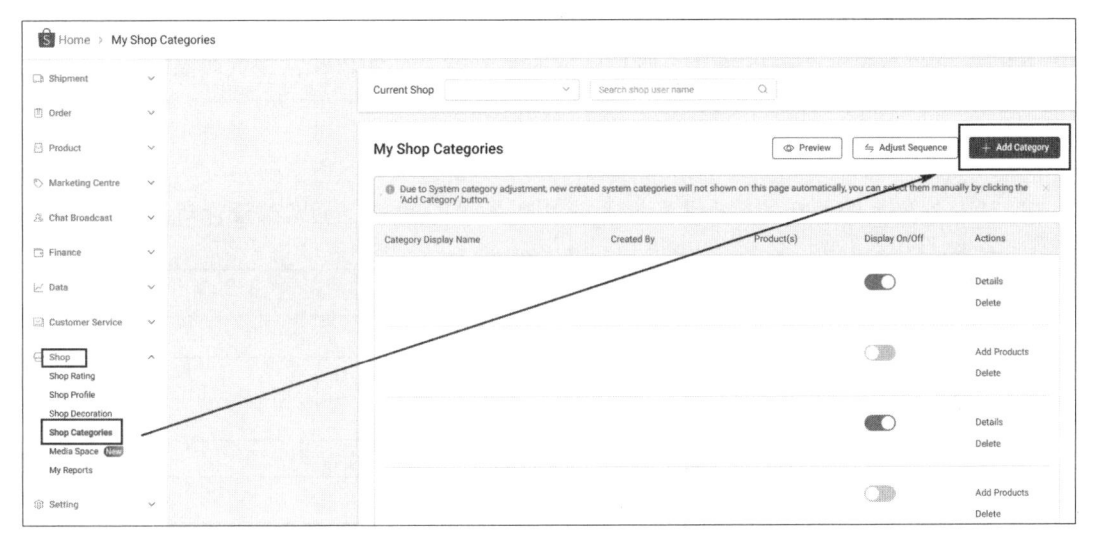

图 7-27　添加商店分类

（2）填写"Category Display Name"（分类显示名称）文本框，并选择"Category Type"（分类类型），创建商店分类，如图 7-28 所示。

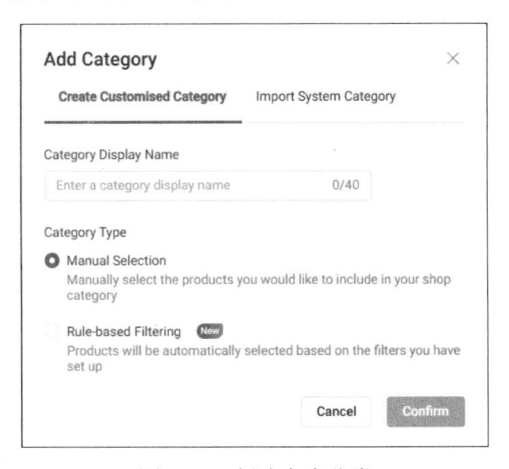

图 7-28　创建商店分类

商店的分类类型包含以下两种。

①"Manual Selection"（手动式选择）：手动选择包含的商品。

②"Rule-based Filtering"（自动式选择）：将根据设置的过滤条件自动选择商品，之后新增的商品也会自动进入该分类。

进行商店分类的重要性如下。

① 凸显商店内的主要商品和重点商品,提高商品的流量和销量。

② 店铺整体更加清晰、整洁,更能吸引买家浏览店铺,使买家更快找到感兴趣的商品。

③ 有专门的促销专区,买家可以快速、清晰地了解店内活动,提高店铺转化率。

商品分类方式如下。

① 按商品类别区分:根据商品特性,区分一二级类目,细分二级类目。

② 设立活动专区:活动专区如新品促销、折扣商品等。

③ 主推商品置顶:主推商品一般是店铺的引流款、利润款和常规款商品。

*7-11 想一想,做一做

请分别为主营类目是"女装"和主营类目是"3C 电子"的店铺设计商品分类。

女装:

3C 电子:

店铺商品分类　　　　　　　　　　Shopee 如何提高店铺转化率

学习活动二　制订计划

学习目标

1. 进行选品及店铺基本设置
2. 设计店铺活动与商品分类
3. 进行营销工具操作
4. 根据小组成员分工制订工作计划

学习过程

一、根据客户需求，完成选品过程，并记录选品要点

1. 以马来西亚站点为例，精选三款女装服饰，将商品名称填写在表 7-5 中，同时阐述自己的选品思路，并用 PPT 展示成果。

表 7-5　商品名称及选品思路

商品名称（款式+自拟编号）	选品思路

2. 上传选出的三款商品，重点优化商品名称和商品描述，突出商品特点，简要记录要点。

二、设计促销方案

为迎接即将到来的平台"双十一"大促销，作为一位母婴类卖家，针对女性买家，你决定设计哪些商店活动和促销方案来吸引她们？请以小组为单位，列出一套完整的活动方案。

三、制订工作计划（见表 7-6）

表 7-6　工作计划

小组人员分工		职责
组长		人员工作安排及行动指挥
组员		
		成果展示及验收
		其他

> **小提示**
>
> 小组人员分工可根据进度由组长安排一人或多人完成，应保证每人在每个时间段都有任务，既要锻炼团队能力，又要让小组每位成员都能独立完成相应任务。

学习活动三 实施作业

学习目标

1. 确定选品的思路和方法。
2. 对店铺进行装修，完善店铺信息。
3. 设置店铺活动。
4. 根据任务要求对操作和相应题目进行审核、校对。
5. 根据任务实施过程记录问题及解决方法。

学习过程

一、基础运营

（一）搜索选品

搜索选品的参考维度有：_____。

（二）分时段上新

每天分时段小批量上新商品，这样新上传的商品会在同类商品的搜索排名中处于靠前的位置，有利于店铺持续曝光。

（三）置顶推广

操作路径：_____

（四）粉丝运营

1. 吸引粉丝

（1）_____。卖家可在 Shopee App 上搜索同类热门卖家，并主动关注这个卖家及其现有粉丝，这样被粉丝回关的概率比较大，同时也能提升曝光量。

（2）_____。卖家重视每次与买家进行沟通的机会，及时回复聊聊信息，提高买家转化和留存率。

（3）_____。卖家可以鼓励买家点赞其商品或者关注其店铺，并在下次购买时给予折扣或礼品，也可以在后台设置关注礼吸引买家关注其店铺。

（4）_____。可以帮助店铺引流，增加粉丝量。

2. 重视粉丝

（1）粉丝是店铺_____的重要来源，在店铺运营初期，_____是非常重要的一个运营环节。

（2）店铺的粉丝累积到一定量后，卖家可以定期策划一些_____，并且主动和买家互动，进行店铺主题活动的宣传。可以通过_____通知买家参与，也可以通过_____、_____和_____进行宣传，吸引潜在买家。大促销前可以通过聊聊等方式赠送粉丝专属优惠券，有助于大促销时实现更好的爆单。

（3）粉丝运营有利于提高粉丝回购率，同时也能提升店铺曝光量，拓宽新客源，形成良性循环，提高店铺销量。

二、营销工具

（一）优惠券
操作路径：_____

_____

（二）我的折扣活动
操作路径：_____

_____

（三）套装优惠
操作路径：_____

_____

（四）加购优惠
操作路径：_____

_____

（五）店内秒杀
操作路径：_____

_____

（六）运费促销
操作路径：_____

_____

（七）关注礼
操作路径：_____

_____

（八）Shopee 活动
操作路径：_____

_____

三、商店装修

（一）商店介绍
操作路径：_____
_____

（二）商店装饰
操作路径：_____
_____

（三）商店分类
操作路径：_____
_____

四、记录问题及解决方法

在以上操作过程中是否遇到了问题？是如何解决的？记录在表 7-7 中。

表 7-7　所遇问题与解决方法

所遇问题	解决方法

学习活动四　检查与验收

学习目标

1. 检查相关题目和操作的正确性。
2. 根据修改意见对文稿进行修改。
3. 按照工作流程交付主管确认签收。

学习过程

一、质量检查

根据工作任务完成情况进行检查、校对，并将信息填入表 7-8 中。

表 7-8　质量检查表

检查序号	检查项	根据完成情况或完成项目在相应位置标记"√"	改进措施
1	基础运营	□搜索选品 □分时段上新 □置顶推广 □粉丝运营	
2	营销工具	□优惠券 □我的折扣活动 □套装优惠 □加购优惠 □店内秒杀 □运费促销 □关注礼 □Shopee 活动	
3	商店装修	□商店介绍 □商店装饰 □商店分类	

二、交接验收

根据任务要求以角色扮演形式两组交叉进行解说，展示、逐项核对、完成交接验收，并填写验收表，如表 7-9 所示。

表 7-9　验收表

项目	要求	结果
基础运营	1. 搜索选品 2. 分时段上新 3. 置顶推广 4. 粉丝运营	合格□　不合格□ 改进建议：
营销工具	1. 优惠券 2. 我的折扣活动 3. 套装优惠 4. 加购优惠 5. 店内秒杀 6. 运费促销 7. 关注礼 8. Shopee 活动	合格□　不合格□ 改进建议：
商店装修	1. 商店介绍 2. 商店装饰 3. 商店分类	合格□　不合格□ 改进建议：
评价	评价	合格□　不合格□ 改进建议：

> 小提示

被抽查学生的成绩即该学生所在组所有成员的成绩,所以组长要起到监督指导的作用,组员之间应互帮互助,协力完成本学习任务。

三、总结评价

按照"客观、公正、公平"原则,在教师的指导下以自我评价、小组评价和教师评价三种方式对自己和他人在本学习任务中的表现进行综合评价,填写考核评价表,如表7-10所示。

表 7-10 考核评价表

姓名		班级		学号				
评价项目	评价标准	评价方式			权重	得分小计	总分
		自我评价	小组评价	教师评价			
职业素养与关键能力	1. 按规范执行安全操作规程 2. 参与小组讨论,相互交流 3. 积极主动、勤学好问 4. 清晰、准确表达 5. 外语表达能力熟练				40%		
专业能力	1. 掌握基础运营操作 2. 熟练运用营销工具 3. 熟悉商店装修方式				60%		
综合等级		指导教师签名			日期		

填写说明:

(1)各项评价采用10分制,根据符合评价标准的程度打分。

(2)得分小计按以下公式计算:

得分小计=(自我评价×20%+小组评价×30%+教师评价×50%)×权重

(3)综合等级按 A(9≤总分≤10)、B(7.5≤总分<9)、C(6≤总分<7.5)、D(总分<6)四个级别填写。

> 知识链接

店铺运营常见问题示例及建议

对于刚开始运营店铺的新卖家而言,第一个月都是比较焦虑的,不少卖家困惑于访客少、出单少的问题。这些问题通常说明卖家需要进行店铺优化。一些店铺运营常见问题示例及建议如下。

1. 问题:商品主图没有吸引力

建议:中国台湾站点的商品主图适合采用"场景图+商品图+卖点"的形式,东南亚站点适合采用多款式拼接图。注意在图片中介绍商品特性,放大商品特点。除非活动要求,否则不建议采用白底图。买家更欣赏性价比高、真实性高、信息量丰富的图片，如图 7-29 所示。

（1）使用拼图模式展示商品款式的多样性，添加关于商品卖点的文字，文字使用英文。

（2）可以参考销量较高的竞店，但是图片要体现差异性，不要照搬照抄。

2．问题：商品名称和商品描述关键词多次重复，对买家了解商品没有实际意义

1）商品名称

建议：商品名称的编辑应采用"商品名+核心卖点+使用场景"的形式。

可以添加一些其他关键词，如相近属性的商品词、修饰词或热搜词，也可以添加一些特殊关键词，如现货、当天发货等，如图 7-30 所示。

图 7-29　商品主图优秀示例

图 7-30　商品名称优秀示例

2）商品描述

建议：提供详细的商品规格信息，如材质、重量、尺寸和其他特点，尤其是电子产品、设备和工具更加注重商品细节描述。

描述商品的用途和优点，要让买家有代入感。比如，列出 3~8 个商品特点，展示商品不同的使用方式或场景，让买家快速掌握商品信息，如图 7-31 所示。

图 7-31　商品描述优秀示例

3．问题：商品上架数量太少（见图 7-32）

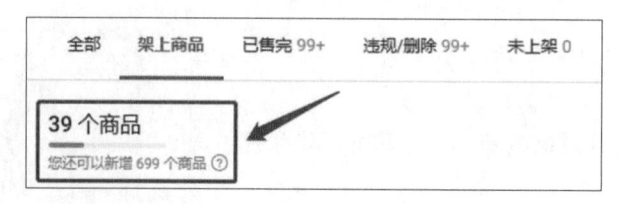

图 7-32　商品上架数量太少

建议：基础上传商品数量为 300～500 款，每日上传 20～50 款新品，对其中 5～10 款做精细化运营，优化商品名称、详情页、图片、视频。每个星期下架浏览量少且点击率不高的商品。

学习任务八

广告创建与管理

学习目标

知识目标：

- 掌握广告投放的种类及方式。
- 掌握搜索广告的展示逻辑。
- 掌握广告数据各项指标的内涵。
- 掌握广告效果优化的方法。
- 掌握关键词的选择和编辑技巧。
- 掌握广告投放效果分析的方法。
- 合理制订工作计划。
- 参照相关标准、规范对操作或相应题目进行审核、校对。
- 记录问题及解决方法，并完成质量检查与验收。

技能目标：

- 熟练掌握广告主要指标的计算方法。
- 熟练掌握搜索广告的创建方法。
- 熟练掌握关键词选择的路径与方法。
- 能够优化与提升广告效果。

素质目标：

- 培养学生自主学习和研究的能力。

工作情境

小张运营店铺一段时间之后，发现店铺及商品的流量数据始终维持在低位，成交转化率也比较低。为了突破自然流量瓶颈，实现销量的快速增长，并为下半年的销售旺季做好店铺的基础数据，小张与运营主管沟通后，争取到每个店铺每月 1500 美元的广告预算。与其他同类店铺进行对比分析后，小张将广告投放效果的目标设定为：点击量提升 20%，成交率提高 10%。于是，在广告投放方面，小张开始进行系统学习，明确广告开通方式及展示逻辑，并为自己的商品创建广告。

工作流程

学习活动一　明确工作任务和知识技能准备
学习活动二　制订计划
学习活动三　实施作业
学习活动四　检查与验收

学习活动一　明确工作任务和知识技能准备

学习目标

1. 通过与运营主管沟通，明确工作任务，并能准确概括工作内容和要求。
2. 根据运营目标确定广告预算。
3. 根据运营目标进一步分解广告预算。
4. 掌握广告展示逻辑，创建广告。
5. 熟练掌握关键词选择渠道和编辑方法。
6. 分析广告投放效果并进行改进。

学习过程

一、明确工作任务

1. 根据运营目标制定广告预算。
2. 根据店铺广告预算整理店铺中的商品，选出五款商品，并投放搜索广告，记录选择要点，并提出理由。
3. 为上述选出的五款商品收集关键词，并用 Excel 记录下来。为每款商品找出五个关键词，简要说明理由，记录选择途径和方法，并阐述理由。
4. 投放搜索广告一周之后，小张发现，点击量提高了 40%，但是成交率只提高了 3%，手机端展示数量不足。请帮助小张分析他的广告投放可能存在的问题及解决对策。

二、知识技能准备

Shopee 平台上的卖家可以通过广告投放来提升商品曝光量，广告投放也是 Shopee 店铺商品引流的最佳途径之一。在 Shopee 平台，广告投放的最低单次点击收费仅 0.01 美元，卖家通过合理有效的广告投放就能够突破自然流量的瓶颈，可以高效地实现精准曝光，也可以实现销量的快速增长。

（一）投放搜索广告的意义

1. 获取流量

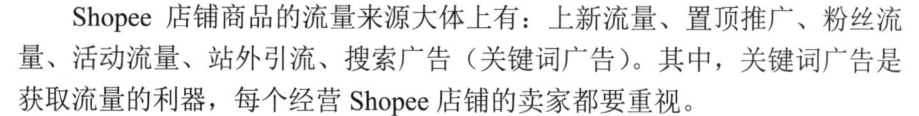

Shopee 店铺商品的流量来源大体上有：上新流量、置顶推广、粉丝流量、活动流量、站外引流、搜索广告（关键词广告）。其中，关键词广告是获取流量的利器，每个经营 Shopee 店铺的卖家都要重视。

2. 提高商品利润

卖家原有的销量较好的商品也有一定的利润空间。为了提升商品的曝光量，卖家可以通过开通关键词广告获取流量、提升订单量，以提高商品利润。

3. 引流

对于一些新开店铺或者新上传商品，为提升商品本身的流量，卖家可以通过开通关键词广告，低价引流，刺激买家拼单，带动整个店铺流量的提升。

4. 测款

初期选品时，卖家的一般思路是从其他跨境电商平台选品。有些商品在速卖通、亚马逊卖得不错，卖家也可以在 Shopee 平台尝试售卖这些商品。此时开通 Shopee 平台关键词广告，通过引流，检测该商品是否有比较好的转化率，以及是否有成为爆款的可能。

（二）广告展示

当买家搜索卖家出价的关键词时，商品搜索广告可以帮助卖家的商品展示在搜索结果页面的突出位置，这将助力卖家更高效地实现精准曝光。

1. 手机端

搜索结果页面中的前两件商品为关键词广告的商品，随后每三件商品中会出现一件关键词广告的商品，如图 8-1 所示。

2. 网页端

搜索结果页面中的前五件商品为关键词广告的商品，随后每 40 件商品中会展示五件关键词广告的商品，如图 8-2 所示。

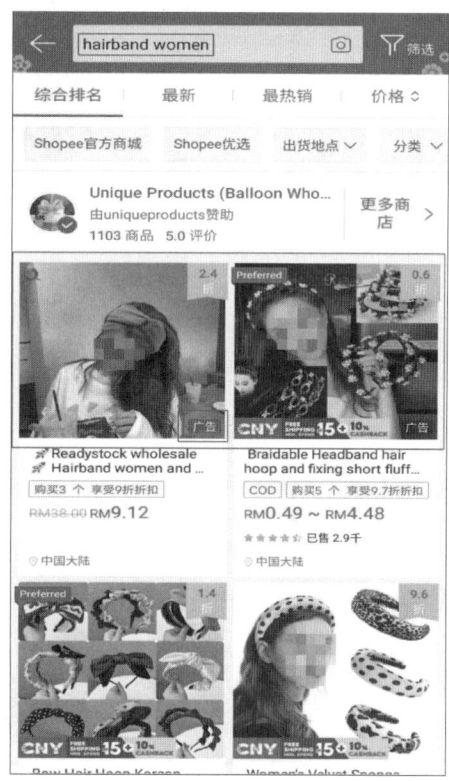

图 8-1 手机端搜索结果页面

> **小知识**
>
> 广告排名顺序=单次点击价格×关键词质量评分
> 单次点击价格=卖家愿意支付的单次点击价格
> 关键词质量评分=关键词的流行程度、卖家的商品和关键词的相关程度等

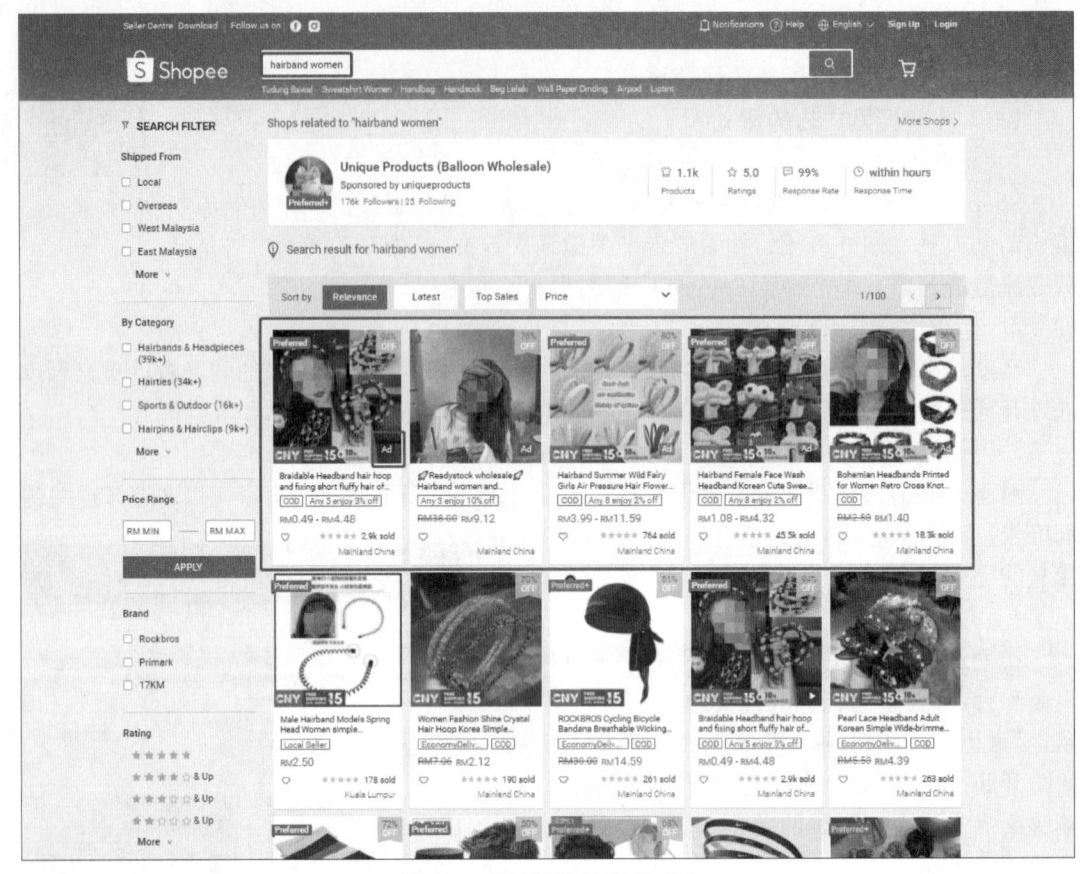

图 8-2　网页端搜索结果页面

（三）广告创建

1. 广告充值

（1）前往"Shopee China Seller Center"（Shopee 中国卖家中心）→"Marketing Centre"（营销中心）→"Shopee Ads"（Shopee 广告）界面，创建商品搜索广告，如图 8-3 所示。

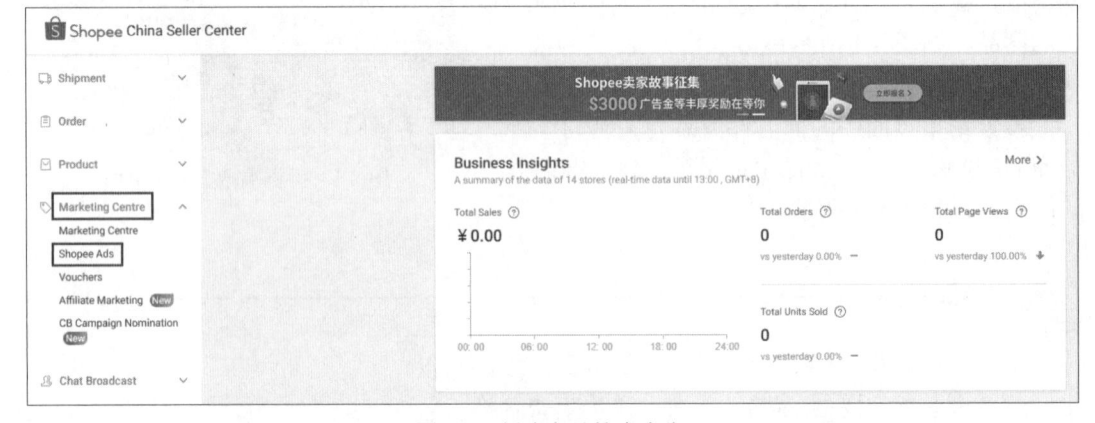

图 8-3　创建商品搜索广告

（2）使用广告之前需要先进行广告充值，点击"Top Up"（充值）按钮，如图 8-4 所示。

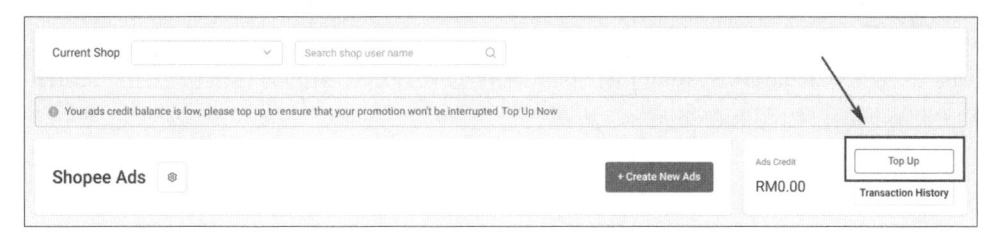

图 8-4　进行广告充值

（3）卖家可以根据实际情况设定广告充值金额（广告储值金），如图 8-5 所示。

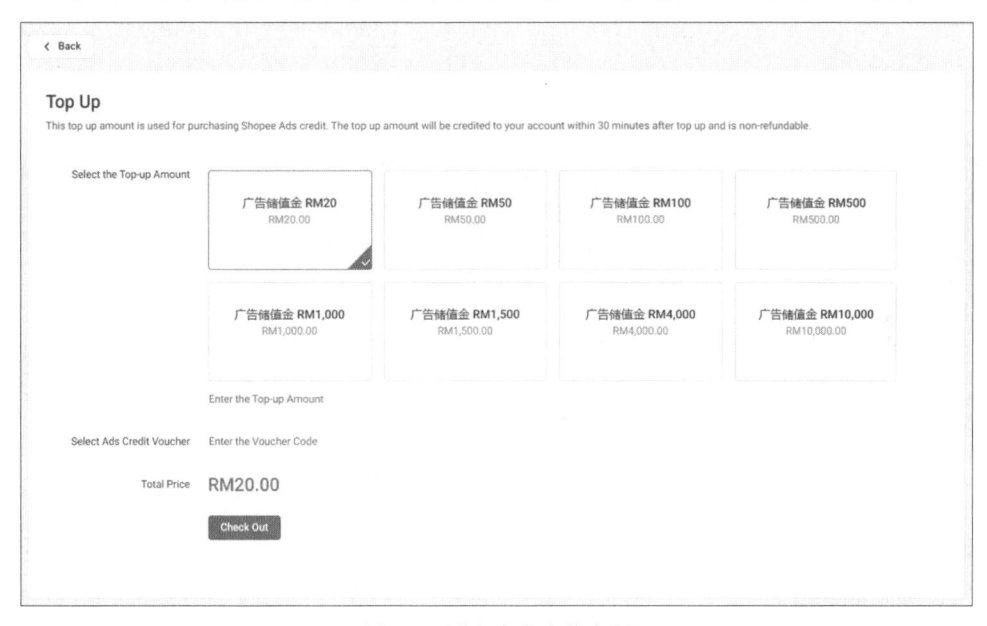

图 8-5　设定广告充值金额

·小提示

广告充值方式：

① "微事云"网页版充值：包括 PayPal 和 LianLian Pay 连连跨境支付。充值后，三个工作日内到账。

② 双币信用卡充值：除了印度尼西亚、巴西站点，其余站点均可使用此方式。卖家可点击页面充值按钮直接充值，即时到账。

③ 余额充值：选用该方式，Shopee 将从卖家当期应拨的店铺结算款中划扣充值金额，即时到账。

④ 微信支付充值：微信支付是广告充值实时支付的渠道之一。通过微信 App 扫描二维码，卖家可以轻松快捷地完成支付。

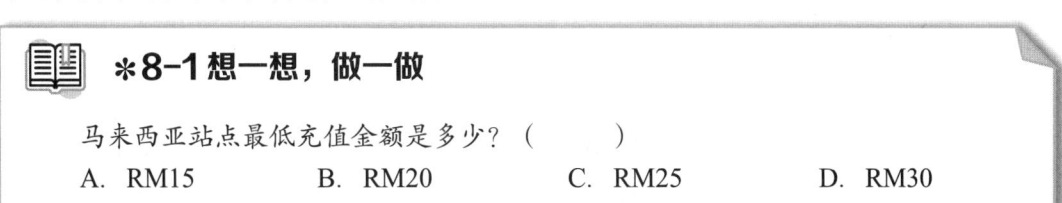

*8-1 想一想，做一做

马来西亚站点最低充值金额是多少？（　　　）
A．RM15　　　　B．RM20　　　　C．RM25　　　　D．RM30

2. 创建广告

（1）点击"+Create New Ads"（创建新广告）按钮，在弹出的对话框中点击"Search Ads"（搜索广告）按钮，如图8-6和图8-7所示。

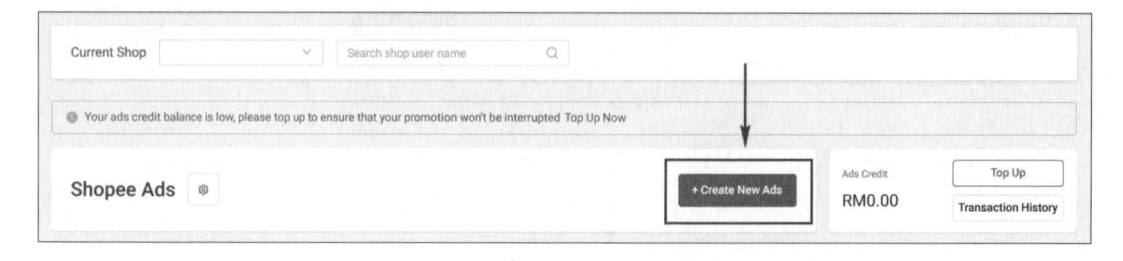

图8-6　创建新广告

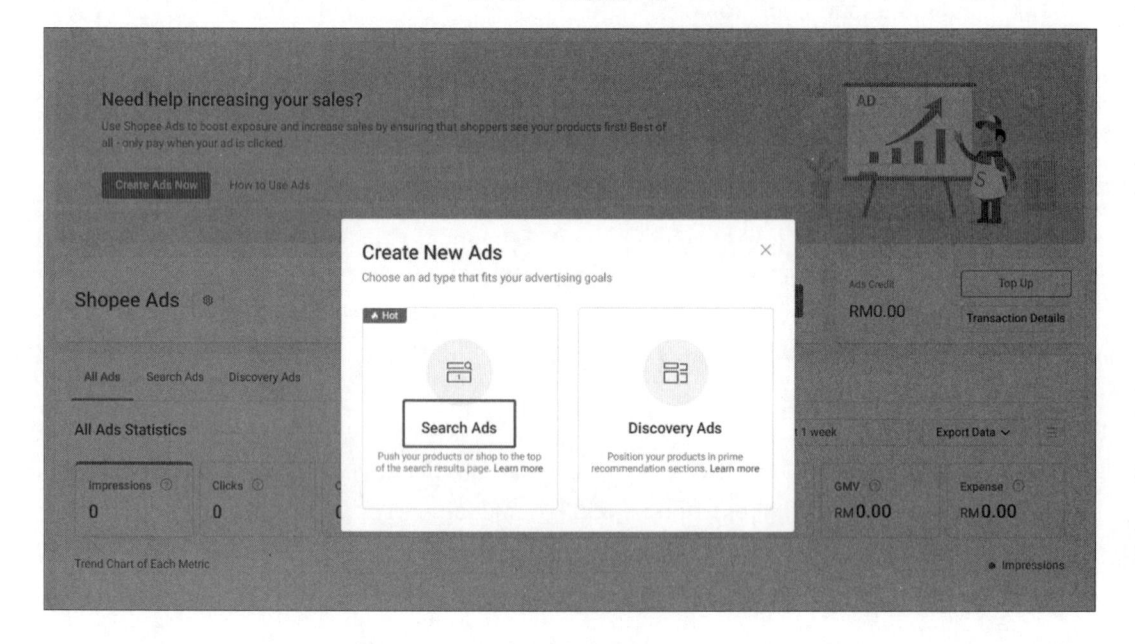

图8-7　选择搜索广告

（2）在"Create Search Ads"（创建搜索广告）板块中，将"Promotion Type"（推广类型）设置为"Products"（商品），如图8-8所示。

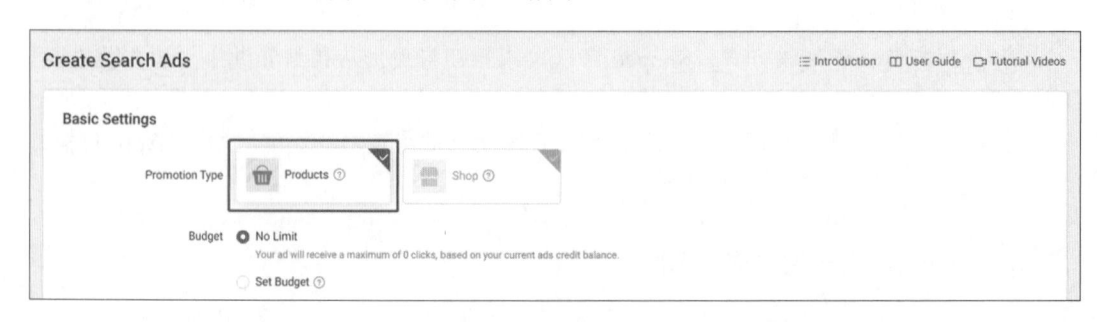

图8-8　设置推广类型

（3）完善相关信息，如图8-9所示。

图 8-9　完善相关信息

> ***8-2 想一想，做一做**
>
> 英译汉。
> （1）Promotion Type_____
> （2）Budget_____
> （3）Time Length_____
> （4）Keyword Settings_____
> （5）Auto Selected_____
> （6）Manually Selected_____

3. 完善信息

1）广告预算

广告预算是卖家预定的将要支付的广告花费的最高金额。达到广告预算后，卖家的广告将不再显示。不做限制的广告预算可确保卖家广告的持续投放，直到卖家的广告预算用完为止。卖家也可以自行设置广告预算来控制每个关键词广告的每日预算和总预算。当买家搜索关键词并点击该关键词广告时，平台才收费，额度不会高于商品设置的费用。平台也设定：当某一时间段内买家多次点击卖家的某款商品时，只收取一次费用。

广告预算规划

2）时间长度

时间长度指广告投放时长。达到时间长度后，卖家的广告将停止投放。卖家可以设置关键词广告不限时投放，或设置开始日期和结束日期。如果卖家希望自己的广告能够持续曝光，可以设置不限时。如果卖家希望只在一年中的某些天投放广告以推广商品，可以设置时间表。

3）选择商品

选择商品指选择需要设置广告的商品。对于搜索广告而言，选好推广商品至关重要，通常选择竞争不激烈但具有流量的商品。在实践中，有经验的卖家会选择高点赞、高销量、高评价的商品，以及有 low price guarantee（低价保证）标签的商品，卖家也可以通过开通关键词广告来促进商品转化。高点击率、高转化率商品可借助关键词广告获得更多流量。平台热卖款商品的受众群体规模大，但是竞争激烈，如果卖家有一定的竞争优势，如款式新、性价比高、差异化比较明显等，建议开通关键词广告。当下市场新流行商品的竞争压力不大，如果卖家在这类商品上有自身的优势，那么开通关键词广告也是不错的选择。平台主推款商品比较容易获得平台的流量扶持，开通关键词广告也是不错的选择。"商品概述"界面的信息可以作为选择商品的参考，如图8-10所示。

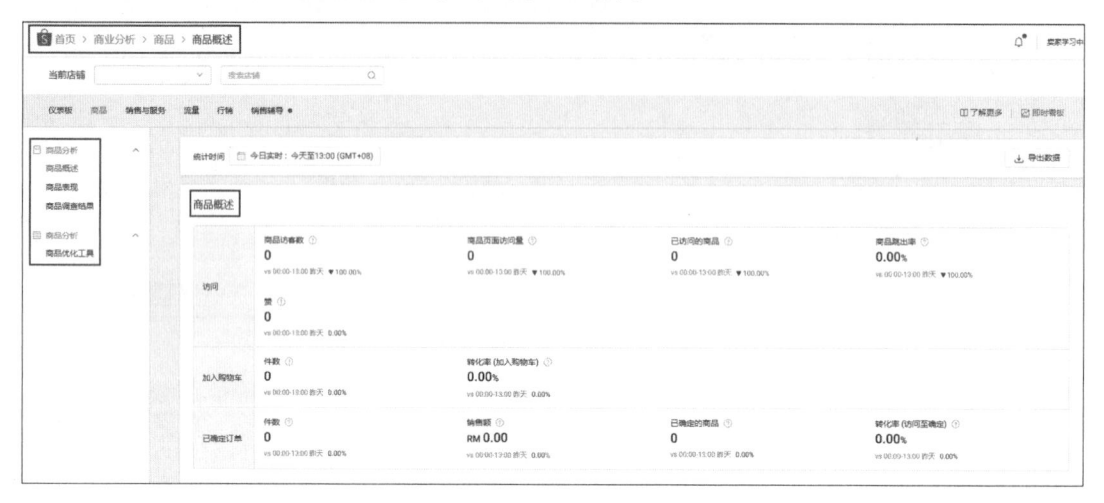

图8-10 "商品概述"界面

4）添加关键词

可以手动或自动添加关键词。手动添加关键词，可以查看各个关键词的质量评分、搜索量和推荐出价。Shopee的推荐出价是根据中标价计算的，卖家可以凭此使自家广告展示在搜索结果的前面位置，卖家也可以自行设置出价。自动添加关键词，可以为多件商品批量设置关键词广告，Shopee会帮助卖家自动出价并优化广告。广告出价需要慢慢调整，在新品前期，可以参考平台推荐的价格，然后根据推广数据来决定是要提高预算还是要降低预算，比如在流量大的时候可以提高预算和出价。添加关键词时，如果商品没有优势，最好使用精准词，关键词和商品的相关性越高越好。每个商品可以设置5~10个关键词，设置关键词时最好设置买家最有可能搜索的词，且要考虑到目标市场的语言习惯。卖家可以参考竞品、研究平台发布的周报或者借助谷歌趋势等第三方工具来提高关键词的精准度，并总结出关键词选择的规律。卖家可以从平台内部寻找关键词，如Shopee平台首页的热搜词和联想词、平台市场周报中的热搜词和流行趋势词等，同时，热卖竞店的同款关键词也可以作为参考。添加关键词时，平台也会提供一系列关键词给卖家做参考。

小提示

① 出价即单次点击金额，表示卖家愿意为每次点击支付的最高价格。
② 中标价是指同一站点下，投放同一个关键词的所有卖家的出价的平均价格。
③ 实际支付的出价取决于竞价中的其他卖家的出价。
④ 提高出价有助于提高搜索结果排名，并更有机会提升商品的曝光度。

选词误区和调整策略

*8-3 想一想，做一做

根据你的理解，找出马来西亚站点中"Dress"的五个关键词，并简要说明选择该关键词的原因，完成表8-1。

表 8-1　关键词选择

商品	关键词	选择原因
Dress		

*8-4 想一想，做一做

根据所学知识，优化"8-3 想一想，做一做"中的关键词选择，完成表8-2。

表 8-2　优化关键词选择

商品	原选关键词	现选关键词	更换依据
Dress			

（四）广告数据管理

优化广告关键词可实现更好的广告投放效果。卖家通过开通 Shopee 广告，提高店铺浏览量，进而提升买家转化率。Shopee 平台官方数据显示，经过广告投放的卖家，其商品曝光量平均增加 82%，新买家数量平均增长 56%。买家与粉丝得到快速积累，复购率大大提高，广告带来的平均订单量增长 27%，转化率提升，累计销量提高，带动自然流量增加。

广告选词和出价策略

1. 常见的广告指标

1）浏览数（Impression）

浏览数指卖家的广告在搜索结果页面中被已登录的买家看到的次数。浏览数越高，代表卖家的广告触及了更多潜在的买家的需求。在商店广告中，此项指标也可称为商店浏览数。

2）点击次数（Clicks）

点击次数指卖家的广告在搜索结果页面中出现后，已登录的买家点击该广告的次数。在商店广告中，此项指标也可称为商店点击次数。

3）点击率（CTR）

点击率指已登录的买家在搜索结果页面中看到广告后，点击该广告的次数除以买家在搜索结果页面中看到该广告的次数的比例。在商店广告中，此项指标也可称为商店点击率。

例如，小张的广告有 100 次浏览数、20 次点击次数。那么：

$$该广告的 CTR = \frac{20}{100} \times 100\% = 20\%$$

> **小提示**
>
> 点击率越高，表示买家对卖家的广告越感兴趣。

4）订单数（Orders）

订单数指买家在点击广告后，7 天内所下订单的数量，订单包括该广告商品或者同店铺中的其他商品。订单的统计口径是"下单订单"而不是"确定订单"。此项指标可以追踪到由广告流量转化的订单数，和店铺总订单数有所区别。

5）转化（Conversions）

该指标用来计算买家在点击广告后，7 天内受该广告影响，实现的订单里有几款商品，包括广告商品和同店铺中的其他商品。仅计算最后一次点击带来的转化数。如果买家点击了多个广告链接，并将这些商品合并成一个订单购买，则转化数分别计为 1。

6）商品已出售（Items Sold）

商品已出售指在 7 天内，单次广告点击带来的广告商品及同店铺中其他商品的购买总数量。1 个转化里，可包含多个商品。

例如，小张投放了牛仔裙的广告，带来了 1 个订单，订单中包括 1 件牛仔裙，2 件连衣裙，3 件吊带裙。那么：

订单数 = 1

转化 = 1（牛仔裙）+ 1（连衣裙）+ 1（吊带裙）= 3

商品已出售 = 1（牛仔裙）+ 2（连衣裙）+ 3（吊带裙）= 6

7）销售金额（GMV）

销售金额指买家点击卖家的广告后，7天内广告商品及同店铺中其他商品的购买总金额。

8）花费（Expense）

花费指广告支出的总金额，方便卖家确保广告费用控制在广告预算范围之内。

9）投入产出比（ROI）

通过计算广告产生的收入（销售金额，包括广告直接订单与间接订单）与花费的每一块钱来计算卖家的广告报酬。销售金额与花费的比值即投入产出比。

$$投入产出比（ROI）= \frac{销售金额（GMV）}{花费（Expense）}$$

例如，小张投放广告后带来的销售金额为3000元，花费为600元。那么：

$$该广告的 ROI = \frac{3000}{600} = 5$$

10）成本收入比（CIR）

成本收入比是指计算广告支出（花费）与广告产生的收入（销售金额，包括广告直接订单与间接订单）的百分比。CIR越低，广告利润越高。

$$成本收入比（CIR）= \frac{花费（Expense）}{销售金额（GMV）} \times 100\%$$

例如，小张投放广告产生的收入为3000元，广告支出为600元。那么：

$$该广告的 CIR = \frac{600}{3000} = 20\%$$

11）转化率（CR）

转化率用来计算单个广告点击产生的广告商品及同店铺其他商品的转化概率。

$$转化率（CR）= \frac{转化数}{点击数} \times 100\%$$

12）单次转化成本

单次转化成本指广告点击转化成销售订单的平均成本。

$$单次转化成本 = \frac{花费}{转化数}$$

13）平均排名

平均排名指该商品在搜索结果页面中的广告商品里的平均排名，并不是其在搜索结果页面中的所有商品里的排名。

例如，假设小张的广告排名是8，那么小张的广告会出现在从搜索结果页面顶端往下数第8个广告位，并非第8个搜索结果。

小提示

越小的广告排名代表广告会排在越好的位置，也就是越接近搜索结果页面的顶端。比如，排名1会比排名2、3的位置更好，以此类推。

2. 广告投放效果查看

（1）设定关键词广告后，卖家可以通过关键词广告页面来查看关键词广告的投放效果。前往"Shopee中国卖家中心"→"营销中心"→"Shopee广告"界面，查看广告投放效果，如图8-11所示。

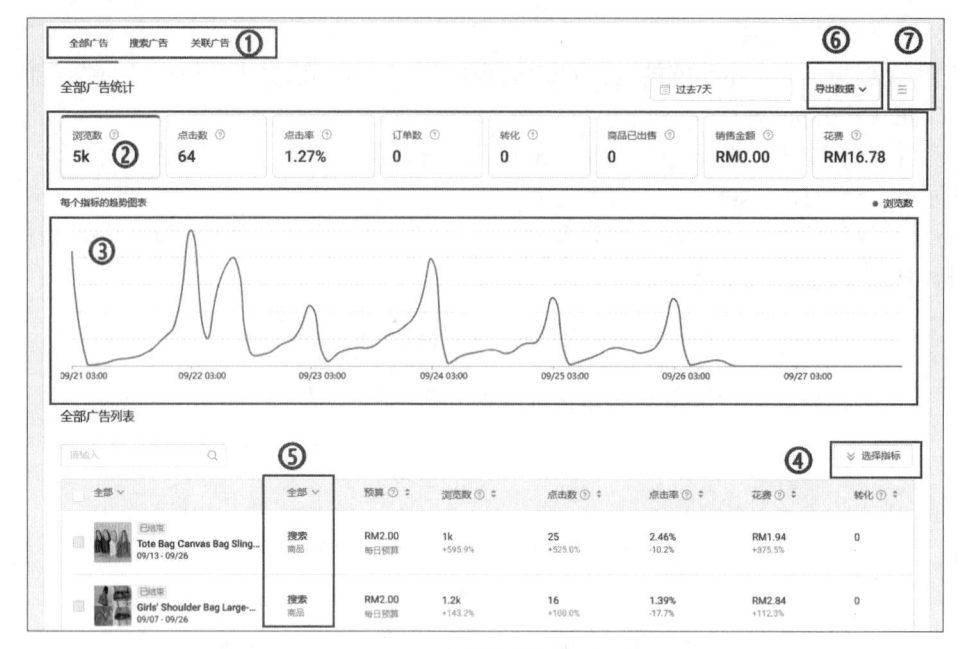

图8-11 查看广告投放效果

① 选择查看"全部广告""搜索广告""关联广告"等的数据。
② 选择想要查看趋势图的统计指标。
③ 查看每个指标的趋势图表。
④ 选择想要在广告数据中查看的指标。
⑤ 筛选广告类型。
⑥ 选择导出综合广告数据或关键词、展示位置层级的数据,导出的数据以卖家全部广告、搜索广告、关联广告中的选择为准。如果卖家选择搜索广告、关联广告,则导出的数据将为搜索广告、关联广告的数据,以及搜索广告、关联广告层级的数据。
⑦ 下载报告。

(2) 查看整体效益的统计图表。

在"Shopee 广告"界面的顶端,卖家可以查看整体效益的统计图表,可以了解所有Shopee 广告的整体绩效,如图8-12所示。

图8-12 查看整体效益的统计图表

（3）查看特定时期的关键词广告投放效果，如图 8-13 所示。

图 8-13　查看特定时期的关键词广告投放效果

（4）查看关键词广告效益报表。

关键词广告效益报表可以帮助我们了解每个商品的关键词广告投放效果。关键词广告效益报表下载路径为：先选择报表的时间区间，然后点击"导出数据"按钮，如图 8-14 和图 8-15 所示。

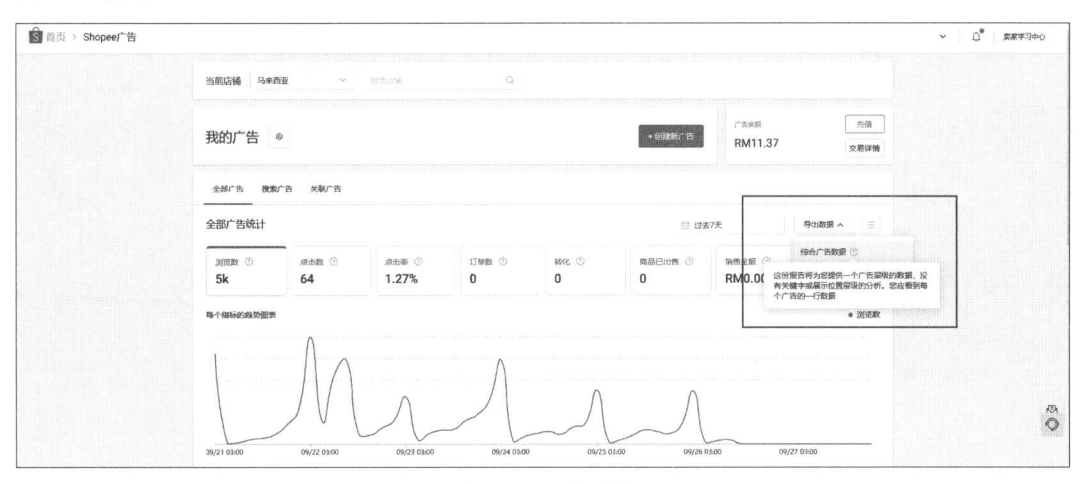

图 8-14　下载路径

（五）广告效果优化

广告效果优化可以从商品点击率、转化率、每日定时排名，以及定时投入产出比等方面分析，通过对比各站点的平均广告数据，优化广告效果。

1. 当广告效果数据低于站点平均值时，可能出现的情况

1）转化率（CR）低

检查商品价格是否过高，商品详情页是否需要进一步优化。

2）投入产出比（ROI）低

ROI 低于 5 时需要引起注意。针对流量大的关键词，可以提高预算和出价。以引流为目的的广告投入，可以适度降低对 ROI 的期待。如果需要优化 ROI，可以适度降低出价或

更改广泛匹配为精准匹配。

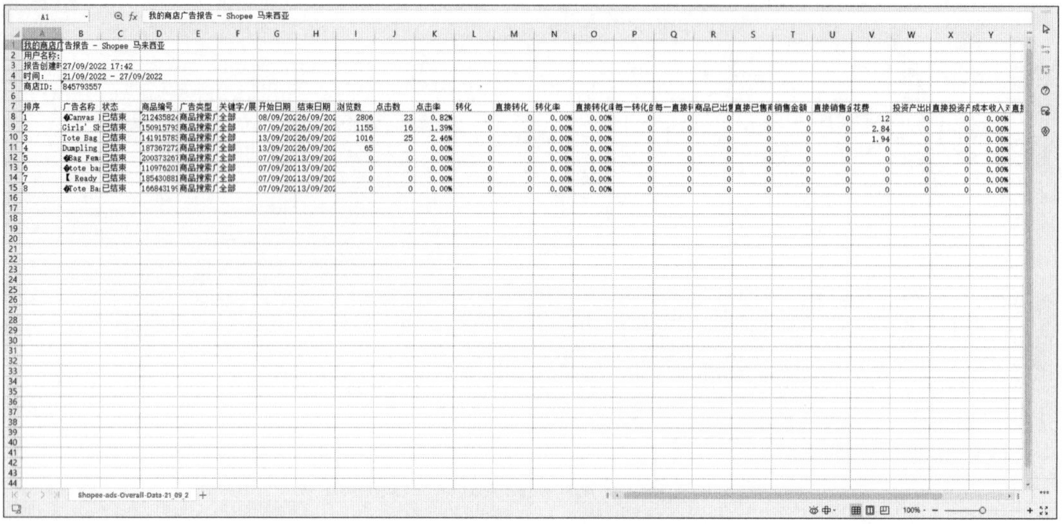

图 8-15 关键词广告效益报表

3）单次点击扣费（CPC）较低

如果 CPC 较低且广告浏览数、点击数较少，可以提高广告出价以获得更多流量。

4）平均客单价（ABS）低

卖家可参考各个站点的 ABS 与自己商品价格的差别来衡量商品的竞争力。

＊8-5 想一想，做一做

1. CTR 高，CR 低时，可以＿＿＿＿＿＿＿＿＿＿＿＿＿＿＿＿＿＿＿＿进行优化。

2. CTR 高，CR 高时，关键词的排名高，这样的关键词可以＿＿＿＿＿＿＿＿＿＿＿＿＿＿＿＿＿＿＿＿＿。

3. CTR 高，CR 高，但低排名的关键词，可以采用＿＿＿＿＿＿＿＿＿＿＿＿＿＿＿＿＿＿来提高排名。

4. CTR 低，CR 低，不相关关键词，花费高，可以＿＿＿＿＿＿＿＿＿＿＿＿＿＿＿＿＿＿＿。

5. CTR 高，CR 低，相关关键词，花费高，可以＿＿＿＿＿＿＿＿＿＿＿＿＿＿＿＿＿＿＿。

2. 当广告数据优于平台数据时，说明卖家投放广告的效果非常好，可以选择继续加大投入。

卖家应该明确广告投放的目的，合理预期广告效果，可以根据各个站点的平均广告数据调整广告效果预期。商店成长初期与广告投放初期建议以引流为主，测词和测款阶段应当适当投入。

*8-6 想一想，做一做

以下哪种方式可以获得 Shopee 的搜索流量？（　　）
A. 进行商品名称和关键词的优化　　B. 购买关键词广告
C. 每天分批次上传商品　　　　　　D. 以上都是

学习活动二　制订计划

学习目标

1. 熟悉广告创建的方法和步骤。
2. 掌握广告展示的逻辑。
3. 熟悉关键词选择渠道。
4. 掌握广告数据指标的内涵。
5. 熟悉广告效果评估及改进方法。
6. 根据小组成员分工制订工作计划。

学习过程

一、设计广告投放计划书

1. 确定投放商品类目及商品数量。
2. 确定单个商品投放还是多个商品组合投放，并简要说明投放该商品的原因。
3. 确定每个商品投放的关键词名称及数量，并简要说明选择该关键词的原因。
4. 确定每日预算规划及广告单次出价（最少要维持 100 个商品点击数）。
5. 确定周期性调整计划，格式可参考表 8-3。

表 8-3　周期性调整计划

广告名称	每周调整 （关键词/预算/竞价）	每月调整 （关键词/预算/竞价）	是否暂停投放	理由

二、广告数据解读与评估

小张的广告在投放一周之后,浏览量增加,商品点击量提高 40%,购物车加购率提高 20%,但是成交率只提高了 3%,并且手机端展示商品数量不足。请帮助小张分析广告投放可能存在的问题及解决对策。

三、制订工作计划(见表 8-4)

表 8-4 工作计划

小组人员分工		职责
组长		人员工作安排及行动指挥
组员		
		成果展示及验收
		其他

💡 **小提示**

小组人员分工可根据进度由组长安排一人或多人完成,应保证每人在每个时间段都有任务,既要锻炼团队能力,又要让小组每位成员都能独立完成相应任务。

学习活动三　实施作业

学习目标

1. 创建广告,并解读广告数据,评估广告效果。
2. 根据任务要求对操作和相应题目进行审核、校对。
3. 根据任务实施过程记录问题及解决方法。

学习过程

一、广告展示

（一）手机端

搜索结果页面中的_____商品为关键词广告的商品，随后_____商品中会出现_____关键词广告的商品。

（二）网页端

搜索结果页面中的_____商品为关键词广告的商品，随后_____商品中会展示_____关键词广告的商品。

二、广告创建

（一）操作路径

_____

（二）广告充值

使用广告之前需要先进行广告充值。广告充值方式有_____、_____、_____、_____。

（三）完善信息

1. 广告预算

广告预算是_____。达到广告预算后，卖家的广告将不再显示。_____可确保卖家广告的持续投放，直到卖家的广告预算用完为止。卖家也可以自行设置广告预算来控制每个关键词广告的_____。

2. 时间长度

时间长度指_____。达到时间长度后，卖家的广告将停止投放。卖家可以设置关键词广告_____，或设置_____。如果卖家希望自己的广告能够持续曝光，可以设置_____。如果卖家希望只在一年中的某些天投放广告以推广商品，可以设置_____。

3. 选择商品

选择商品指选择需要_____的商品。

4. 添加关键词

可以_____。手动添加关键词，可以查看各个关键词的_____、_____和_____。Shopee 的推荐出价是根据_____计算的，卖家可以凭此使自家广告展示在搜索结果的前面位置，卖家也可以自行设置出价。_____，可以为多件商品批量设置关键词广告，Shopee 会帮助卖家_____。

三、广告数据管理

在 Shopee 广告界面中，卖家可以通过查看广告数据效果来确认广告是否有效。

四、记录问题及解决方法

在以上操作过程中是否遇到了问题？是如何解决的？记录在表 8-5 中。

表 8-5　所遇问题及解决方法

所遇问题	解决方法

学习活动四　检查与验收

学习目标

1. 检查相关题目和操作的正确性。
2. 根据修改意见对文稿进行修改。
3. 按照工作流程交付主管并确认签收。

学习过程

一、质量检查

根据工作任务完成情况进行检查、校对，并将信息填入表 8-6 中。

表 8-6　质量检查表

检查序号	检查项	根据完成情况或完成项目在相应位置标记"√"	改进措施
1	广告展示	□熟悉手机端展示方式 □熟悉网页端展示方式	
2	广告创建	□广告充值 □创建广告 □完善信息	
3	广告数据管理	□熟悉查看方式 □了解指标含义	

二、交接验收

根据任务要求以角色扮演形式两组交叉进行解说,展示逐项核对、完成交接验收,并填写验收表,如表 8-7 所示。

表 8-7 验收表

项目	要求	结果
广告展示	1. 手机端 2. 网页端	合格□　不合格□ 改进建议:
广告创建	1. 广告充值 2. 创建广告 3. 完善信息	合格□　不合格□ 改进建议:
广告数据管理	1. 查看方式 2. 指标含义	合格□　不合格□ 改进建议:
检查情况	□合格 □不合格 □较好,但有待改进	检查人签字:

小提示

被抽查学生的成绩即该学生所在组所有成员的成绩,所以组长要起到监督指导的作用,组员之间应互帮互助,协力完成本学习任务。

三、总结评价

按照"客观、公正、公平"原则,在教师的指导下以自我评价、小组评价和教师评价三种方式对自己和他人在本学习任务中的表现进行综合评价,填写考核评价表,如表 8-8 所示。

表 8-8 考核评价表

姓名			班级		学号			
评价项目	评价标准		评价方式			权重	得分小计	总分
		自我评价	小组评价	教师评价				
职业素养与关键能力	1. 按规范执行安全操作规程 2. 参与小组讨论,相互交流 3. 积极主动、勤学好问 4. 清晰、准确表达 5. 外语表达能力熟练				40%		

续表

姓名			班级		学号			
评价项目	评价标准	评价方式			权重	得分小计	总分
		自我评价	小组评价	教师评价			
专业能力	1. 熟悉广告展示情况 2. 掌握广告创建方法 3. 查看并分析广告数据				60%		
综合等级		指导教师签名			日期		

填写说明：

（1）各项评价采用10分制，根据符合评价标准的程度打分。

（2）得分小计按以下公式计算：

得分小计=（自我评价×20%+小组评价×30%+教师评价×50%）×权重

（3）综合等级按 A（9≤总分≤10）、B（7.5≤总分<9）、C（6≤总分<7.5）、D（总分<6）四个级别填写。

知识链接

对于跨境电商卖家来说，除了要抓住站内带来的流量，也要兼顾站外流量。主要的站外推广途径及操作方法如下。

1．站外推广途径

（1）Facebook。Facebook是全球最大的社交平台之一，拥有26亿人次月活跃用户和多种玩法。

（2）YouTube。YouTube是全球最大的原创视频网站和谷歌未来最大的搜索引擎，专注于视频分享和介绍、视频内容输出。

（3）Instagram（INS）。INS是一款图像分享软件，很多用户会在INS上分享自己的照片，女性买家居多。

（4）Twitter。Twitter是美国的一款十分流行的社交软件。

（5）VK。VK是一款俄罗斯的社交共享软件。

（6）Google（谷歌）。Google是一款美国开发的搜索引擎。

（7）Yandex。Yandex是一款俄罗斯本地搜索引擎。

2．站外推广方式

确定了推广途径后，需要解决的就是如何在该推广途径上进行推广引流，将流量引到自己的店铺上。需要注意的是，只有精准的流量才能提高商品排名及转化率。

首先，分析店铺受众，画出用户画像。从用户年龄、消费水平、生活区域、兴趣爱好等维度进行分析。

然后，根据确定好的用户画像，在事先选好的推广途径中寻找目标人群，并针对这些目标人群进行营销。

3．站外推广优势

（1）提高转化率。站外引流可以提高店铺的成交率，当外部流量转化率较高时，可以帮助改善内部流量。

（2）增加商品评论。在做站外引流时，可以结合优惠活动，如打折、免费送货、买一送一等，添加很多商品评论，甚至还可以添加图片和视频。

（3）促进销量。站点流量的增加和大量的评论可以促进用户下订单，进而促进销量（良性循环）。

此外，广义的站外推广还需要考虑其他电商平台。如果商品在速卖通电商平台遇到瓶颈，可以尝试注册其他平台，如亚马逊等。

通过多渠道同时进行营销推广，能够最大限度地提升商品的销售额和知名度。在后期，销量增加之后可以逐步实现规模效应，降低采购成本，提升商品质量，从而真正实现商品致胜，此时品牌本身就可以带来优质流量。当然，站外引流也要优先考虑成本和收益。只有在站内流量得到充分利用的前提下，才能将重心放在站外。

学习任务九

ERP 系统使用与管理

学习目标

知识目标：

- 掌握 ERP 系统界面信息设置要求。
- 熟悉 ERP 系统使用规则。
- 合理制订工作计划。
- 参照相关标准、规范对操作或相应题目进行审核、校对。
- 记录问题及解决方法，并完成质量检查与验收。

技能目标：

- 熟练掌握 ERP 系统的操作方法。

素质目标：

- 培养学生自主学习和研究的能力。

工作情境

店铺运营到一定阶段，经常出现管理和运营的问题。运营人员会发现账号关联现象防不胜防，多账号管理压力大，产品刊登数量庞大，编辑优化工作压力大，合理采购、供货关系管理费心费力，物流选择、利润计算繁杂，库存管理过程烦琐，经常缺货，订单漏发错发时有发生，售前售后客服事无巨细，数据统计混乱复杂，等等。这些情况的发生势必影响整体业务的发展。为了实现规范化管理，提高业务流程质量，需要引入跨境电商运营的管理工具——跨境电商 ERP。ERP（Enterprise Resource Planning，企业资源规划），是建立在信息技术基础之上，以系统化的管理思想，为企业决策层及员工提供决策运行手段的管理平台。跨境电商 ERP 就是专业服务于跨境电商这个细分领域的

ERP 系统，用于对接跨境电商平台和众多货代系统，可实现多平台账号管理、智能发货、精细化采购、动态仓储管理、详细的统计报表，并且支持高效刊登功能。小张选择"芒果店长 ERP 系统"，开始进行针对性的系统学习，熟悉芒果店长的操作规则，并尝试独立解决在操作中遇到的难题。

工作流程

学习活动一　明确工作任务和知识技能准备
学习活动二　制订计划
学习活动三　实施作业
学习活动四　检查与验收

学习活动一　明确工作任务和知识技能准备

学习目标

1. 通过与产品部门、物流部门相关人员的专业沟通明确工作任务，并准确概括、复述任务内容及要求。
2. 根据商品采集方法，安装芒果店长采集插件，并采集商品。
3. 根据商品刊登流程，完成 Shopee 全球店铺的上传。

学习过程

一、明确工作任务

1. 在浏览器上安装芒果店长采集插件。
2. 在 1688 网站中任意采集五款商品，并上传到 Shopee 全球店铺，再上传到马来西亚站点店铺。
3. 简要记录上传的五款商品的商品名称和商品描述。

二、知识技能准备

（一）店铺授权

（1）输入网址：https://www.mangoerp.com，进入芒果店长登录页面，注册芒果店长，如图 9-1 所示。

（2）前往"授权"→"平台授权"→"Shopee 全球"界面，如图 9-2 所示，选择"+增加 Shopee 全球授权店铺"选项，如图 9-3 所示。

（3）系统自动跳转到 Shopee 登录授权窗口，点击"Switch to Shop Account"按钮后输入主账号和密码，授权登录，如图 9-4 所示。

图 9-1　注册芒果店长

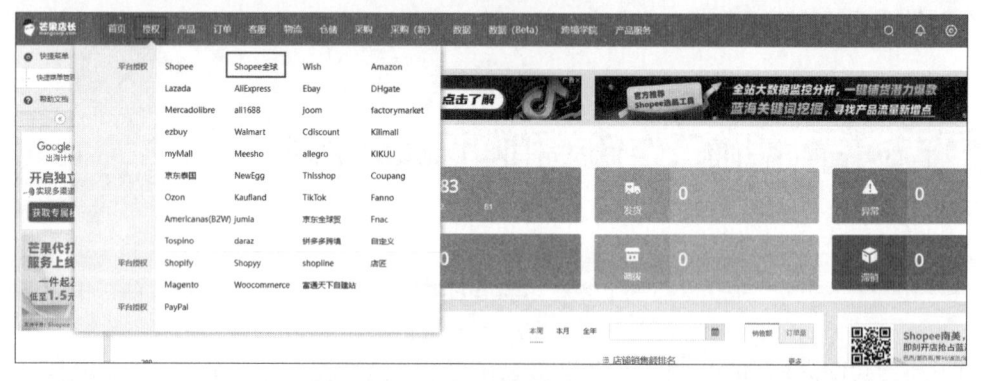

图 9-2　平台授权

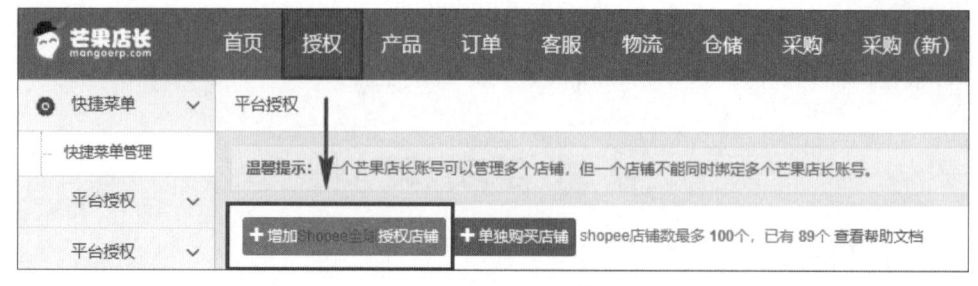

图 9-3　增加 Shopee 全球授权店铺

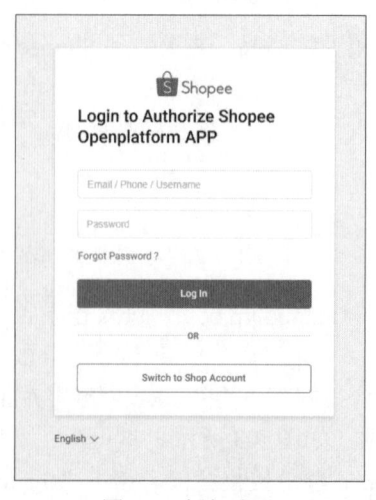

图 9-4　授权登录

（4）全球商户需要勾选"Auth Merchant"复选框，勾选相应的店铺，点击"Confirm Authorization"（确认授权）按钮，确认授权，如图 9-5 所示。

图 9-5　确认授权

（5）授权成功，如图 9-6 所示。

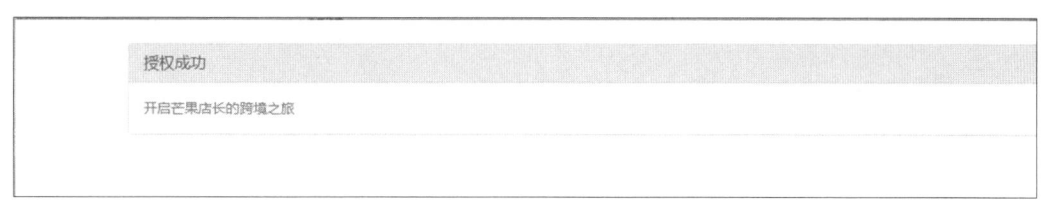

图 9-6　授权成功

※9-1 想一想，做一做

根据所学知识，完成 Shopee 全球店铺的注册与授权。

Shopee 账号如何绑定 ERP 店铺

（二）商品刊登

1. 商品采集

1）插件采集

卖家需要通过芒果店长客服获取采集插件。插件安装成功后，打开采集网站，找到需要采集的商品,并进入商品详情页,此时页面底部会出现"开始采集"按钮,如图9-7所示。

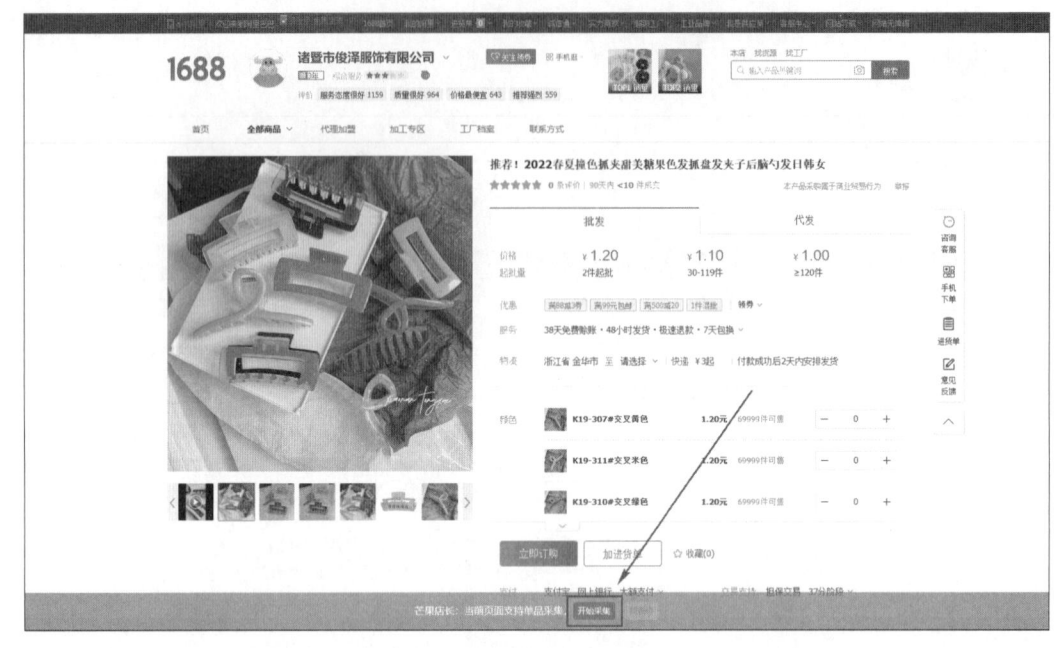

图 9-7　插件采集

2)手动采集

(1)打开"产品"选项卡,在"通用"选区选择"采集箱"选项,如图9-8所示。

图 9-8　手动选择"采集箱"

(2)输入需要采集的商品的网址,点击"开始采集"按钮即可,如图9-9所示。

图 9-9　开始采集数据

*9-2 想一想，做一做

根据所学知识，完成任意五款商品的采集。

2. 商品发布

（1）前往"产品"→"通用"→"采集箱"界面，点击"认领到"下拉按钮，选择"Shopee 全球商品"选项，如图 9-10 所示。卖家也可以设置自动认领到 Shopee 全球商品。

图 9-10　认领到 Shopee 全球商品

小提示

Shopee 全球商品也就是 Shopee 全球店铺。Shopee 全球店铺集合了多个站点的卖家后台（Shopee2.0），商品可以先发布到全球店铺中，然后一次性上架到多个站点。全球店铺相当于一个商品库，商品先上架到商品库，再通过商品库上架到马来西亚、中国台湾、菲律宾等站点的店铺，进行售卖。

（2）认领成功后，打开"产品"选项卡，在"产品刊登"选区选择"Shopee 全球"选项，进行编辑和发布，如图 9-11 所示。

图 9-11　产品刊登

（3）在"采集箱"板块认领商品（产品）后会进入"草稿箱"板块，卖家需要在此处完

211

善商品信息，然后商品才可以发布上架，如图 9-12 所示。

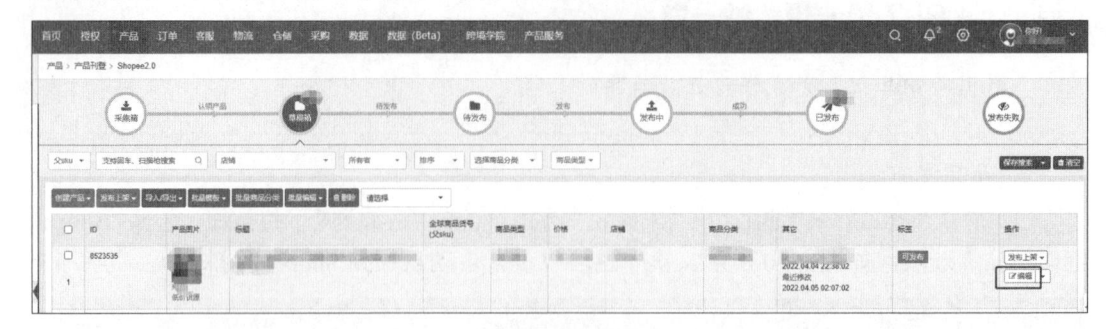

图 9-12　草稿箱

（4）完善商品信息后保存并上架。可编辑的商品信息有七点，分别是商品来源、店铺类目、基本信息、图片视频、属性信息、库存价格、物流信息，如图 9-13 所示。

图 9-13　编辑商品信息

（5）站点上架。勾选"已选择 0 个店铺"复选框，选择需要上架的站点和物流方式，如图 9-14 和图 9-15 所示。

小提示

① 在全球商品编辑方面，标题描述、SKU 属性值需要使用中文或英文，发布到每个站点，Shopee 会将其自动翻译为对应站点的语种。

② 全球商品价格币种分为 CNY 和 USD，卖家可以在卖家中心进行选择，中国大陆卖家建议选择 CNY。

③ 全球商品在编辑完成后，需要上架到各个站点，买家才可以看到。

④ 在第 5 步站点上架，"店铺商品价格　取整"数值框可以不填。发布成功后，Shopee 会自动根据全球商品价格×市场汇率×全球商品调价比例+藏价，计算各站点价格，展示到 Shopee 买家端。

图 9-14　站点上架 1

图 9-15　站点上架 2

*9-3 想一想，做一做

根据所学知识，完成任意五款商品的上架。

ERP 如何上传商品

（三）物流设置

（1）打开"物流"选项卡，选择"物流设置"选项，设置物流渠道，如图 9-16 所示。

（2）除中国台湾站点需要选择"中国台湾"发货渠道之外，其他站点统一选择"Shopee SLS"发货渠道，如图 9-17 所示。

213

图 9-16　设置物流渠道

图 9-17　选择发货渠道

（3）设置"状态"和"打印模板"。在"基本信息"选区，"状态"处选择"启用"单选按钮，"打印模板"处选择 Shopee 官方模板即可。如果需要打印芒果拣货单，则可以在"打印芒果拣货单"处勾选"是"复选框。在"发件人"选区，发件人可以不填写"街道地址"，直接保存即可，如图 9-18 所示。

图 9-18　设置 Shopee SLS

*9-4 想一想，做一做

根据所学知识，完成物流设置。

（四）订单处理

在芒果店长成功授权 Shopee 店铺后，可以将 Shopee 后台的订单同步到芒果店长，再进行申请运单号、打印订单、提交发货等操作。订单处理一般分为以下 5 个步骤。

1. 同步

前往"订单"→"订单管理"→"打包发货"界面，在"同步"板块之下找到需要同步订单的店铺，点击"开始同步"按钮即可同步订单，如图 9-19 所示。

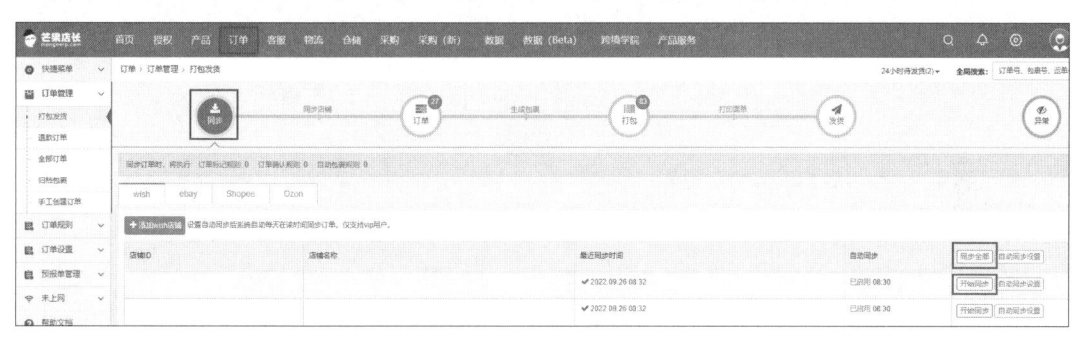

图 9-19　同步订单

2. 订单

同步订单后会跳转到"订单"板块。选择需要处理的订单，点击"生成包裹"按钮，如图 9-20 所示。

图 9-20　生成包裹

3. 打包

（1）生成包裹后会跳转到"打包"板块。选择需要处理的订单，点击"申请运单号"按钮，如图 9-21 所示。

（2）选择"已分配运单号"标签，在打开的板块中选择需要处理的订单，点击"打印"按钮，打印订单，如图 9-22 所示。

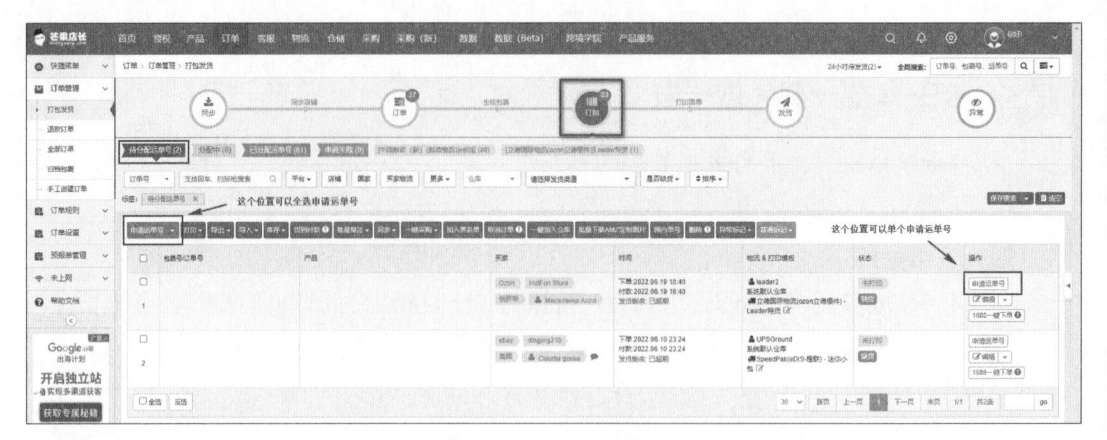

图 9-21 申请运单号

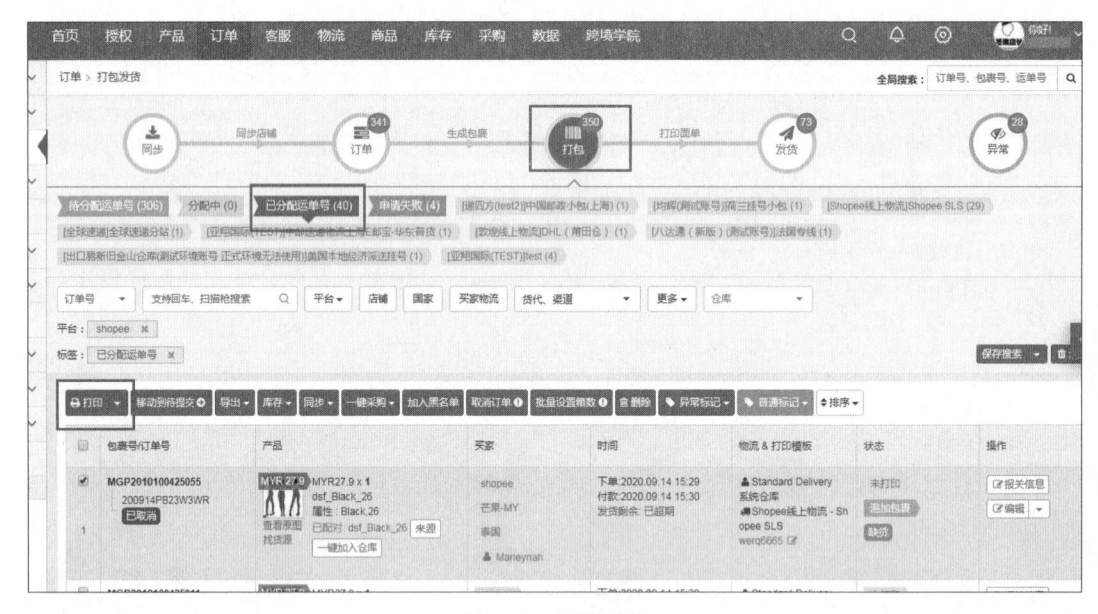

图 9-22 打印订单

（3）订单打印完成之后点击"标记"按钮，将订单标记为已打印，并移动到待提交，如图 9-23 所示。

图 9-23 标记

4. 发货

已打印面单的包裹会显示在"发货"板块之下。选择需要处理的订单，点击"提交平台"按钮，完成提交发货操作，如图 9-24 所示。

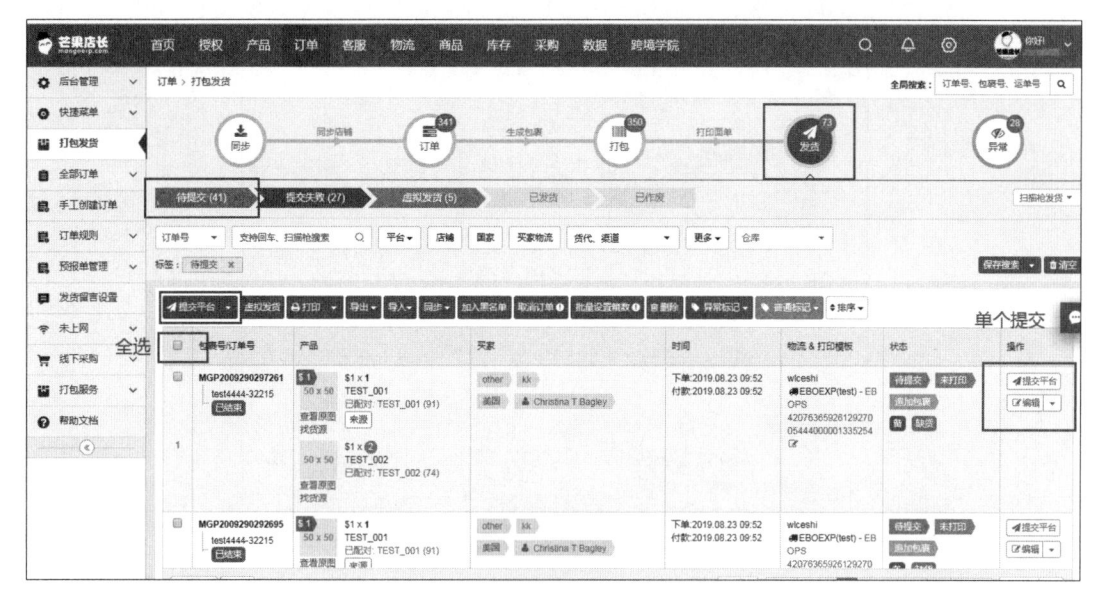

图9-24 提交发货

5. 报关

（1）打开"物流"选项卡，选择"报关规则设置"选项，如图9-25所示。

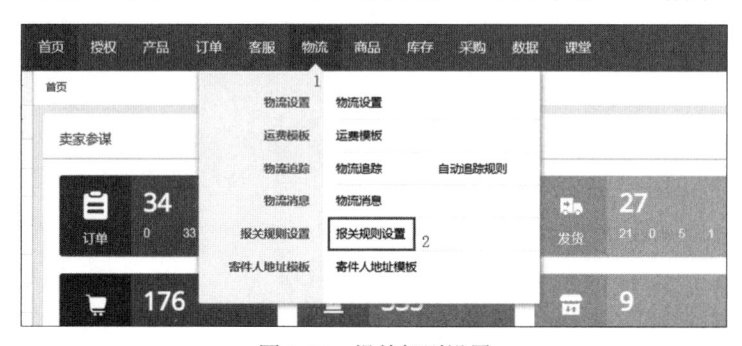

图9-25 报关规则设置

（2）在"报关规则设置"界面，点击"+添加规则"按钮，可以添加新报关规则，如图9-26所示。在"添加规则"对话框中，点击"编辑"按钮，可以对当前规则进行修改和删除等操作，如图9-27所示。

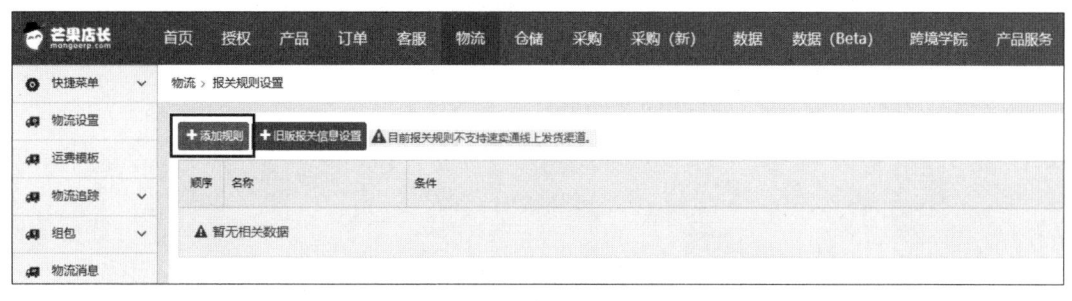

图9-26 添加新报关规则

（3）添加规则，完善各项信息并保存。

图 9-27 对当前规则进行编辑

> ***9-5 想一想，做一做**
>
> 根据所学知识，完成订单处理。

（五）子账号管理

1. 子账号设置

点击芒果店长右上角的"设置"按钮，选择"子账号设置"选项，如图 9-28 所示，打开"角色管理"板块。

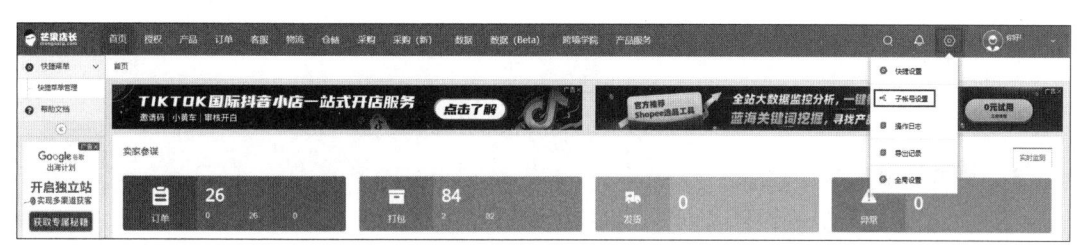

图 9-28　子账号设置

2. 角色管理

在"角色管理"板块中添加角色或编辑子账号所需权限，如图 9-29 所示。

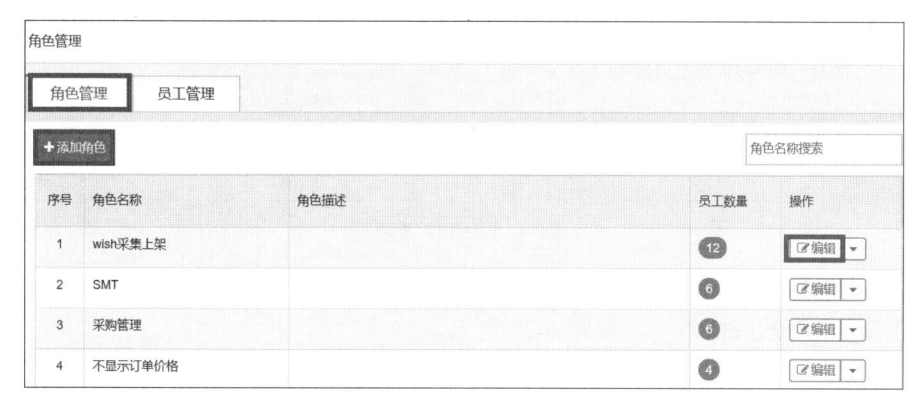

图 9-29　角色管理

（1）基本信息。"角色名称"是必填项，如图 9-30 所示。

图 9-30　设置基本信息 1

（2）权限分配。根据实际情况勾选需要分配的权限，勾选完毕后点击"保存"按钮，权限分配成功，如图9-31所示。

图 9-31　进行权限分配

3. 员工管理

在"员工管理"板块中添加员工或编辑子账号及分配角色等，如图9-32所示。

图 9-32　员工管理

（1）基本信息。"员工姓名""用户名""密码""确认密码"为必填项，"E-mail"和"手机"为可选项，可选择性填写，如图9-33所示。

图 9-33　设置基本信息2

（2）角色。按照实际情况为员工分配角色，在"角色管理"板块中成功创建角色后，会在此处显示已创建的角色，如图9-34所示。

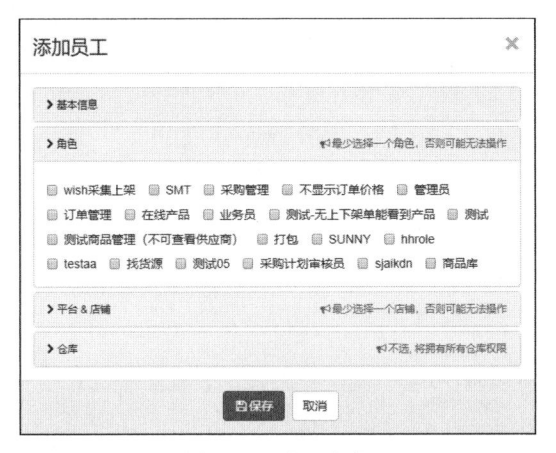

图9-34 分配角色

（3）平台&店铺（平台与店铺）。按照实际情况为员工分配平台与店铺，只有店铺授权操作成功，才能在此处显示授权的平台与店铺，如图9-35所示。

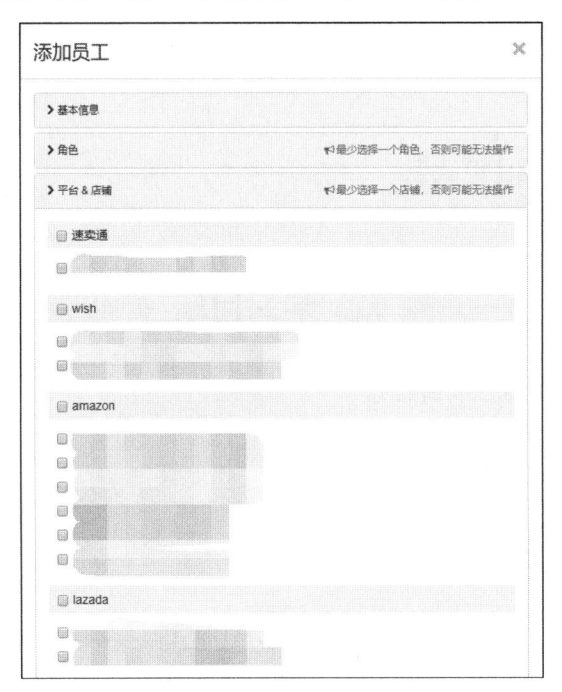

图9-35 分配平台与店铺

（4）仓库。按照实际情况为员工分配仓库权限，勾选需要的仓库权限后，点击"保存"按钮，添加子账号成功，如图9-36所示。

*9-6 想一想，做一做

根据所学知识，创建一个子账号。

图 9-36 分配仓库权限

学习活动二　制订计划

学习目标

1. 掌握店铺授权的方法和流程。
2. 熟悉商品采集方式。
3. 掌握商品刊登的流程。
4. 掌握物流设置与订单处理流程。
5. 熟悉店铺子账号设置与管理。

学习过程

一、安装插件，完成商品采集与刊登

1. 在浏览器上安装芒果店长采集插件，记录安装要点。

2．在 1688 网站中任意采集五款商品，并上传到 Shopee 全球店铺，再上传到马来西亚站点店铺，记录刊登要点。

3．将上传的五款商品的商品名称和商品描述简要记录在表 9-1 中。

表 9-1　商品名称与商品描述

商品名称	商品描述

二、制订工作计划（见表 9-2）

表 9-2　工作计划

小组人员分工		职责
组长		人员工作安排及行动指挥
组员		
		成果展示及验收
		其他

> **小提示**
>
> 小组人员分工可根据进度由组长安排一人或多人完成，应保证每人在每个时间段都有任务，既要锻炼团队能力，又要让小组每位成员都能独立完成相应任务。

学习活动三　实施作业

学习目标

1. 根据实操题目背景资料，完成商品采集与刊登。
2. 根据任务要求对操作和相应题目进行审核、校对。
3. 根据任务实施过程记录问题及解决方法。

学习过程

一、店铺授权

芒果店长网址：_____。

授权操作路径：_____。

二、商品刊登

（一）商品采集

芒果店长支持_____和_____两种采集方式。

（二）商品发布

1. 前往_____。卖家也可以设置自动认领到 Shopee 2.0。

2. 认领成功后，前往_____，进行编辑发布。

3. 在"采集箱"板块认领商品（产品）后会进入"草稿箱"板块，卖家需要在此处完善商品信息，然后商品才可以发布上架。

4. 完善商品信息后保存并上架。可编辑的商品信息有七点，分别是_____、_____、_____、_____、_____、_____、_____。

5. 站点上架。勾选_____，选择需要上架的站点和物流方式。

三、物流设置

1. 打开_____，设置物流渠道。

2. 除中国台湾站点选择_____发货渠道之外，其他站点统一选择_____发货渠道。

3. 设置_____和_____。

四、订单处理

在芒果店长成功授权 Shopee 店铺后，可以将 Shopee 后台的订单同步到芒果店长，再进行申请运单号、打印订单、提交发货等操作。订单处理一般分为以下 5 个步骤。

1. _____。前往_____，找到需要同步订单的店铺，点击"开始同步"按钮即可同步订单。

2. _____。同步订单后会跳转到"订单"板块。选择需要处理的订单，点击"生成包裹"按钮。

3. _____。

（1）生成包裹后会跳转到"打包"板块。选择需要处理的订单，点击"申请运单号"按钮。

（2）选择"已分配运单号"标签，在打开的板块中选择需要处理的订单，点击"打印"按钮打印订单。

（3）打印完成之后点击"标记"按钮，将订单标记为已打印，并移动到待提交。

4. _____。已打印面单的包裹会显示在"发货"板块之下。选择需要处理的订单，点击"提交平台"按钮，完成提交发货操作。

5. _____。

（1）打开_____选项。

（2）在_____界面，点击"+添加规则"按钮，可以添加新报关规则。

（3）在"添加规则"对话框中，设置"规则名称"和"筛选条件"，并启用"规则状态"。

（4）编辑包裹信息。

（5）选择发货渠道，根据发货渠道设置报关规则。

（6）根据筛选条件，设置报关规定的执行操作。

五、子账号管理

（一）子账号设置

点击芒果店长右上角的"设置"按钮，选择"子账号设置"选项，打开"角色管理"板块。

（二）角色管理

在"角色管理"板块中于添加角色或编辑_____。
完成基本信息和权限分配的设置。

（三）员工管理

在"员工管理"板块中于添加员工或编辑_____等。
完成基本信息、角色、平台与店铺、仓库的分配。

六、记录问题及解决方法

在以上操作过程中是否遇到了问题？是如何解决的？记录在表 9-3 中。

表 9-3 所遇问题及解决方法

所遇问题	解决方法

学习活动四 检查与验收

学习目标

1. 检查相关题目和操作的正确性。
2. 根据修改意见对文稿进行修改。
3. 按照工作流程交付主管确认签收。

学习过程

一、质量检查

根据工作任务完成情况进行检查、校对，并将信息填入表 9-4 中。

表 9-4 质量检查表

检查序号	检查项	根据完成情况或完成项目在相应位置标记"√"	改进措施
1	店铺授权	□操作方式	
2	商品刊登	□商品采集 □商品发布	
3	物流设置	□操作方式	
4	订单处理	□操作流程	
5	子账号管理	□子账号设置 □角色管理 □员工管理	

二、交接验收

根据任务要求以角色扮演形式两组交叉进行解说,展示、逐项核对、完成交接验收,并填写验收表,如表 9-5 所示。

表 9-5 验收表

项目	要求	结果
店铺授权	操作方式	合格□　不合格□ 改进建议:
商品刊登	1. 商品采集 2. 商品发布	合格□　不合格□ 改进建议:
物流设置	操作方式	合格□　不合格□ 改进建议:
订单处理	操作流程	合格□　不合格□ 改进建议:
子账号管理	1. 子账号设置 2. 角色管理 3. 员工管理	合格□　不合格□ 改进建议:
检查情况	□合格 □不合格 □较好,但有待改进	检查人签字:

小提示

被抽查学生的成绩即该学生所在组所有成员的成绩,所以组长要起到监督指导的作用,组员之间应互帮互助,协力完成本学习任务。

三、总结评价

按照"客观、公正、公平"原则,在教师的指导下以自我评价、小组评价和教师评价三种方式对自己和他人在本学习任务中的表现进行综合评价,填写考核评价表,如表 9-6 所示。

表 9-6 考核评价表

姓名		班级		学号			
评价项目	评价标准	评价方式			权重	得分小计	总分
		自我评价	小组评价	教师评价			
职业素养与关键能力	1. 按规范执行安全操作规程 2. 参与小组讨论，相互交流 3. 积极主动、勤学好问 4. 清晰、准确表达 5. 外语表达能力熟练				40%		
专业能力	1. 掌握店铺授权的操作方式 2. 掌握商品刊登的方法 3. 掌握物流设置的操作方式 4. 掌握订单处理的操作流程 5. 熟练管理子账号				60%		
综合等级		指导教师签名			日期		

填写说明：

（1）各项评价采用 10 分制，根据符合评价标准的程度打分。

（2）得分小计按以下公式计算：

得分小计=（自我评价×20%+小组评价×30%+教师评价×50%）×权重

（3）综合等级按 A（9≤总分≤10）、B（7.5≤总分<9）、C（6≤总分<7.5）、D（总分<6）四个级别填写。

知识链接

一、ERP 的主要优势

（一）提高企业运作效率

例如，ERP 可以有效提升发货效率、回复站内信效率、公司管理效率等。有的 ERP 推出的包装时打印功能，使得系统的发货效率比传统发货模式高出数倍。

（二）多店铺运营、防止关联

有效避免一个人运营多个店铺需要来回切换的困扰。

（三）统计报表、财务

告别传统低效率的 Excel 统计模式。

（四）采购

采购合适的库存，避免产品滞销或者发货不及时。

（五）库存管理

支持多仓库库存统一管理。

二、选择 ERP 的参考依据

（一）是否支持多平台、多账号、多平台数据交互

功能完善的 ERP 系统可以帮助大家完成跨境电商全流程管理，不需要额外购买 WMS

软件、财务管理软件。软件太多不但会增加费用，而且可能使数据传输断层，需要重新导出与导入数据，违背自动化、流程化的发展要求。

（二）业务是否对接完善

国际物流、货代、海外仓储是否对接完善、是否对接支付收款平台，是否对接各项查询插件，直接影响跨境卖家能否方便使用 ERP。

（三）数据导入、导出功能及开放 API 接口

数据导入、导出功能可以方便卖家随时进行数据传输和二次分析，这是一项很重要的功能，也是专业 ERP 软件的一项重要属性。开放 API 接口是更加重要的功能，方便其他第三方平台进行数据传输。

以上三项是中大型卖家十分看重的功能和属性。

（四）数据安全和历史数据安全备份

跨境电商 ERP 系统将跨境各平台的订单数据抓取下来，订单信息（产品信息、属性、买家数据、反馈评价等数据）是很丰富的，因此，选择 ERP 系统时一定要选择专业、有实力、身份中性（最好不具备贸易商属性）的品牌软件商。同时，ERP 系统日积月累地抓取了很多订单数据，这些历史数据规模非常庞大，也是十分有价值和意义的，公司可以基于这些历史数据分析往期销量和很多维度的指标。公司后期如果要融资上市，会需要各类数据，数据安全和历史数据备份便显得十分重要。所以软件商为用户保留历史数据也是很重要的。

（五）系统与功能具备可扩展性

目前跨境电商 ERP 系统基本是 SaaS 版本（在网络环境下即可注册使用系统，没有时间和空间的限制），当然也有少部分是 CS 版本（简称"本机版本"，需要下载客户端，有功能更新时，需要更新后才可使用）。SaaS 版本是目前也是未来应用软件的趋势和未来。

使用 SaaS 版本的优势如下。

从技术方面来看，SaaS 是简单的部署，用户不需要购买任何硬件，刚开始时只需要简单注册即可。

SaaS 能使用户的系统成为一个完全独立的系统，只要用户连接到网络（可以有效解决异地办公的问题），就可以访问系统。SaaS 服务极大地方便了系统的更新和维护，也为系统功能的扩展提供了条件。未来随着跨境电商的快速发展，各类运营需求将层出不穷，一款软件若不能实现客户个性需求的功能定制，将逐渐被市场淘汰。所以系统与功能具备可扩展性也是衡量软件服务商的重要标准之一。

（六）IT 背景和核心成员背景

软件服务商的 IT 背景是什么？核心成员的背景是什么？公司的背景应该是一家专业的软件服务商，具有先进的技术理念和强大的技术实力，可以驱动跨境业务更加流程化和合理化。同时，核心成员也应该具备大型项目开发的经验和能力，能够胜任跨境电商 IT 新项目的推动和发展。

（七）团队运营和服务能力

目前，跨境电商是新型行业，服务企业的水平参差不齐。服务企业是否有正规营业执照，是否有团队运营，是否有服务关键客户的经验，是衡量其水平的重要因素。我们可以通过网络搜索、咨询身边的跨境电商朋友、和服务商客服人员与销售人员交流，判断服务企业是否专业。

一款软件的好与坏不仅和软件本身有关系，还与售后服务有很大的关系。电话客服是否及时，是否有专门的客户经理跟进，在市场中的表现是否活跃（接受市场的检验），都是考量其售后服务的标准。

（八）是否支持试用和付费模式

一款软件应该可以支持真实环境下的试用，而不仅仅是提供一个样本或者是沙箱环境的演示。通过真实环境下的试用，可以检测软件是否适用于不同企业的运营环境。软件服务商理应为用户提供试用服务。

一般而言，按月缴费是优质软件服务商的重要标志，但是缴费周期不宜太长，大家需要慎重选择缴费周期长的软件服务商。

三、选择 ERP 应当考虑的因素

（一）订单量

例如，对于一个夫妻店来说，就没有必要应用一些价值十几万元的大型 ERP 系统，同样地，每天只有几千订单的公司，也没有必要应用小型 ERP 系统。

（二）经济能力

一些小型卖家在创业的时候，经济能力有限，选择按月缴费的软件服务商便可以有效缓解小型卖家的 ERP 资金压力。多比较、坚持试用，最终找到适合自身的 ERP 系统。

四、常见问题

（一）多账号管理压力大，账号关联问题防不胜防

使用软件是一个比较好的解决方法，分为以下两种解决途径。

（1）上传产品阶段的防关联。

可以使用 Listing 上传产品，可以支持多店铺同步操作，对图片、SKU 等信息做防关联处理。

（2）站内信回复防关联。

多店铺统一回复邮件，避免多个店铺之间来回切换，避免产生关联问题。

（二）以四大主流电商平台为例，各平台适合使用什么样的 ERP 系统

（1）亚马逊。

由于 FBA 发货的原因，亚马逊平台在订单处理上的需求并不高。亚马逊适合应用财务、统计报表做得比较好的 ERP 系统。如果企业的 FBA 中转在适合的 ERP 系统内进行，可以将头程分摊到每个产品上，这样订单的利润会更加准确，报表也就更加准确。

（2）eBay、速卖通、wish。

这三个平台的产品以小商品为主，订单多是它们的共同特点。为了节约成本，这三个平台应选择发货效率高的 ERP 系统。

（三）ERP 系统如何帮助卖家进行物流选择及库存管理

（1）物流选择。

ERP 系统对接大量物流公司，这样卖家发货更加方便。ERP 系统对物流公司每个渠道的价格、时效等信息进行统计分析，为客户选择合适的物流渠道提供帮助。

（2）库存管理。

ERP 系统可以对库存进行精细化管理，如可用库存、在途库存、待发库存、故障品库存等。

（四）跨境旺季如何有效备货，什么方法可以提高库存周转率
（1）了解旺季时间段。

据统计，每年从 8 月份开始，订单量都会有较大幅度的增长。当然，每个平台都有差异。ERP 系统会对数据进行统计分析，然后开放给卖家使用，对企业预判大环境有所帮助。

（2）预判产品销量。

卖家需要对每个 Listing 的前期数据和增长做仔细的分析，并通过产品不同的增长规律进行备货。

（3）利用软件进行备货采购。

优质的 ERP 系统为卖家提供了备货采购建议方式，提供智能的备货采购建议。

（4）和供货商保持联系。

尤其是对于爆款，卖家必须和供货商保持联系，掌握工厂的生产时间，比如 1、2 月份是中国春节假期，很多工厂不开工，可能导致 1、2 月份断货。

（五）卖家处于什么阶段可以考虑自建 ERP 系统
（1）资金问题。

开发软件需要投入巨额资金，后期的维护也需要长期的投入。

（2）人才储备问题。

跨境电商比国内电商更加复杂，技术及业务能力强的人才十分重要。

（3）是否能够组建一个好的团队。

ERP 系统集产品、开发、测试、运维等功能为一体，如果没有一个好的团队分工协助，系统很难开展。